威科夫
股市量价分析

龚　麟◎著

中国宇航出版社
·北京·

图书在版编目（CIP）数据

威科夫股市量价分析 / 龚麟著. -- 北京 : 中国宇航出版社，2024.4（2025.8重印）.
ISBN 978-7-5159-2371-0

Ⅰ. ①威… Ⅱ. ①龚… Ⅲ. ①股票交易 Ⅳ. ①F830.91

中国国家版本馆CIP数据核字(2024)第076683号

责任编辑 田芳卿　　封面设计 王晓武
责任校对 谭 颖

出版发行 中国宇航出版社
社 址 北京市阜成路8号　　邮 编 100830
（010）68768548
网 址 www.caphbook.com
经 销 新华书店
发行部 （010）68767386　（010）68371900
（010）68767382　（010）88100613（传真）
零售店 读者服务部
（010）68371105
承 印 北京厚诚则铭印刷科技有限公司
版 次 2024年4月第1版　2025年8月第2次印刷
规 格 710×1000　开 本 1/16
印 张 15　字 数 214千字
书 号 ISBN 978-7-5159-2371-0
定 价 59.00元

前言

一、威科夫基本情况

二十世纪初期，华尔街诞生了四大经典理论：查尔斯·道（Charles Dow）的道氏理论、拉尔夫·艾略特（Ralph Elliott）的波浪理论、威科夫的量价理论和江恩（William Gann）的时空理论。这些经典理论奠定了技术分析的理论基础。

理查德·威科夫（Richard Wyckoff，1873.11.2—1934.3.7）是华尔街永恒的传奇。与查尔斯·道一样，他是当时最具影响力的财经媒体《华尔街杂志》和《趋势通讯》的主编；与利弗莫尔（Jesse Livermore）和江恩一样，他是最成功的股市投资者之一；与艾略特和江恩一样，他是技术分析的理论大师。他还是当时最具影响力的投资教育家，他编写的《股市技术分析和交易》培训教程，帮助众多普通投资者走上了成功之路。

更重要的是，威科夫的量价理论最大程度地揭示了股市运行的底层逻辑，近百年来，一直都是专业投资机构和职业投资者践行的基础原则，并且随着数据技术的发展而与时俱进。当代投资机构广泛使用的订单流技术，以及职业投资者使用的裸K线技术和“聪明钱技术”，均来源于威科夫的量价理论，或者说是威科夫量价理论的现代化。

发明布林线指标的布林格（John Bollinger）是当代技术分析大师。他认为威科夫技术中的 “股市量价分析法”，是最适合普通投资者的股市交易方法。该方法既是投资者认识市场、分析市场和解读市场的方法论，也是一套完整的基于逻辑、数学和规则的科学操盘术。

二、威科夫股市量价分析技术与发展

威科夫以经济领域最基础的供需法则为纽带，把市场上的“人”和“价”连接起来，建立了逻辑上的直接因果关系。“人”是指各种类型的市场参与者；“价”是指股价运动的方向和形式，即价格走势图。在供需法则的作用下，机构投资者凭借资金规模，能够将自己的多空意志变成市场上的多空走势，而市场上已完成的多空走势就固化为K线图。

通常情况下，机构投资者要想改变价格运动的方向和形式，需要为正常的股价运动提供额外的买盘或卖盘。这个过程必须遵循供需法则，即“量在价先”的原则，因此，在图表上必然留下“量”的痕迹，这也就是威科夫所说的“主力操控市场的痕迹”。聪明的投资者完全可以根据图表的量价关系，及时读懂市场的真实意图，搭上便车赚大钱。这样的投资就是市场上所谓的“聪明钱”。

1932年，威科夫完成了《股市技术分析和交易》培训教程，1934年不幸辞世。鲍勃·伊万斯（Bob Evans）是威科夫的学生和追随者，他延续了威科夫开创的投资教育事业，并对威科夫股市量价分析技术做了进一步的完善，使其更适合普通投资者学习和掌握。

总的来说，威科夫股市量价分析技术就是股市聪明钱看盘、解盘和交易的实战操盘术，是普通投资者能够学会并用以建立自己的交易系统的交易技术。

三、本书主要内容

本书根据A股市场中普通投资者真实的交易场景，采用威科夫“股市量价分析”的技术原理和交易工具，精心绘制了将近200幅A股案例技术图表，详解了A股市场中强势股的技术逻辑和走势特征，为普通投资者制订了选股方法和买卖规则的标准化操盘流程。

本书第一部分阐述了威科夫的股市分析原理。威科夫用拟人的手法，用普通投资者容易理解的方式，描述了股市运行的底层逻辑。在供需法则的基石上，彻底揭示了华尔街局内人操控股价的方法与K线图的对应关系，以及聪明钱实战解盘的思考框架（威科夫价格循环）和分析工具。

第二部分是威科夫的价格行为分析。这部分内容是威科夫实战交易的工具箱，其目的是通过具体的量价分析，寻找高质量的交易机会——精确的买卖点。精确的买卖点必然落脚到某一根特定的K线上，本书采用裸K线分析技术，讲解了威科夫盘口技术在日线级别使用的具体方法，并将“**辅助线+裸K线+量价关系**”定义为**威科夫价格行为**，以帮助投资者在实战中的细节层面更有效地使用威科夫股市量价分析技术。

第三部分是威科夫的量价分析模式。这部分内容中，威科夫以华尔街局内人的视角，阐述了“画K线”的逻辑和方法，既是威科夫价格循环的细节完善，也是“聪明钱”识别“主力操控市场痕迹”的具体方法，更是“聪明钱”拟定交易计划的导航图。

第四部分是威科夫的股市实战操盘术。威科夫认为，投资者应该只交易强势股。强势股是指个股走势强于板块指数，板块指数强于大盘指数的股票。因此，威科夫的股市实战操盘术有两个方面：首先要“选出强势股”，这就是威科夫相对强度比较法；其次是“聪明钱”都在使用的股票买卖规则。

四、本书读者对象

本书适合于对技术分析感兴趣，尤其是对威科夫股市量价分析技术感兴趣的朋友阅读。也适合在A股投资中遇到成长瓶颈，试图在技术上寻求突破的朋友。

笔者在写作过程中，一直试图将威科夫的交易思想与技术方法融为一体，并与A股市场有机结合。由于笔者水平有限，或有不当之处，敬请读者指正。

目 录 CONTENTS

第 3 部分 威科夫量价模式

第 1 部分

威科夫股市分析原理

威科夫是与利弗莫尔、汉密尔顿（William Hamilton）、江恩、艾略特同时代的交易大师。由于工作关系，威科夫有机会与摩根（John Morgan）、利弗莫尔、江恩等大银行家和大作手密切交往，并能够查看他们的部分实战交割单，因此得以充分理解市场大资金的交易逻辑和操作手法。当然，威科夫也知晓华尔街职业投机者的交易手法和大量普通投资人亏钱的真实原因。为了帮助普通人正确地进行股市交易，晚年威科夫致力于普通人的投资教育。

威科夫认为，普通投资者要想在股市中获得成功，必须像华尔街的局内人一样，学习和掌握股市运行的逻辑和规律，以及正确的交易方法。

华尔街局内人在研究股价运动的时候，都有一套完整的思考框架和分析方法，即“股市运行的逻辑和规律”；“正确的交易方法”则是华尔街专业人士做交易的具体方法。威科夫把前者视为投资者的基础知识，把后者视为投资者的基本功；两者合在一起，就是投资者首先要掌握的股市分析原理。

作为拥有几十年专业经验的华尔街资深局内人，威科夫清楚地知道：在股市投资中，做法远比看法重要。因此，威科夫的股市分析原理先讲做法，即股市交易的标准流程。

第 1 章　威科夫股市交易的标准流程

在不加杠杆的前提下，威科夫认为，股市的日线投资者应该只做两种行情：第一种是短线行情，通常是指几天到十几天内的 10% ～ 15% 的小型上涨波段；第二种是中线行情，通常是指几十天内的 50% ～ 100% 的中型上涨波段。

威科夫的技术能够做到吗？

要回答这个问题，我们需要从股市赢家的基本逻辑出发。任何一个股市赢家都需要解决三个问题：选对、看对和做对。

选对。股市相对于商品、外汇和债券市场而言，最大的特征是上市公司数量众多，并且走势分化。以 A 股为例，在沪深两市 5000 多只股票中，大盘指数无论是涨是跌，每天都有几十只涨停的个股，也有不少大跌的个股，而绝大多数个股则是小幅振荡。作为普通投资者，受制于资金和精力，实际操作中只能交易极少数的个股，因此，炒股首先要解决的问题就是“选股”。

在 A 股市场，做多是最基本的盈利策略。所谓“选对”，是指投资者能够选出潜在的强势股。在可预见的时间范围，这些强势股正在或是将要走出一段上涨趋势，从而给投资者带来较大概率的盈利可能性。

看对。“看对”主要是指投资者掌握技术分析的知识和能力，即读图能力。“历史会重复”是技术分析的理论基石。“看对”就是能够正确解读股票价格运动的历史走势，并合理预测未来的可能走势。

做对。任何一个理性和自律的投资者，都会把实战操作建立在“自认为看对”的前提下。但是，股市不可能存在“永远看对”的技术分析圣杯。因此，“做对”一方面是指在市场证明了“看对”的情况下，如何放大利润；另一方面则是指在可能“看错”的情况下，如何保护本金和防范重大亏损。

威科夫认为，量是因，价是果。因此，正确解读和预测市场的价格运动必须从量出发。基于这个最基础的股市分析原理，威科夫以“量价分析”为核心，打造了一套完整的“选对、看对、做对”的股市交易系统。具体来说，就是以“量能”选对强势股；以“量价关系”分析看对行情；以关键时空点的“量价行为”做对走势。

与常见的技术分析理论不同，威科夫认为，股市投资是一种类似艺术的技能。投资者首先需要掌握“做交易”的正确知识和具体方法，即威科夫股市交易的标准流程；然后在此基础上，逐渐学习各种技术分析的原理和方法。

威科夫股市交易的标准流程如下：

（1）初步筛选；

（2）相对强度分析；

（3）量价模式分析；

（4）拟定交易计划；

（5）时点规划。

所有投资者都需要牢记，威科夫是实战型交易大师。我们学习威科夫交易技术的目的，是建立适合自己交易风格的“选对、看对和做对”的股市交易系统。本书任何一个知识点的阐述和案例讲解，都与“选对、看对和做对”有直接的关系。

另外，基于A股市场的特点和投资者真实的炒股场景，本书重点介绍威科夫日线图的短、中线交易知识和方法。在没有特殊说明的情况下，本书案例均为A股的日K线图。

一、快速筛选潜在强势股

2023年下半年，A股走势羸弱，市场对各种利好几乎无反应。即使在这样的弱势环境中，股市依然存在短线和中线交易机会。

有经验的投资者都知道，无论大盘环境是涨是跌，板块指数是强是弱，交易的个股最好是处在上涨趋势中。选择上涨趋势的个股做交易，能够大大降低投资者的交易风险。

图1–1是仁和药业（000650）的日K线图，时间从2023年5月24日

到 10 月 13 日。如图 1–1 所示，该股在 6 月 26 日见底后走出了一段上涨趋势，期间出现了没有回补的向上跳空缺口，以及多根大阳线。K 线图“红肥绿瘦”，显示了强势的上涨动能，投资者可以初步认为这是一只潜在的强势股。

图 1–1　仁和药业（000650）日 K 线图

接下来如图 1–2 所示，投资者可采用个人熟悉的技术分析工具，做进一步的技术分析。本案例采用了常见的裸 K 线技术分析流程。

第一步是趋势分析，参见图 1–2 中的“HL—HH—HL—HH”。在上涨趋势中，HL 是指更高的低点，HH 是指更高的高点。“HL—HH—HL—HH”组合就是股谚说的“底底高、头头高”，代表了明确的上涨趋势。

第二步是支撑压力分析。支撑和压力位置一般简称为支撑线和阻力线，常为水平方向延伸。需要注意的是，技术分析中所有的“线”通常是一个小型区间。图中由下到上有三条水平线，前两条由于走势已经完成，小型区间十分明确；右上角的压力线只有一个最高点，小型区间并不明确。

第三步是上涨趋势线分析。图中的上涨趋势线连接了两个 HL，上涨角度约为 45 度，是一段正常的上涨趋势。

第四步是进场点分析。图中右上角的圆圈处是水平支撑线和上涨趋势线的交叉点，通常是一个高质量的进场点。

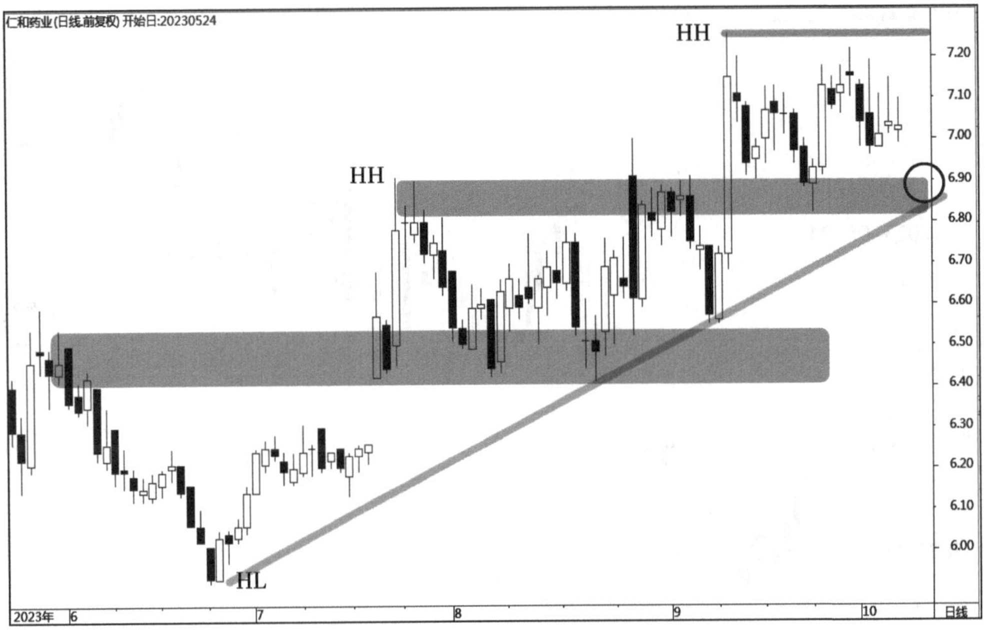

图 1-2　仁和药业（000650）日 K 线图技术分析

由于当时市场大环境羸弱，投资者即使完成上述技术分析，事实上依然很难做出是否参与实战交易的决定。对于很多投资者来说，当价格走到进场点的圆圈位置时，多半会选择观望。主要原因在于，常见的技术分析主要是针对个股的技术面做分析，而不是交易机会的系统分析。

威科夫很早就发现了这个弊端，并给出了系统的解决方案。换句话说，初步筛选是威科夫股市交易标准流程的第一个环节，随后还有四个环节，分别是相对强度分析、量价模式分析、拟定交易计划和时点规划。

二、威科夫相对强度分析

威科夫认为，普通投资者必须交易真正的强势股，其标准是：第一，个股比板块指数强势；第二，板块指数比大盘指数强势。两个标准的研判过程，就是威科夫相对强度分析，如图 1–3 所示。

仁和药业属于中药板块，在图 1–3 的个股日 K 线图上，同时叠加了代表大盘的上证指数和对应的板块指数（中证中药指数）。

仁和药业的股价在 6 月 26 日见底后走出了一段明显的上涨趋势，而中证中药指数继续走出下跌趋势，个股明显强于板块指数。

图 1–3 中，以大盘指数 2023 年 8 月 28 日的高开阴线为标准，在随后的一段时间内，个股先于指数创出新高，继续强于指数。

与此同时，板块指数开始强于大盘指数，以一段小型上涨趋势创出了新高，参看图 1–3 中最下侧的向上箭头；而大盘指数未能创出新高，走出了一段小型下降趋势，参见图 1–3 中间部分上证指数 K 线走势中的向下箭头。这段时间的走势表明，板块指数强于大盘指数。

需要注意的是，9 月 28 日板块指数走出新高的时候，个股没有创新高，这是一个需要警惕的弱势信号。

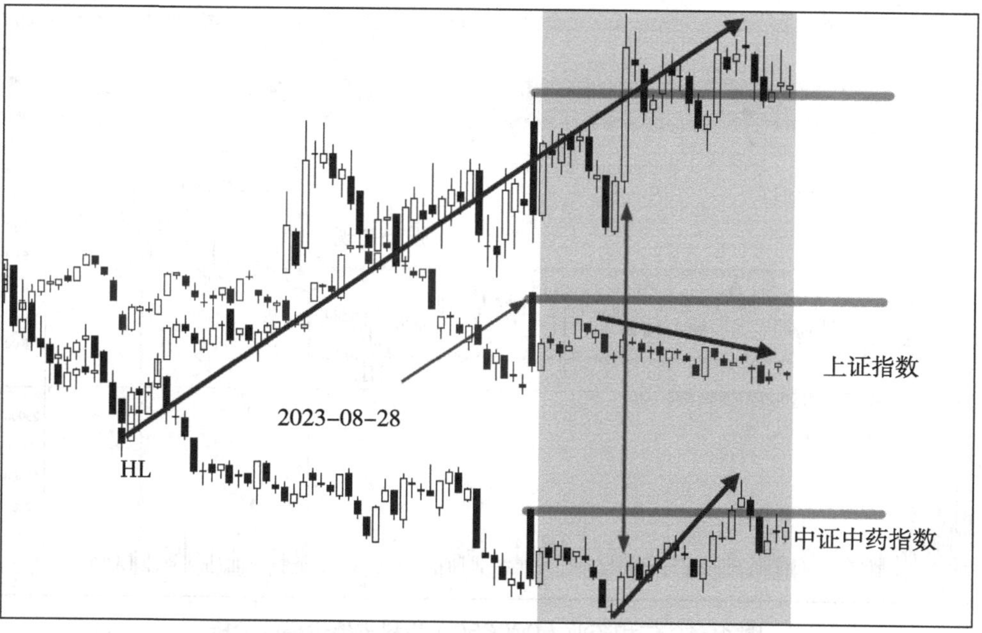

图 1–3　仁和药业（000650）威科夫相对强度分析

通过威科夫相对强度分析，投资者可以得出合理的结论：该个股有可能是一只强势股，值得投资者进行威科夫量价模式分析。

三、威科夫量价模式分析

威科夫量价模式分析有两个目的。

第一个目的是研判市场主力的操作方向，即价格运动的主要趋势方向。具体来说，投资者需要从K线图中判断市场主力是想吸筹，还是吸筹后的拉升，抑或是拉升后的派发。

第二个目的是研判当下，即最后一根K线后的一定时间内是否有行情，是短线行情还是中线行情。

威科夫量价模式分析通常需要更多数量的K线，并以明确的趋势拐点做参考点，如图1–4所示。（注：本案例仅是威科夫量价模式分析的简要阐述，详细内容参见本书第3部分。）

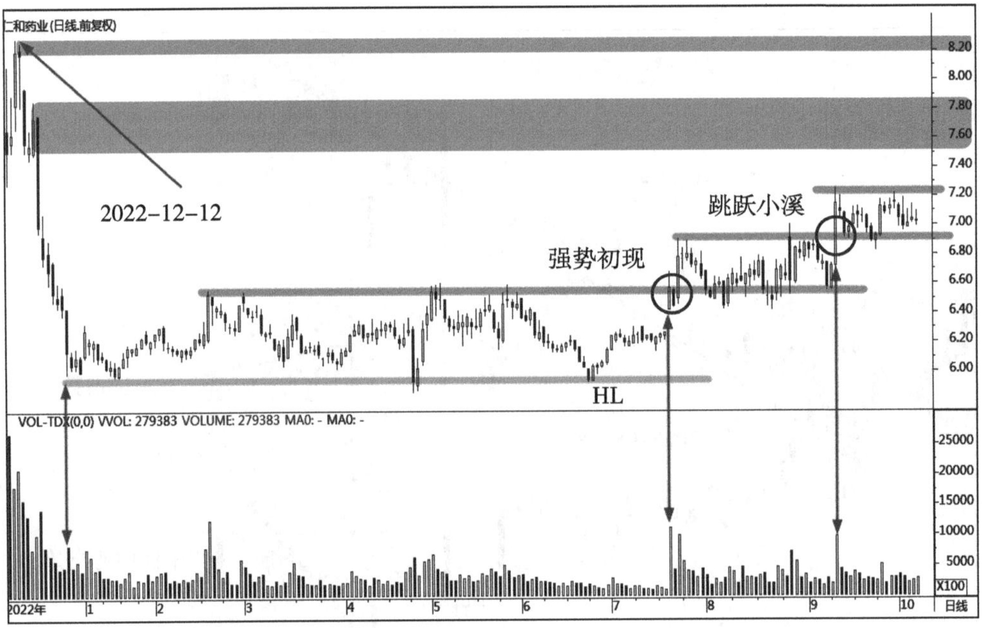

图1–4　仁和药业（000650）威科夫量价模式分析

图 1-4 中，个股在 2022 年 12 月 12 日的高点是一个明确的趋势拐点，随后开始了一段下跌趋势。按照威科夫量价模式，图 1-4 的左侧纵向双向箭头线对应的放量大跌大阴线，是这段下跌趋势结束的标志，即熊市的抛售高潮。随后由低点形成的支撑线和反弹高点形成的阻力线，共同构成了一个大型吸筹区。

图 1-4 中 HL 对应的时间点是 2023 年 6 月 26 日，与图 1-1、图 1-2、图 1-3 标记的 HL 是同一位置。从这个位置开始，该股进入了上涨趋势。图中右侧两根双向箭头线分别对应了两根放量大阳线，是威科夫量价模式中的“强势初现”。“强势初现”大阳线后的小型整理结构，称为“小溪”。如果“强势初现”对应的大阳线突破了重要阻力线，或是一个明显的整理结构，就称为“跳跃小溪”。图 1-4 中标注了一次“强势初现”和一次“跳跃小溪”。

总的来说，按照威科夫量价模式，该股符合典型的威科夫量价模式，正在脱离一个大型吸筹区。因此，投资者可以推断，该股有较大概率正处于威科夫量价模式的拉升阶段。在威科夫的量价模式中，大型吸筹区阻力线附近如果出现了两次“小溪”，第二次“跳跃小溪”后，很可能出现急速上涨。

接下来预测可能的上涨目标价位。根据左侧最高点形成的阻力位，以及已经出现了两次“小溪”，投资者以最后一根 K 线的收盘价做参考，可以得出明确结论：该股可能有短期行情的交易机会，即在几天到十几天内，有较大概率上涨 10% ～ 15%。

四、威科夫交易计划

投资者对潜在强势股做完威科夫量价模式分析后，应把该股放进自选股的股票池中进行观察，以熟悉股性。在此基础上，按照威科夫交易计划的要求，初步拟定交易计划。

需要注意的是，拟定好交易计划后，投资者要密切关注该股、板块指数和大盘指数的动态变化，在技术形态出现重要变化后或实际交易前，都要重新做威科夫相对强度分析，以便排除从强势变弱势的目标股。

威科夫的交易计划通常遵循一个基本要求，就是单笔交易的盈亏比要求在 3R 以上。由于任何技术分析都存在“看错”的可能性，成功的投资者都会设置止损单。进场价与止损价之间的差额就是投资者承担的“看错”风险，其绝对数值就是 R。如果投资者把进场价上方加上 3R 的价格设置为止盈价，这样的设置就称为“盈亏比为 3R”或“3R 的盈亏比”。即每一次交易，投资者看错了，亏损 1R；看对并做对了，赚 3R。

例如，投资者的实际进场价是 11.00 元，止损价设置为 10.00 元，R 的绝对数值就是 1.00 元。如果投资者设置 3R 的盈亏比，则止盈价就是 14.00 元。投资者这样操作，1 次盈利可以弥补 3 次亏损，长期下来就会“大赚小赔”，从而实现一致性盈利的目的。

一般情况下，威科夫建议投资者在一个收敛形态附近进场做交易。具体来说有两种方法：第一种是在靠近收敛形态的支撑线附近进场；第二种是在突破收敛形态的压力线后进场。两种进场方法各有利弊，无优劣之分。不同的投资者会根据个人的交易风格，选用适合自己的进场方法。

因此，通常情况下，威科夫交易计划就有两种：一种是支撑买，称为交易计划 A；另一种是突破买，称为交易计划 B。

交易计划 A 如图 1–5 所示。图 1–5 右侧是盈亏比为 3R 的图标，止盈价在第一压力位左右。如果该股在第二次跳跃小溪后继续上涨，有极大的概率到达止盈价。

交易计划 B 如图 1–6 所示。图 1–6 右侧是盈亏比为 3R 的图标，止盈价需要突破第一压力位。根据该股前面的威科夫量价模式分析，如果该股在两次跳跃小溪后继续向上突破，通常会是大幅上涨，因此，仍有较大的概率突破第一压力位，到达止盈价。

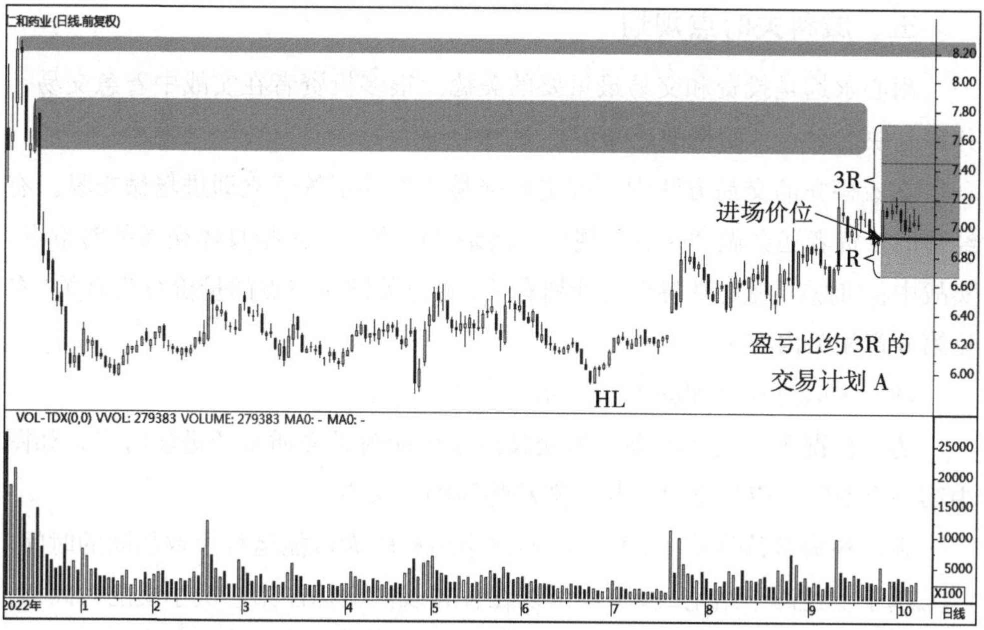

图 1-5　仁和药业（000650）威科夫交易计划 A

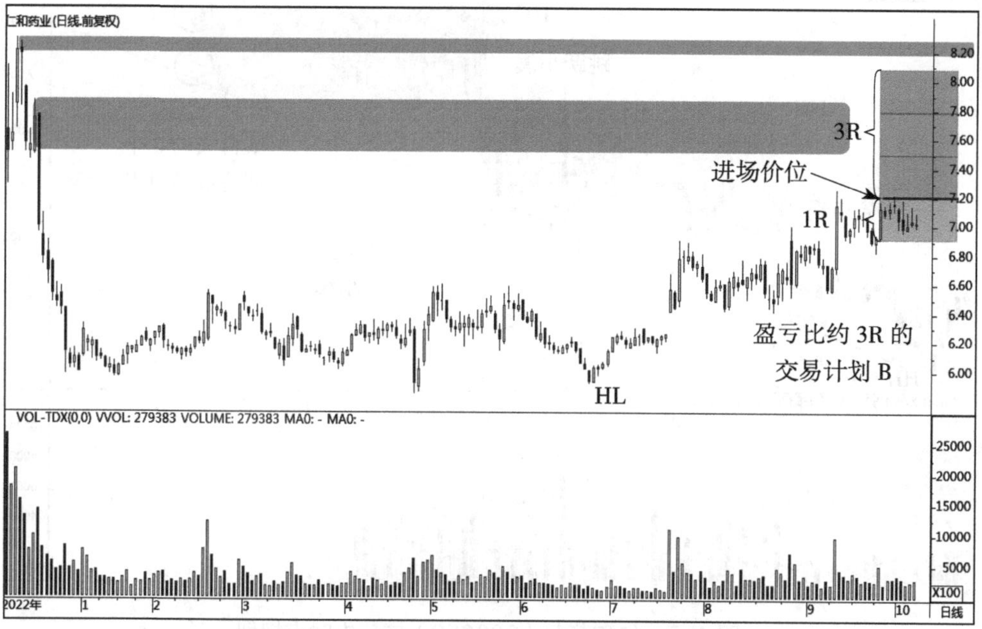

图 1-6　仁和药业（000650）威科夫交易计划 B

五、威科夫时点规划

耐心永远是投资和交易最重要的美德。很多投资者在实战中着急交易，并不是缺乏耐心，而是缺乏知识。

在威科夫的交易方法中，拟定好交易计划并不等于立即进场做交易。有经验的投资者还会做“时点”规划。所谓“时点”，是指具体交易的时空点。实战中，“时点”规划既与交易计划有关，更与关键时空点的量价行为有关（参见第 6 章相关内容）。

威科夫时点规划如图 1–7 所示。

通常情况下，两条辅助线的交叉点很可能就是高质量的进场时点，如图中第一个 HH 对应的支撑线与上涨趋势线的交叉点。

在威科夫量价模式中，相邻的两次小溪有较大可能运行大致相同的时间。

基于上述两个结论，投资者可以在日 K 线图上标注第一次小溪的时间框，并在第二次跳跃小溪的区间画上相同的时间框，参见图中的两个时间框。

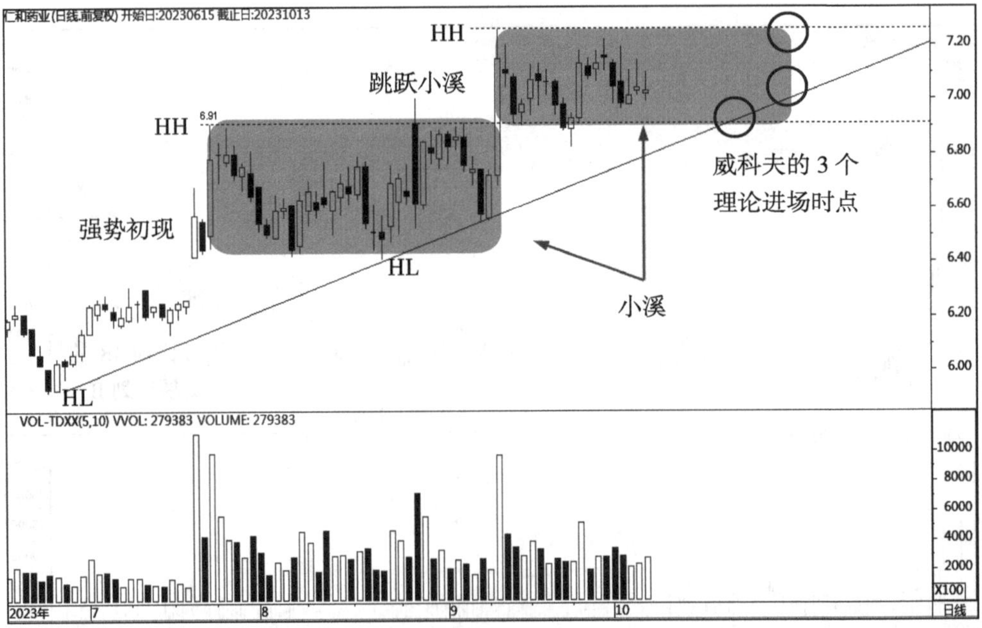

图 1–7　仁和药业（000650）威科夫时点规划

标注好第二次跳跃小溪可能的时间框后，投资者就能够按照交易计划 A 和交易计划 B，规划出高质量的交易时点，参见图中 3 个圆圈位置对应的威科夫 3 个理论进场时点。

在市场没有证明看对之前，都存在投资者看错的可能性。因此，通常情况下，投资者只在规划好的时点附近出现对路的量价行为后，才进场做交易，以提高实战的胜率。

投资者规划好交易时点，最大的好处是能够防止提前进场。提前进场很容易出现浮亏，进而影响投资者的后续操作。

需要注意的是：实战中，在规划好的时点之前存在两种可能的计划外走势。第一种是跌破支撑线和上涨趋势线；第二种是在时点之前就向上突破。对于第一种情况，耐心能够帮助投资者避免一次亏钱的交易；第二种情况则是投资者交易计划之外的行情，不是自己的交易计划。成功的投资者总是“计划自己的交易，交易自己的计划”。从这个角度来说，威科夫股市交易的标准流程是投资者的成功指南。

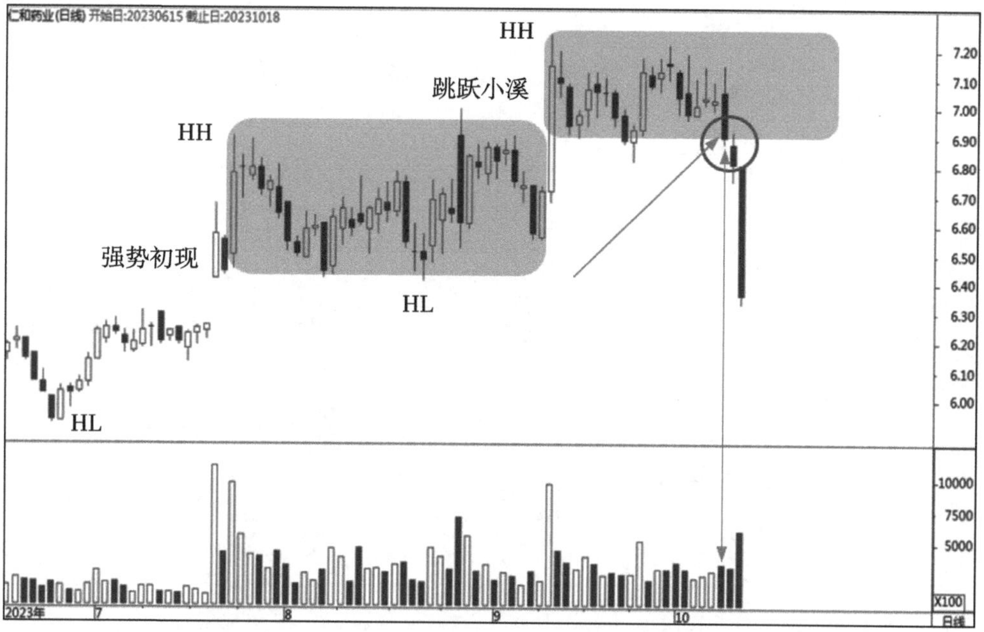

图 1-8　交易计划的后续处置

该股 10 月 16 日的放量吞噬阴线是一个警示信号，如图 1–8 所示。随后第二天跌破了第二次小溪的支撑线，破坏了威科夫量价模式，呈现明确的弱势。投资者应该及时放弃初步拟定的交易计划，这样的处置方法是看错后的标准程序。

选择该股作为案例有两个目的：第一个目的是提醒投资者牢记威科夫的话，要遵循市场的真实意见，随时随地修正个人的观点；第二个目的是希望投资者建立正确的交易理念，即实战中的看错是正常的情形，尤其是在弱势的市场阶段。投资者严格执行威科夫股市交易的标准流程，能够最大限度地防止做错。

第 2 章　股市中的“聪明钱”与“笨钱”

近一百年来，几乎所有的股市成功者，都会铭记威科夫在技术分析领域的两项重要贡献。

第一项贡献是他提出了“综合人（Composite Man）”的概念。威科夫把市场所有的合力“拟人化”，称之为综合人。综合人是一个虚拟的概念，意味着市场的价格运动是有逻辑和有迹可循的，进而是可以解释和预测的。综合人是威科夫理论体系中最重要的基石，能够帮助投资者更快、更好地理解股市的内在逻辑。

第二项贡献是他在技术分析中导入了市场参与主体——市场参与者。威科夫从资金规模、交易知识、交易行为和交易结果等多维度，对各种类型的市场参与者进行了分类。在此基础上，将各类市场参与者简化为“聪明钱”和“笨钱”两种基本类型。

威科夫告诉投资者，跟随综合人操作的市场参与者就是“聪明钱”，与综合人对着干的市场参与者就是“笨钱”。因此，“聪明钱”就是普通投资者认定的“股市赢家”。

威科夫进一步对“聪明钱”进行了全面和细致的“画像”，为普通投资者锁定了股市赢家的真实榜样，以及走向成功的正确路径。

一、综合人是股市的“正确先生”

金融市场的 K 线图是世界上最昂贵的图表。以 A 股市场为例，每一根日 K 线都是成千上万亿资金真实交易的结果。综合人用 K 线图以及其他各种类型的图表，忠实地记录并呈现了每一笔交易的细节。市场上每一笔真实交易的背后，都有一个真实的市场参与者，它用交易行为表达了自己掌握的信息和基于预期的情绪。综合人公正无私，听取了每一个交易者的意见，并得出市场的综合结论。因此，威科夫认为，综合人代表了市场正确的一面，是股市的“正确先生”。

另一方面，威科夫又把综合人视为市场的综合操盘人。他说：“可以把市场所有的股票、所有的波动都当成一个人操作的结果，这个人我称为综合人。理论上，这个人坐在幕后，操控着股票。如果你不了解它的规则，你肯定会吃大亏；如果你熟悉它的游戏规则，你会获得丰厚的回报。”

威科夫的话有三层意思。

首先，股市是一个有机的整体。看似纷乱的个股走势背后有一个统一的逻辑，大盘指数、板块轮动和个股涨跌，这三者之间是系统性的联动。股市跟商品、外汇和债券市场不一样，投资者需要了解整个市场。

其次，综合人是一个完美的自律交易者。它有自己的交易计划，并坚定地执行自己的计划。它在拟定和执行计划的过程中，有一整套基于逻辑的系统方法，就是它的游戏规则，即股市的游戏规则。

第三，综合人的游戏规则并不是秘密，它随时随地都会向所有的市场参与者表明自己的交易计划。“聪明钱”熟悉综合人的游戏规则，通常都能读懂它的真实意图，并遵循它的意见进行交易，自然就会获得综合人的奖励。而“笨钱”要么不知道综合人的存在，主要根据自己的个人情绪进行感性交易；要么总是错误地解读它的意思，和它对着干，因此多数情况下，必然会受到综合人的惩罚。

二、谁是股市中的“聪明钱”

威科夫在阐述综合人的时候，留下了两个显而易见且关键的问题。同时，这两个问题又是学习和掌握威科夫股市原理的出发点。

问题一，综合人的游戏是什么？

问题二，综合人的游戏规则又是什么？

综合人的游戏是“筹码和资金的互换”，它通过“低位买进筹码，高位卖出筹码”的方式盈利，即“低买高卖”。综合人精心操作所有的股票和所有的波动，这是它的手段，其真正的目的在于盈利。

由于股市交易不存在强买强卖，每一笔交易都是所有市场参与者基于股市交易规则的主动行为。因此，**综合人的游戏规则**本质上是利用价格波动，诱导或迫使交易对手主动“高买低卖”，它自己则“低买高卖”，从而实现它盈利的目的。

综合人的交易对手主动“高买低卖”源于人性的弱点。通常情况下，股市中的投资者有两个人性的弱点，分别是贪婪和恐惧。贪婪诱导投资者追高买进，恐惧迫使投资者低价割肉。

股市的“聪明钱”是综合人的好学生，掌握了综合人游戏规则的核心秘密，以及综合人操作股票的具体手法，能够从图表上的蛛丝马迹读懂它的真实意图。

威科夫发现，股市中的“聪明钱”主要有以下三种类型的投资者。

第一种是以摩根为代表的大银行家和以利弗莫尔为代表的大作手。他们拥有资金、知识和信息等方面的优势，通常是最早读懂综合人真实意图的一些人。

第二种是职业交易者。这类“聪明钱”拥有长期的从业经验和及时的信息优势，在绝大多数情况下，能够正确地读懂综合人的真实意图。如果出错了，他们也会在第一时间意识到，并立即认错离场。

第三种是成功的普通投资者。这类“聪明钱”通过刻苦学习，同样掌握了综合人的游戏规则。他们通常与市场保持一定距离，把自己放在综合人的立场，用心揣摩它的可能意图，并小心翼翼地求证。在实战中，他们严格遵循自己的交易系统，并与职业交易者一样，出错了就立即认错离场。

三、谁是股市中的“笨钱”

一百多年来，华尔街的统计数据表明，绝大多数普通投资者都会在股市交易中亏钱。这些人是股市中最常见的“笨钱”。

股市中的“笨钱”有以下三种典型的类型。

第一类“笨钱”是不认可股市交易专业性的普通投资者。普通投资者几乎都是业余投资者，通常会从事某个行业。这些人在自己工作时都知道，专业知识和经验是职业生涯成败的关键。但是，进入股市做交易的时候，他们中的很多人并不认为股市交易需要拥有相应的专业知识和经验。实战中，这类“笨钱”主要听消息做交易。

第二类“笨钱”是学习了错误知识的普通投资者。股市交易一般类比为一项高门槛的生意，成功的投资者需要掌握相应的专业知识。通常情况下，大众知晓的股市知识，并不是股市交易的知识，二者有本质上的差异。更进一步，股市交易的知识也有正确和错误之分，正确的股市交易知识能够帮助投资者赚钱；错误的股市交易知识则会导致投资者亏钱，往往还是快速亏钱。威科夫认为，股市交易的正确知识并不容易获得。即使获得了股市交易的正确知识，投资者也需要刻苦学习和谨慎实践才能真正掌握。实战中，这类“笨钱”运用错误的知识做市场判断，一般会把股市的价格运动简单化，眼睛只看见了利润却看不见风险。通常情况下，这类“笨钱”往往还固执己见，从而遭受重大损失。

第三类“笨钱”是缺乏执行力的普通投资者。股市交易领域不存在永远正确的圣杯。所有技术分析的方法和策略，在实战中都是一个概率事件——有的时候正确，有的时候错误。一些投资者通过刻苦学习，已经掌握了股市交易的正确知识，但是他们在面对单笔交易结果不确定的时候，患得患失，往往不能有效执行自己的交易计划。这些缺乏执行力的普通投资者，在实战中一般有两种表现：第一种表现是交易恐惧症，丧失了进场做交易的勇气。通常的结果是该买的时候不买，最后追高买。第二种表现则是过度交易，在同一品种的同一交易位置多次进出，或是多品种短线频繁交易。投资者无论是哪一种表现，长期下来一般都会亏钱，因此也属于“笨钱”。

第 3 章　威科夫供需法则

威科夫在阐述供需法则的时候，英文使用了“The Basic Law of Supply and Demand”，强调了供需法则在股市原理中的基础性和重要性。

威科夫通过供需法则导入了两个新概念，分别是供给（卖方）和需求（买方）。股票价格在供需法则的作用下，供给大于需求，价格就会下跌；需求大于供给，价格就会上涨。

综合人左手有筹码，右手有资金，它既可以是供给方，又可以是需求方。综合人通过控制供给和需求的变化，实现了操控股票价格变化的目的。当它想要股价下跌的时候，就在市场中卖出筹码，增加的供给打破了市场的供需平衡，股价就会下跌；当它想要股价上涨的时候，就在市场中买进筹码，增加的需求同样打破了市场的供需平衡，股价就会上涨。因此，威科夫认为，供需法则既是股价运动的基本法则，又是读懂综合人真实意图的关键所在。

一、综合人操控股价的基本方法

综合人操控股价的基本方法是控制股价波动的价格区间，如图 3–1 所示。

有经验的投资者都知道，在绝大多数时间内，股票的价格运动都是或大或小的区间运动。区间运动在 K 线图上表现为上有压力，下有支撑，很多投资者因此认为是阻力线或支撑线在发挥作用。事实上，K 线图上的阻力线或支撑线仅仅是表象，真正的原因是综合人利用供需法则操控的结果。

综合人具体的手法是在阻力线附近的小型区间，主动放置大量卖单。当价格上涨到阻力线附近时，供需关系快速逆转，从上涨阶段的需求大于供给转变为供给大于需求，股价随之逆向运动。需要注意的是，综合人主动放置的大量卖单有两种形式：一种是限价挂单，所有市场参与者都能够在行情软件的五档挂单明细上看见；另外一种是市价卖单，仅在成交明细上能够看见。

综合人在支撑线附近的操控也是同样的手法，只是方向相反，在此不赘述。

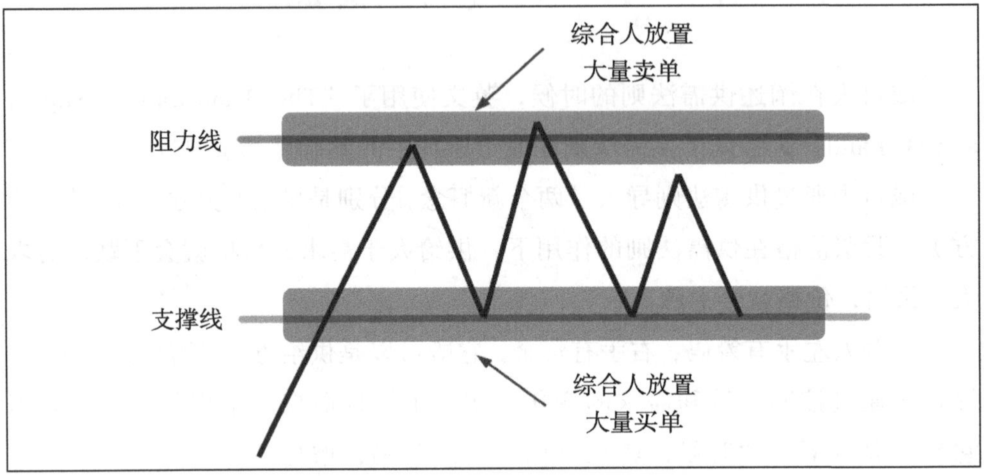

图 3–1　综合人控制股价波动的价格区间

综合人操控股价做区间运动，必然会在K线图上呈现出来，如图3–2所示。

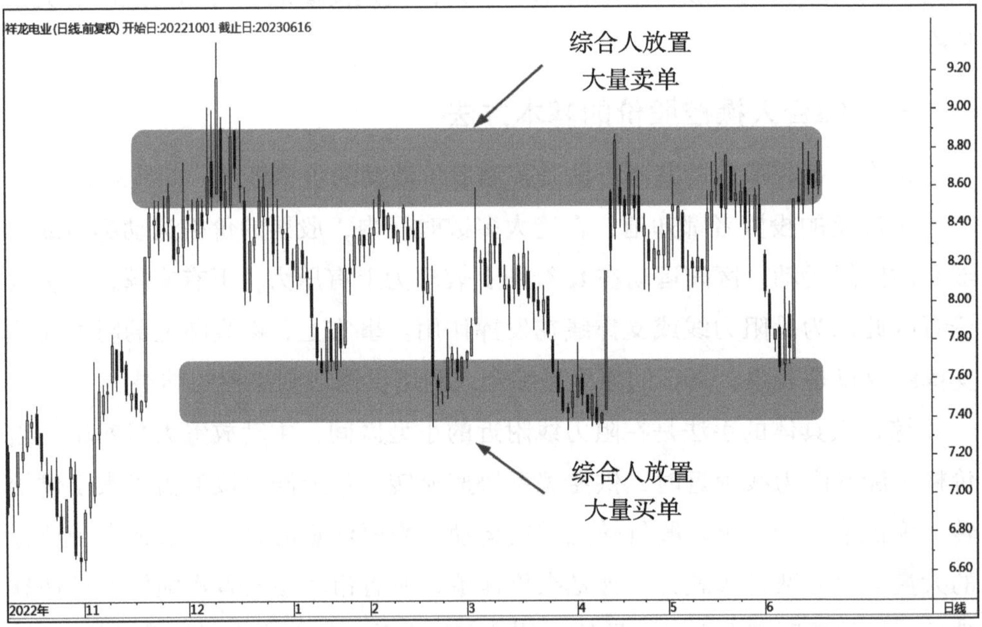

图 3–2　K 线图上的区间运动

很明显，综合人大量放置卖单或买单的位置不是一根“线”，而是一个小型区间。投资者在 K 线图上更容易理解这个价格行为，并需要在实战中牢记这个结论。

二、综合人创造趋势的方法

投资者在洞悉综合人操控股价区间运动的手法后，就很容易理解它创造趋势的方法了，如图 3–3 所示。

综合人创造趋势的方法非常简单。以上涨趋势为例，它只需要在更高的价格空间重新设置一个新的价格区间即可。图 3–3 呈现了综合人创造上涨趋势的具体手法，它只是分别抬高了放置大量卖单和买单的位置。

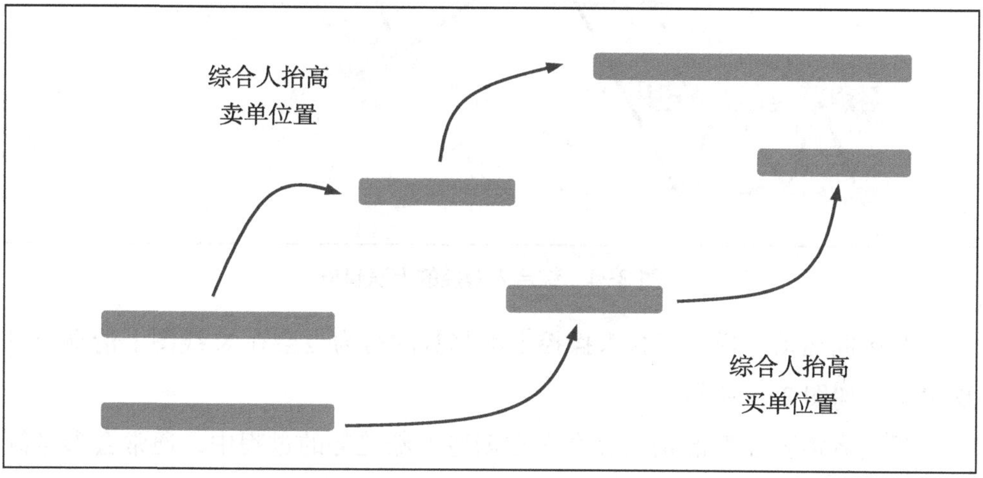

图 3–3　综合人抬高卖单和买单的位置

综合人主动抬高放置大量卖单和买单的位置后，价格运动就会如图 3–4 所示。

当综合人想创造上涨趋势的时候，在先前阻力线的小型区间内就不再放置大量的卖单，反而提供一定量的主动买单，参见图 3–4 中①的位置。综合人的行为改变了先前阻力线附近的供需关系，变成了需求大于供给。股价在供需法则的作用下上涨，直到触及综合人新设置的阻力线。

在新阻力线的小型区间，综合人又主动放置大量卖单，股价遇阻回落，直到触及它新设置的支撑线。

在综合人的操纵下，股价运动必然会呈现“头头高、底底高”的上涨趋势。通常情况下，我们能够在综合人操控的上涨趋势中，画出明确的上涨趋势线或上涨通道线。

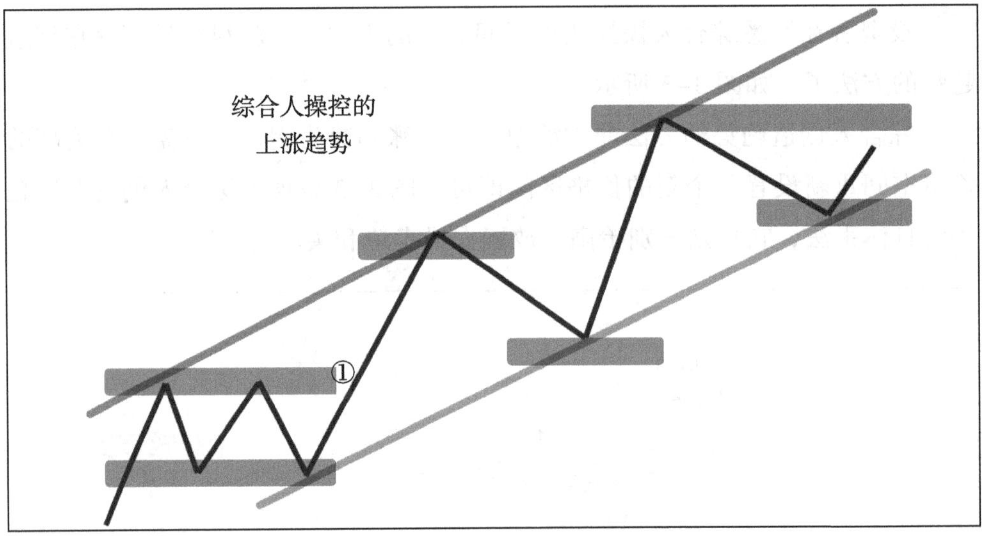

图 3-4　综合人操控的上涨趋势

与区间运动一样，综合人操控上涨趋势的行为也会在 K 线图上清晰地呈现出来，如图 3-5 所示。

投资者需要注意的是，综合人在创造上涨趋势的过程中，通常会参考倾斜的辅助线，例如图 3-5 中的上涨趋势线和上涨通道线。因此，在上涨趋势中，阻力线和支撑线这两种水平辅助线与倾斜类辅助线的交叉点，往往是重要的技术拐点。

综合人操控下降趋势也是同样的技术原理，不再赘述。

三、如何读懂综合人的真实意图

威科夫揭示了综合人利用供需法则操控股价运动的具体手法后，他向普通投资者阐述了读懂综合人真实意图的关键点，即找准综合人的阻力线和支撑线，如图 3-6 所示。

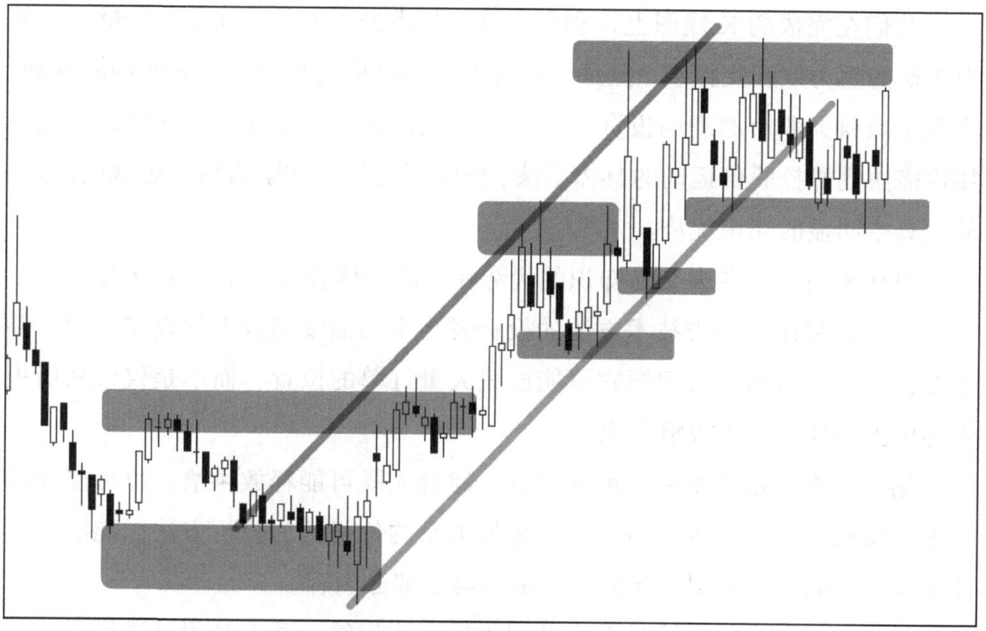

图 3-5　K 线图上的上涨趋势

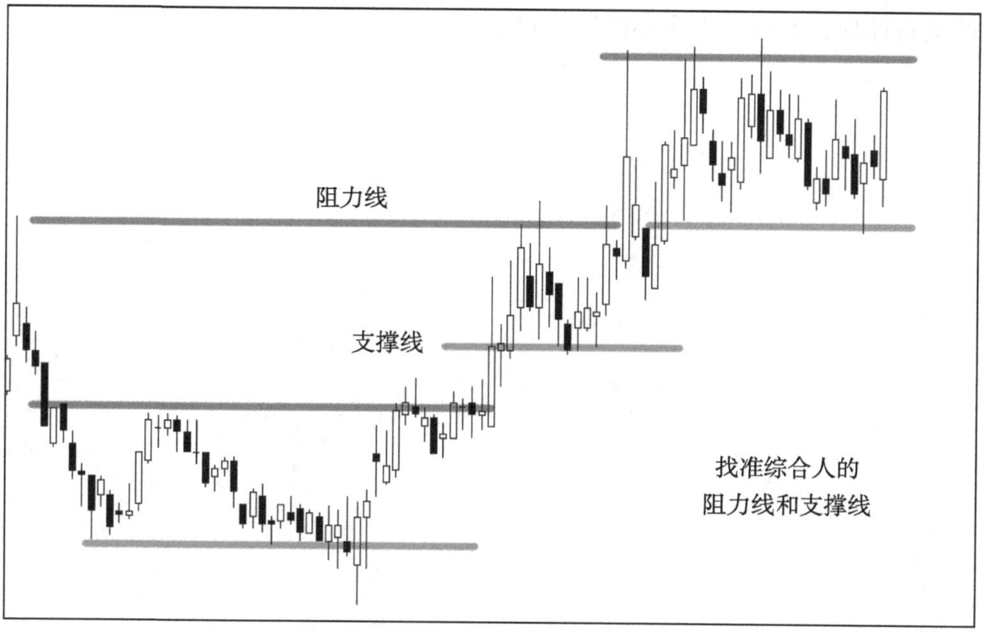

图 3-6　找准综合人的阻力线和支撑线

我们在完成的 K 线图上，利用常见的技术分析方法，通常都能够标注相对正确的阻力线和支撑线，但是很难对未来的价格走势做出相对明确的判断。掌握了威科夫股市原理的投资者，由于知晓综合人的存在，也知晓综合人利用供需法则操控股价运动的具体手法，能够对支撑线和阻力线有更深的理解，从而具备明显的知识优势。

具体来说，威科夫交易知识的优势在实战中体现为以下三个方面。

第一，采用威科夫技术方法的投资者会主动揣摩综合人的真实意图，并在股价的动态运动中去把握它可能放置大量订单的位置，而不是仅仅从历史走势中去寻找压力线或阻力线。

第二，在特定的水平辅助线附近，综合人既可能释放供给，也可能提供需求。实战中，投资者采用威科夫量价关系的价格行为分析方法，能够及时读懂综合人的真实意图。具体参见本书第 2 部分内容。

第三，投资者找准了综合人的阻力线与支撑线，并在其附近进场操作，往往能够获得明显的价格优势。通常情况下，投资者很容易拟定盈亏比 3R 的交易计划，实现“大赚小赔”的目的。

第 4 章　威科夫技术分析工具

在威科夫时代，道氏理论已经是股市交易领域的显学，几乎所有的市场参与者都认同道氏关于股市价格运动的重要结论。其中，道氏把价格运动分为主要运动、次级反应运动和日间波动的观点，与市场参与者的分类十分吻合，获得了最广泛的认可。以时间周期为标准，市场参与者一般分为长线投资者、中线投资者和短线投资者。长线投资者重点关注市场的主要运动，中线投资者试图把握次级反应运动的拐点，短线投资者则短进短出，努力抓取每一次日间波动的利润。

威科夫很早就意识到，任何一名市场参与者都不可能像综合人一样，掌握市场的所有信息，知晓市场的每一笔交易。因此，威科夫认为，无论是长线投资者，还是中线投资者，抑或是短线投资者，都需要一整套技术分析工具，以帮助投资者读懂综合人的真实意图。威科夫进一步认为，技术分析工具还必须适应投资者在股市交易的真实场景——即绝大多数投资者每天只能花费有限的时间和精力研究股市。基于投资者的实际情况，技术分析工具应该是正确的、高效的，同时还是容易掌握的。

需要注意的是，基于当时的股市交易数据记录和传播的条件，威科夫开发的技术分析工具，既包含了行情记录工具，也包含有行情分析工具。当代投资者在学习和掌握威科夫技术分析工具的时候，无需采用某些古老的工具，尤其是行情记录工具，而是重点理解威科夫技术分析工具背后的交易思想。

一、威科夫多时间周期技术

威科夫记录行情的工具主要有三种图表，分别是点数图、竖线图和波浪图，如图 4–1 所示。

点数图主要记录了价格的空间运动，投资者很容易看出综合人实际使用的阻力线和支撑线。威科夫还利用点数图来预测价格运动的幅度，具体方法是“横有多长，竖就有多高”。

竖线图以日线为基础，记录了当日的最高价、最低价、收盘价和成交量。在日线数据的基础上，可以绘制周线图、月线图。

波浪图主要用来记录小型价格运动，例如几天内或是单日内的小型折返运动。波浪图主要用于短线交易，例如日内交易。

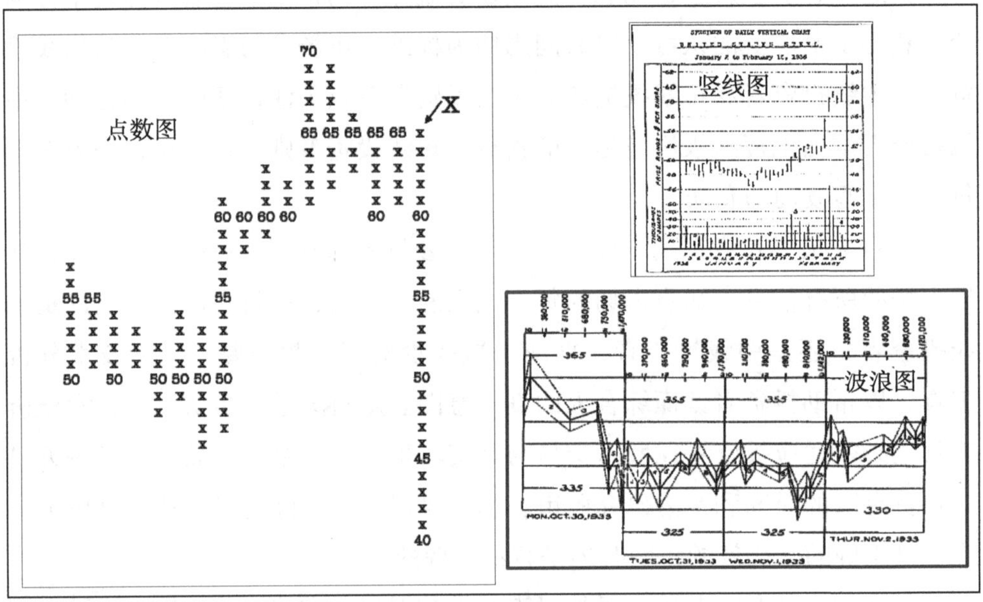

图 4–1 威科夫记录行情的三种图表

站在威科夫时代的实战视角，投资者很容易理解他设置这三种图表的目的。

简单来说，威科夫用点数图判断价格运动的大趋势，即道氏理论中的主要运动和次级反应运动，重点是找准综合人设置的阻力线和支撑线。在大趋势确定的背景下，用竖线图跟踪趋势，重点是量价分析，并预测可能的价格运动。而波浪图既可以单独用来做短线交易，也可以帮助投资者在阻力线和支撑线附近找到更好的进场点。

威科夫通常建议中长线投资者主要使用点数图和竖线图；中短线投资者

在参考点数图的情况下，主要使用竖线图和波浪图。

很明显，威科夫在设置图表类型的时候，采用了多时间周期的理念，即大时间周期（点数图）看趋势，中时间周期（竖线图）找阻力线和支撑线，小时间周期（波浪图）找精确买卖点。

当代投资者在理解了威科夫多时间周期的理念后，一般都会使用“多时间周期技术”。例如，中短线投资者一般使用“日 K 线、60 分钟 K 线、15 分钟 K 线”组合，如图 4–2 所示。一定程度上，投资者可以大致认为：日 K 线等同于点数图；60 分钟 K 线等同于竖线图；15 分钟 K 线等同于波浪图。这不是严谨的说法，笔者采用这样的表述，仅仅是为了帮助读者理解威科夫设置三种图表的理念。

下面来分析图 4–2。在日 K 线图的圆圈位置，是第一段上涨趋势后强势回调的终点，该股在第一段上涨趋势的尾声有一个向上的跳空缺口，冲高回落后小幅回调，在缺口附近多日窄幅整理，且明显缩量，这些都是强势回调的典型价格行为。

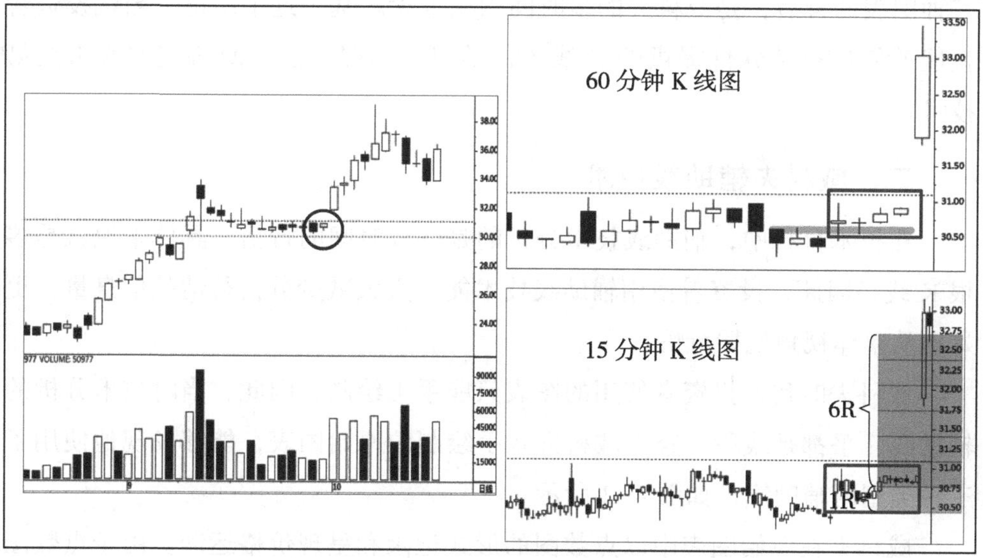

图 4–2　多时间周期技术

使用行情软件的价格预警功能，在日K线图中设置了两根横向虚线，标注回调形成的小型区间。两根虚线由行情软件自动生成，会在各种时间周期的K线图上自动显示。

为了便于比较，以日K线图中上面的一根虚线为例，该虚线与60分钟K线图、15分钟K线图中的横向虚线是同一根线。

图4-2中的多时间周期设置为“日线—60分钟—15分钟”，实战方法是日K线图看趋势，60分钟K线图找阻力线和支撑线，15分钟K线图找精确买卖点。

很明显，理论上的最佳买点在日K线图中是圆圈内的阳线，分别对应了60分钟K线图和15分钟K线图右下角的方框位置。

在60分钟K线图上，当日的4根K线低点形成了明显的支撑线。以该支撑线为参考，能够在15分钟K线图中找到高质量的精确买点，图中标记的盈亏比在6R以上。

通过复原威科夫所处时代相对真实的场景，投资者可以认为，在威科夫三种图表的背后，是威科夫的多时间周期理念。基于这个结论，当代投资者就能够使用行情软件提供的K线图，学习、掌握和使用威科夫的股市交易技术。

二、威科夫辅助线技术

在技术分析中，辅助线技术分析的是一段时间的行情，具体来说就是多根K线。因此，投资者使用辅助线技术能够大大减少分析行情的信息量，更好地从整体视角把握行情。

威科夫时代，投资者使用的图表只能手工绘制，因此，当时技术分析的辅助线几乎都是线段。查看威科夫亲手绘制的原始图表，能够发现他使用了三种类型的辅助线，如图4-3所示。

威科夫在原始图表中以点数图的形式记录和呈现价格运动。由于点数图能够明显看出水平方向的压力线和支撑线，他并没有在图表中直接标注**水平辅助线**。

威科夫手绘的**倾斜辅助线**与现在的技术分析方法一样，主要是上涨趋势画上涨趋势线和上涨通道线，下降趋势画下降趋势线和下降通道线。威科夫还经常把两个以上的高点连接起来作为压力线，两个以上的低点连接起来作为支撑线。在威科夫技术体系中，通常把压力线称为供给线，支撑线称为需求线。

值得注意的是，威科夫还使用了**纵向辅助线**。他的方法是用两条纵向辅助线标注一个横向区间，例如图中的“J”和“K”。投资者通过类似“J”和“K”的标注，把价格运动分成了不同的阶段，从而能够进行更准确和更细致的分析。这是威科夫技术分析的一大特点，也是其量价模式的分析基础。

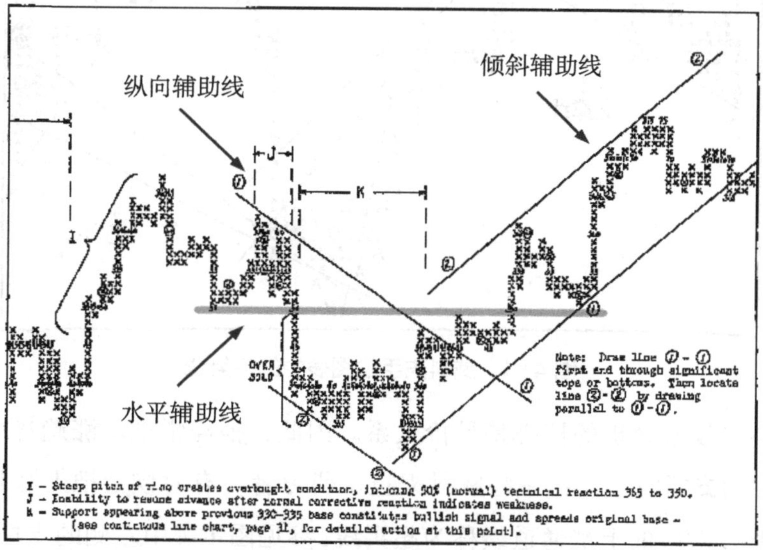

图 4–3　威科夫手绘图表中的辅助线

威科夫认为，供需关系失衡会推动价格上涨或是下跌。把价格波动的高点或低点用直线连接起来，能够直观地看出股价上涨或下跌的力度。如果上涨或下跌的力量足够大，就会形成一个活跃的通道形态。连接相应的高点或低点，就能够画出一组平行线，或是大致平行。他把这两种方法画出来的辅助线，都称为趋势线，如图 4–4 所示。

图 4–4 中有多条趋势线，看起来杂乱无章，其实不然。投资者只要耐心

从左往右看，就能读懂每一根趋势线的画法和意义。画新线的原因有两个：一是随着时间的推移，价格不断变化，先前的趋势线可能失效了，需要画出新的趋势线；二是为了读懂近期的走势，可以画出小型趋势线。总之，借助趋势线，投资者能够更好地感知图表上价格的动态变化，更容易读懂综合人的真实意图。

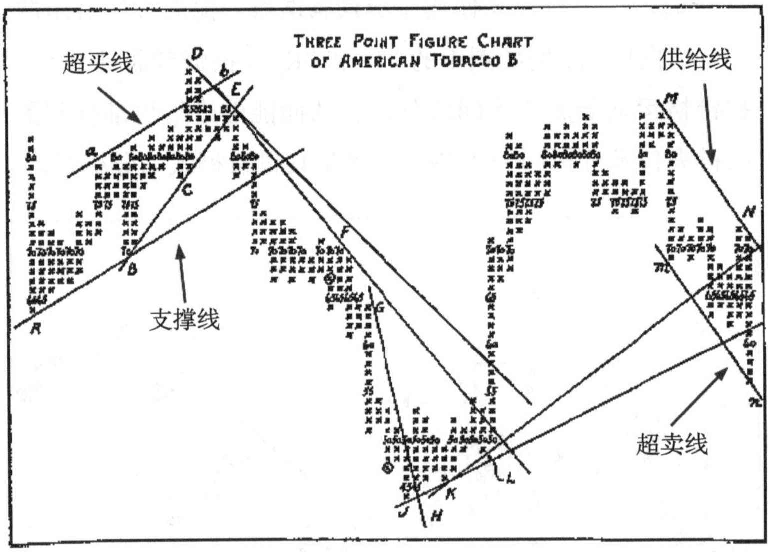

图 4-4　威科夫手绘图表中的趋势线

威科夫技术分析的核心是量价关系。因此，他经常把上涨趋势中的上涨趋势线称为**支撑线**（注：一些威科夫技术研习者，有时候会把上涨趋势线称为需求线），对应的上涨通道线称为超买线，参见图 4-4 中左侧的支撑线“AB”和超买线“ab”。在下降趋势中，他把下降趋势线称为**供给线**，对应的下降通道线称为超卖线，参见图 4-4 右侧的供给线“MN”和超卖线“mn”。同理，图中的“DE”“EF”和“GH”也是供给线。

当代投资者学习威科夫技术要随时牢记：威科夫所有技术都以量价关系为基础。投资者通过分析图表上的量价关系，弄清楚量价关系背后的供需关系，即市场中供给（卖方）和需求（买方）之间的博弈，从而读懂综合人的真实意图。

威科夫辅助线技术的基础同样是量价关系，有三个重点，分别是水平方向的阻力线和支撑线，倾斜的趋势线，以及价格运动的分段。

在行情软件的 K 线图上，最重要的是水平方向的辅助线，包括阻力线和支撑线，如图 4-5 所示。

当价格处于明显的区间运动时，投资者可以认为阻力线等同于供给线，或是超买线；支撑线等同于需求线，或是超卖线。

现代威科夫技术，通常把重要的支撑线称为冰线。通常情况下，冰线是读懂综合人操控价格运动方向的关键点。

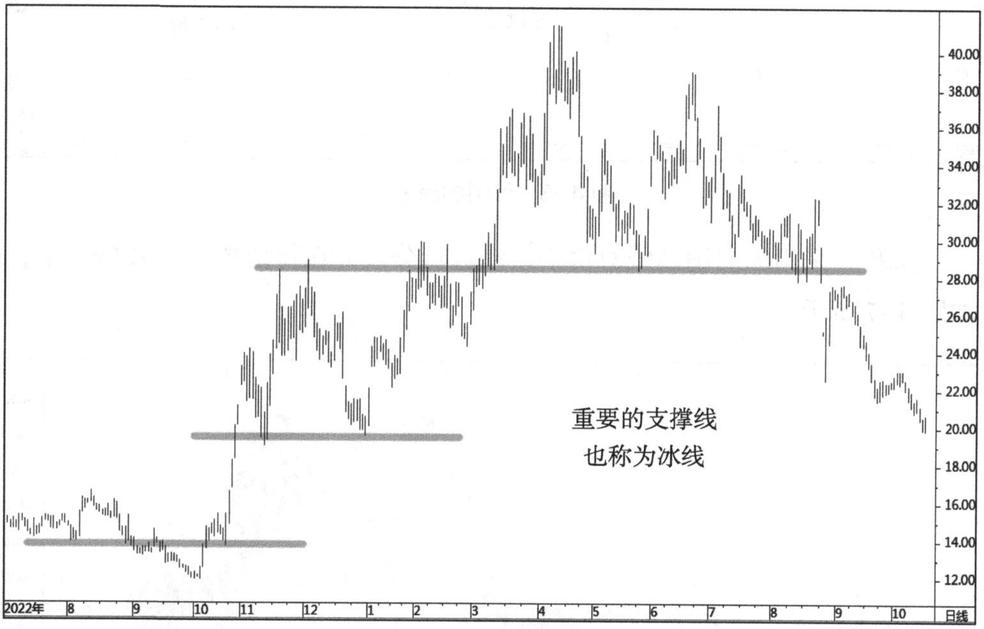

图 4-5　水平方向的阻力线和支撑线

行情软件的 K 线图上，倾斜的趋势线分为上涨趋势线和下降趋势线，如图 4-6 所示。

上涨趋势中，投资者可以认为上涨趋势线等同于支撑线，也是需求线，超买线等同于上涨通道线。

下跌趋势中，下降趋势线等同于供给线，下降通道线等同于超卖线。

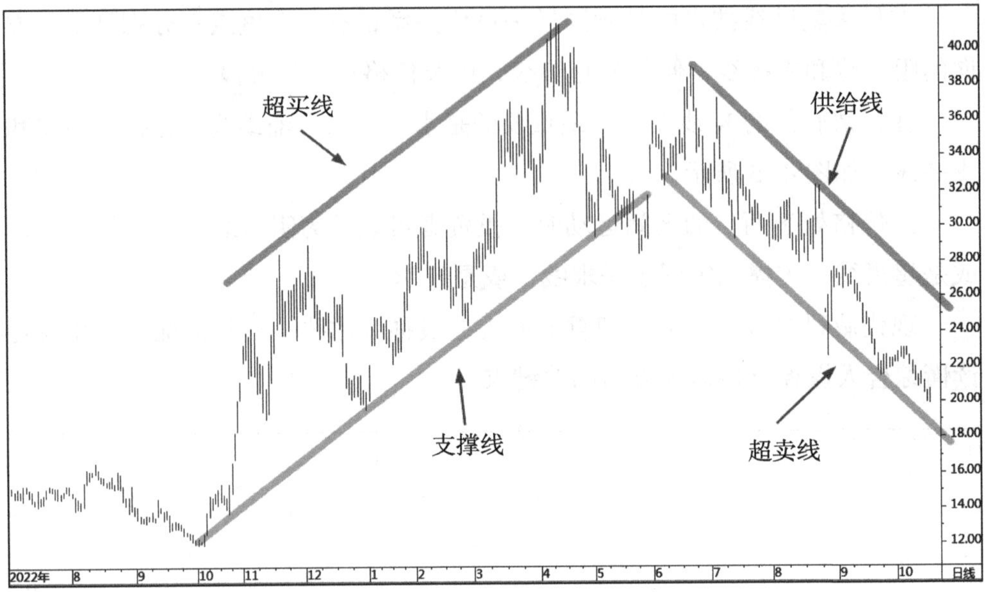

图 4-6　倾斜的趋势线

威科夫采用纵向辅助线对价格运动进行分段，在行情软件的 K 线图上，如图 4-7 所示。

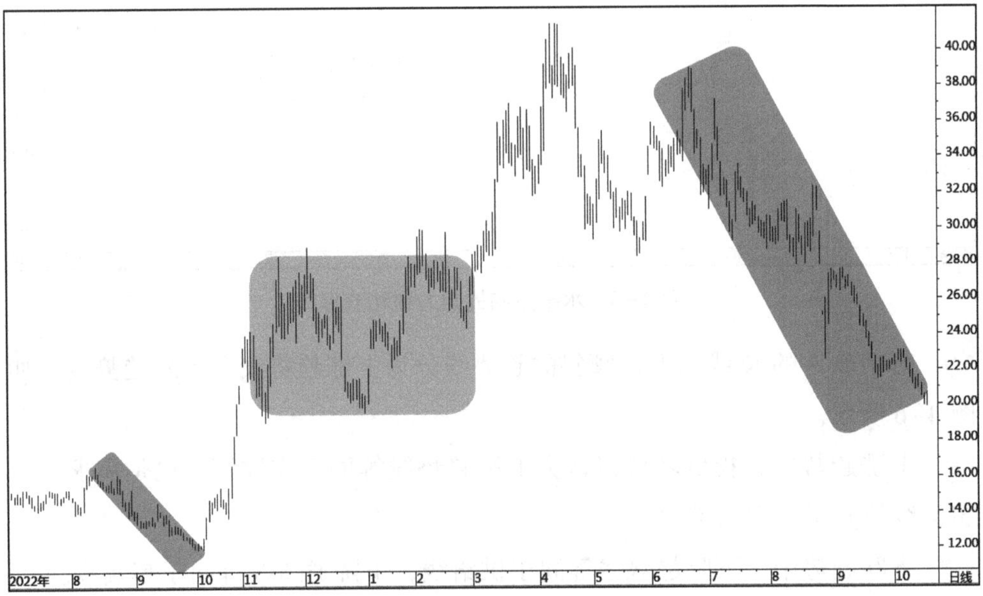

图 4-7　价格运动的分段

图 4-7 中，左侧和右侧的色块分别是两段下跌趋势，中间的色块是区间运动。投资者可以在 K 线图上采用同样的方法，或是效果一样的其他方法，对价格运动进行分段。

投资者通过图 4-5、图 4-6 和图 4-7，能够初步掌握威科夫辅助线技术在 K 线图上的使用方法。在此基础上，结合图 3-1、图 3-3 和图 3-4，可以进一步理解威科夫技术分析与常见技术分析方法的差异，及其股市分析原理的本质。

三、威科夫成交量分析技术

常见的技术分析方法，在成交量上往往侧重于量价关系的表象阐述，例如“上涨放量、回调缩量”等。威科夫的成交量分析技术包含的内容更广泛，主要涉及以下三个方面。

第一，通过成交量进行活跃度判断，既包括整体市场的活跃度，也包括特定个股的活跃度。

第二，分析成交量背后的供需关系，并采用与躲在幕后的综合人一样的视角，读懂它操控供需关系的真实意图。

第三，在对价格运动分段的前提下，进行量价分析，以寻找潜在的交易机会。

投资者研判市场的活跃度一般根据“量在价先”的原则，通常把放量视为市场或个股进入活跃期的领先信号，如图 4-8 所示。

“放量”是一个定性的术语，投资者在实战中可以“量化”。例如，图 4-8 中左侧有一根放量突破的大阳线，投资者参考当天的换手率画一根横线，作为后期走势是否放量的判断标准。后期走势中，当成交量再次高于横线，投资者就可以认为个股进入了活跃期。

该股进入活跃期后，出现了威科夫日线技术中的中线行情，约 30 个交易日内上涨了 50% 以上。

威科夫认为，成交量背后是供需关系，供需关系的背后是不同市场参与者的交易行为，不同市场参与者交易行为的背后是各自的交易逻辑。因此，投资者可以借助股市交易的简化模型来搞懂成交量背后的真实场景。

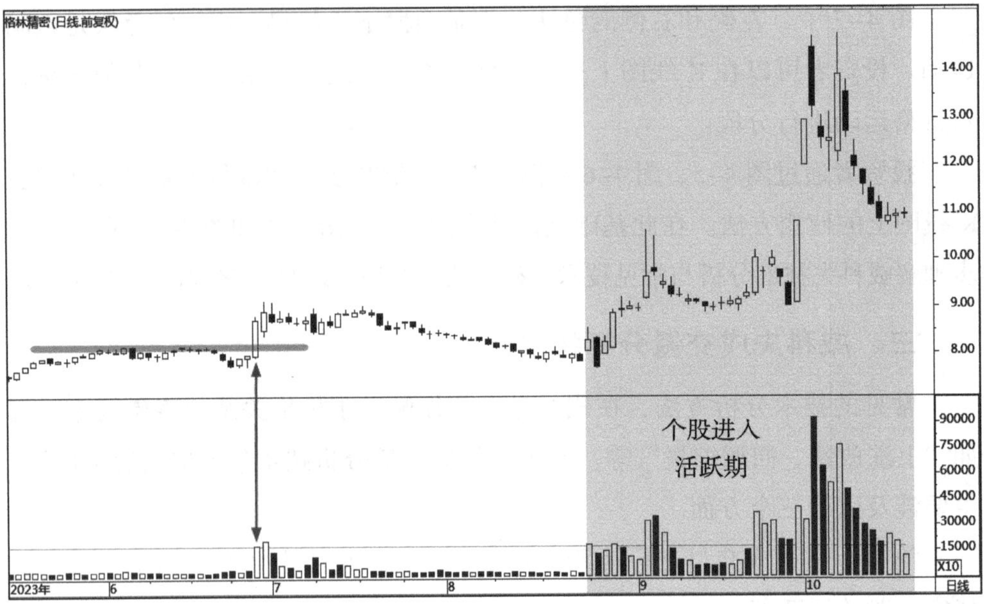

图 4-8　个股进入活跃期

股市交易的简化模型中有三类市场参与者，分别是综合人、“聪明钱”和“笨钱”，如图 4-9 所示。

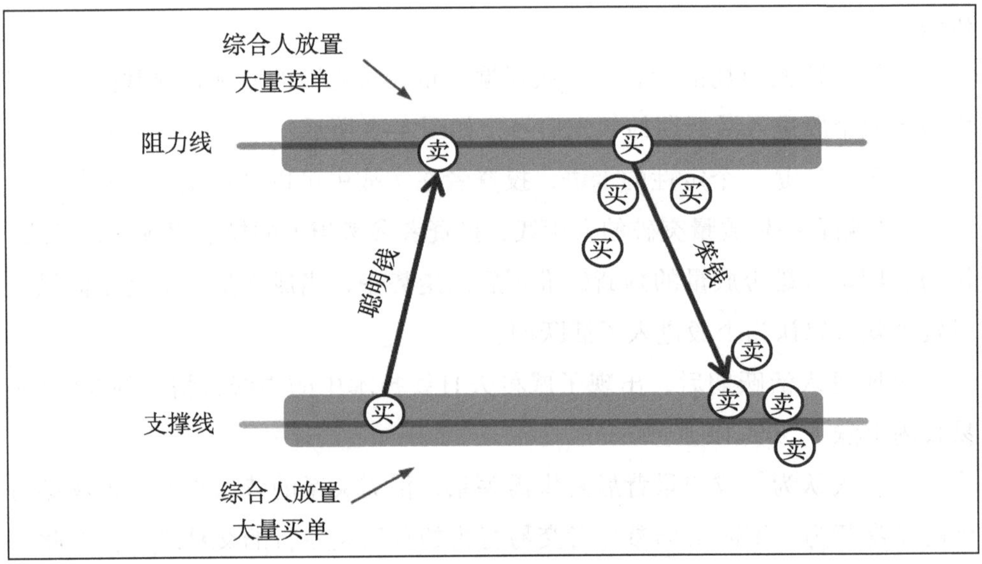

图 4-9　股市交易简化模型

综合人的交易逻辑是“操控股价”，通过设置阻力线和支撑线以及大订单的方向，来控制股价运动的区间和方向；“聪明钱”的交易逻辑是“做位置”，只在综合人设置的阻力线和支撑线附近操作；“笨钱”的交易逻辑是“做涨跌”，通常看见涨了就贪婪追买，看见跌了就恐惧割肉。

借助股市交易简化模型，投资者就能够真正理解威科夫辅助线技术的命名原理，进而掌握“超买”和“超卖”这两个核心概念。

“超买”是指上涨阶段需求（买方）力量枯竭，如图 4-10 所示。

投资者可以把上涨阶段分为四个小的阶段，第一个阶段是供需平衡，价格做窄幅区间运动；第二个阶段是综合人提供额外的需求（买方），价格突破窄幅区间的小型阻力线，股价开始上涨；第三个阶段是主升段，笨钱在综合人的诱导下纷纷进场买进，推动价格快速上涨，同时也在快速消耗笨钱的潜在买方需求；第四个阶段是笨钱的买方需求几乎消耗殆尽，进入“超买”阶段。

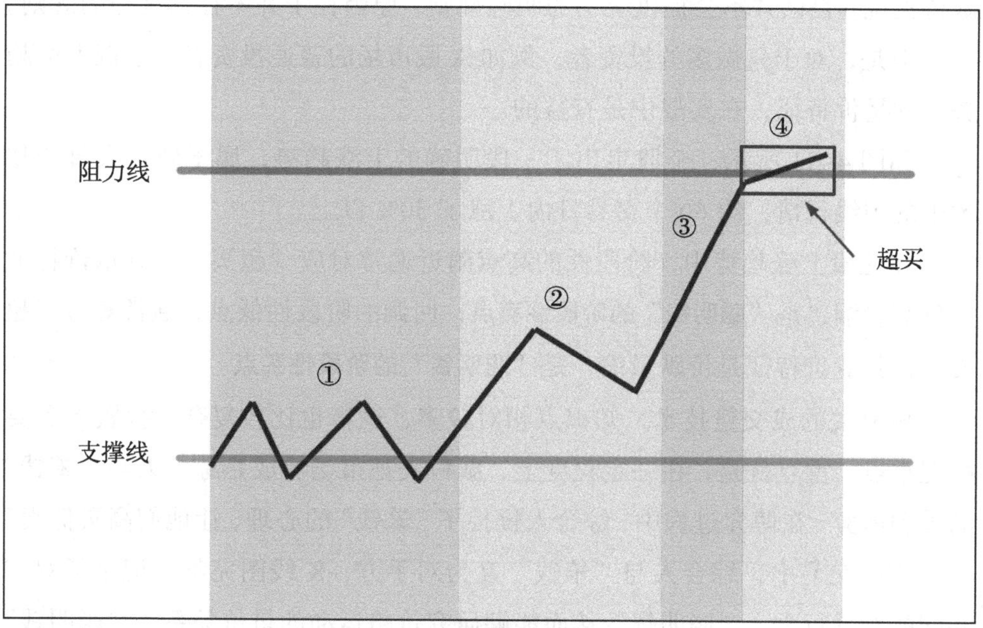

图 4-10　上涨阶段的“超买”

当市场进入“超买”阶段后，综合人就会根据它操控股价运动的目的，要么主动释放供给，操纵股价下跌；要么适当提供需求，让股价横向运动。

“超卖”是指下跌阶段供给（卖方）力量枯竭。技术原理与“超买”一样，只是方向相反，在此不赘述。

站在“笨钱”交易行为的视角，投资者很容易就能够理解“超买”和“超卖”。一定程度上，“超买”和“超卖”是综合人利用“笨钱”人性的贪婪和恐惧，诱导和逼迫他们“高买低卖”的技术拐点。因此，“聪明钱”掌握了综合人的游戏规则后，就会在支撑线附近买进，阻力线附近卖出。换句话说，“聪明钱”依据威科夫的超卖线买进，并在超买线卖出。投资者回看前面威科夫辅助线的相关内容，就会更认同威科夫在辅助线技术中使用的术语。

威科夫认为，股市价格运动的量价关系非常复杂。价格运动的分段，与综合人操纵的主要运动、次级反应运动和日间波动的分类有关，投资者需要根据自己的交易风格，在掌握了威科夫价格循环后，才有可能正确分段。因此，威科夫说，自己并不会提供统一的明确规则，原因在于并不存在这样的规则。

但是，对于只做多的投资者，例如 A 股市场的普通投资者，掌握上涨趋势中的量价特征，在实战中是有益的。

如图 4–11 所示，个股走出了一段明确的上涨趋势，属于威科夫日线技术中的中线行情，约 60 个交易日内上涨了 50% 以上。

在这段上涨趋势中，阶段性的高点附近通常对应“超买”，其量价特征是价涨量缩，是**“聪明钱”的阶段性卖点**；回调的阶段性低点，通常对应“超卖”，其量价特征是价跌量缩，是**“聪明钱”的阶段性买点**。

威科夫的成交量技术，知识点相对较多，逻辑也比较复杂，投资者需要把握重点。重点就是，在一定程度上，威科夫把市场看成是综合人与“笨钱”的零和博弈。在博弈过程中，综合人操控了“笨钱”的心理，让他们高买低卖。

实际交易中，综合人与“笨钱”互为对手方，K 线图完整地记录了双方共同的交易行为，“聪明钱”从而能够研究价格运动的量价关系。“聪明钱”通过研究 K 线图中的量价关系，就能够读懂综合人的真实意图。

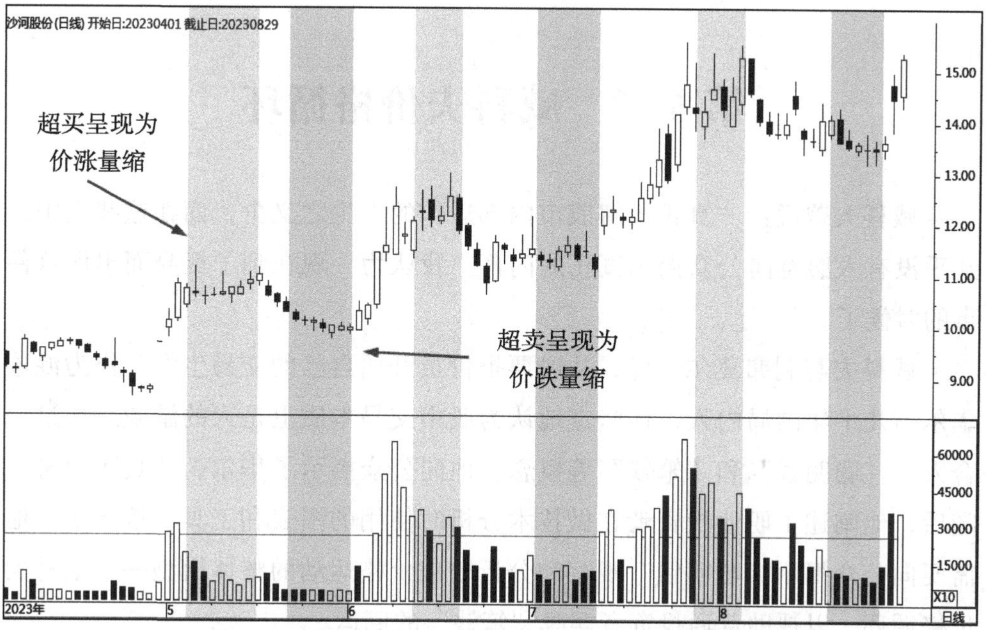

图 4–11　上涨趋势中“超买”和“超卖”的量价特征

为了更好地理解本章内容，笔者建议投资者参考图 4-9 和图 4-11，复盘自己过去真实的交易记录。

第 5 章　威科夫价格循环

威科夫曾说：“真正了解股市内部运作的人少之又少，而在这些人中，几乎没有人愿意向公众揭示真正的内幕。我认为，现在到了挺身而出做这件事的时候了。”

威科夫与利弗莫尔一样，从股票报价员开始自己的交易生涯。作为混迹华尔街几十年的局内人，他坚定地认为股市交易本质上是人的游戏。通过综合人、“聪明钱”和“笨钱”等概念，他向公众揭示了华尔街的真正内幕。随后，他阐述了职业投资者在做技术分析时使用的图表和工具。接下来，他需要向公众揭示“聪明钱”观察和分析股市价格运动的整体模型——威科夫价格循环，以帮助普通投资者摆脱“笨钱”的厄运。

威科夫价格循环把股市的价格运动分为四个主要阶段，分别是吸筹、拉升、派发和下跌。

根据这个模型，当股票处于吸筹和拉升阶段，投资者应该看多和做多；处于派发和下跌阶段，投资者应该看空和做空。

对于做多模式的 A 股投资者，在派发和下跌阶段，一般应该离场观望。

一、威科夫价格循环技术原理图

在威科夫技术分析中，通常采用图 5–1 来阐述威科夫价格循环的技术原理。

图 5–1 清楚地表明了威科夫价格循环的四个阶段：吸筹、拉升、派发和下跌。

吸筹阶段，综合人的目的是大量买进低价筹码，具体做法参见图 3–1。这个阶段通常会持续较长的时间。

拉升阶段，综合人的目的是拉抬股价，具体做法参见图 3–3 和图 3–4。综合人在拉升阶段会考虑多个因素，例如，历史走势中形成的筹码分布情况，股市整体环境（大盘指数的技术形态），以及资金的阶段性流向等因素。因此，拉升阶段的共性是股价持续上涨，但上涨的形式表现为不同的类型，例如，短平快的陡直暴力拉升，或是常见的上涨通道模式，抑或是长线慢牛走势。

派发阶段，综合人利用"笨钱"贪婪的人性弱点，诱导"笨钱"追高买进，从而卖出它在吸筹阶段买进的低价筹码。相对于吸筹阶段，派发阶段股价处于高位，通常伴随着高成交量，综合人往往只需要较少的时间，就能够高价卖出大量的筹码。

综合人派发成功后，"笨钱"就持有大量的筹码。由于多数"笨钱"的心理是想赚快钱，因此筹码十分不稳定，稍有风吹草动，"笨钱"就会进进出出。综合人现在的目的是打压股价，它就会择机利用供需法则，在派发阶段的支撑线附近放置大量卖单，从而在技术上击穿派发阶段的支撑线，直接诱发"笨钱"的恐惧心理。随后，通常情况下，股价进入下跌阶段。

当价格跌到一定的位置时，综合人再次进场操控股价，主动构建新的吸筹区，也就开启了新一轮的威科夫价格循环。

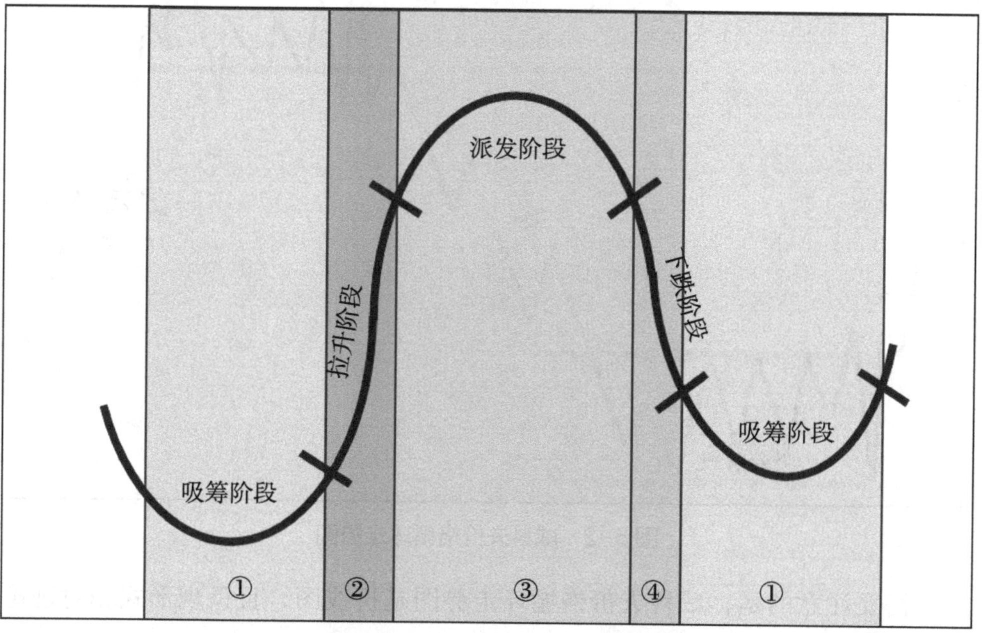

图5-1　威科夫价格循环技术原理图

图 5-1 主要从循环的角度阐述威科夫的价格循环，投资者需要利用折线形式的走势图，逐渐从实战的角度理解威科夫价格循环。

在图 5-2 的威科夫价格循环走势图中，价格运动呈现为“区间结构—趋势结构—区间结构—趋势结构”的连接，循环体现为“区间结构”和“趋势结构”的交替出现。

需要说明的是，现代威科夫技术分析中有“威科夫三大原理”之说，分别是供需原理、因果原理、努力与结果原理。其中因果原理可以理解为“区间结构”是因，“趋势结构”是果。换句话说，综合人只有在低位买够了筹码，才会拉升股价。

图 5-2 还直观地揭示了威科夫价格循环不同阶段的交易价值。

很明显，图中的色块范围是做多策略的投资者最有价值的时间段，投资者需要牢牢记住这个结论。

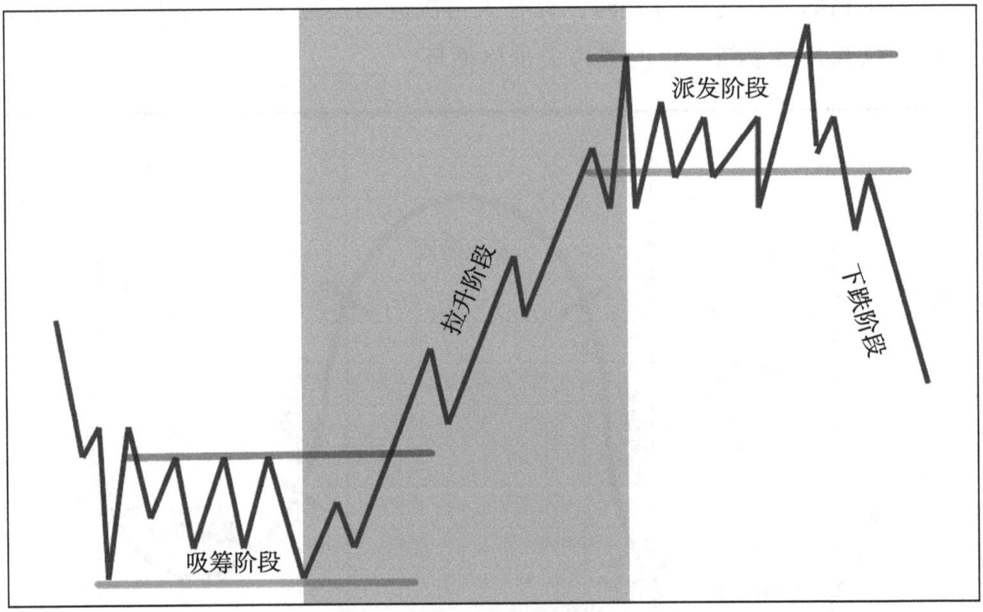

图 5-2　威科夫价格循环走势图

需要注意的是，威科夫价格循环走势图是折线图，且呈现形式相对理论化，更重要的是，现今大量的量化交易也在一定程度上影响了价格运动的具体形式。因此，一些初学者在 K 线图上很难识别出威科夫的价格循环。

事实上，初学者可以采用循序渐进的方式，逐渐掌握在 K 线图上识别威科夫价格循环的要点。

在行情软件中，收盘线图大致等同于折线形式的图表，能够帮助投资者把威科夫价格循环和真实的走势逐渐对应起来，如图 5-3 所示。

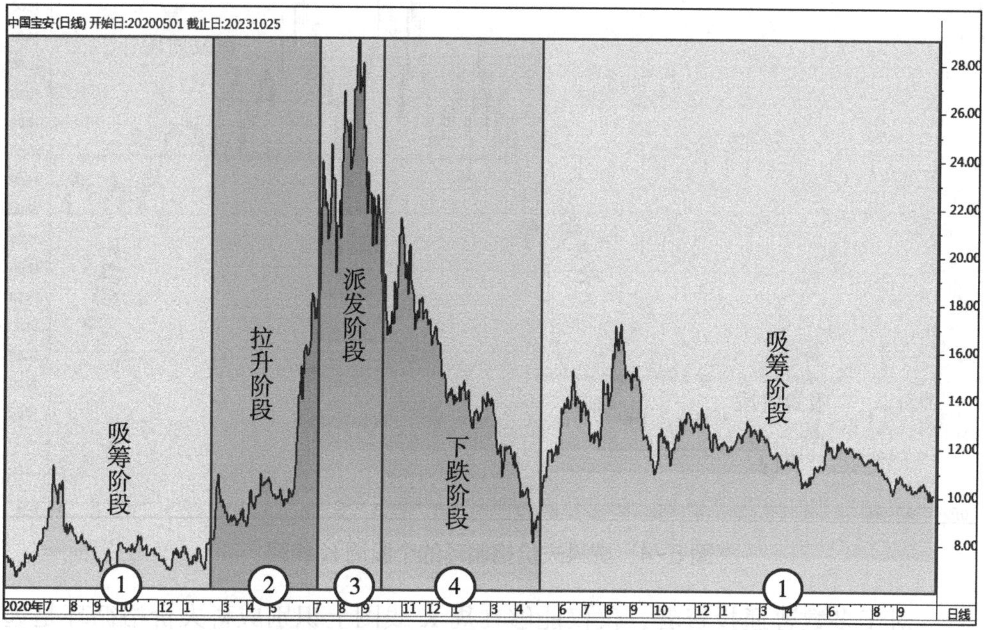

图 5-3　个股收盘线图的威科夫价格循环

二、如何在 K 线图上识别威科夫价格循环

接下来，投资者要在 K 线图上识别出威科夫价格循环的不同阶段。

投资者需要注意三点：首先，综合人的盈利来源于吸筹区和派发区之间的差价，差价越大，利润就越高；其次，综合人通常资金规模庞大，只有部分个股满足它的流动性需求；第三，即使个股满足了流动性的要求，综合人完成一个威科夫价格循环，往往也需花费足够长的时间。

因此，典型的威科夫价格循环一般出现在长线大牛股的周 K 线图中，如图 5-4 所示。

在长线大牛股的周 K 线图中，投资者往往能够画出威科夫价格循环的四个阶段。

投资者可以参考图 5-4 的方法，反复练习。

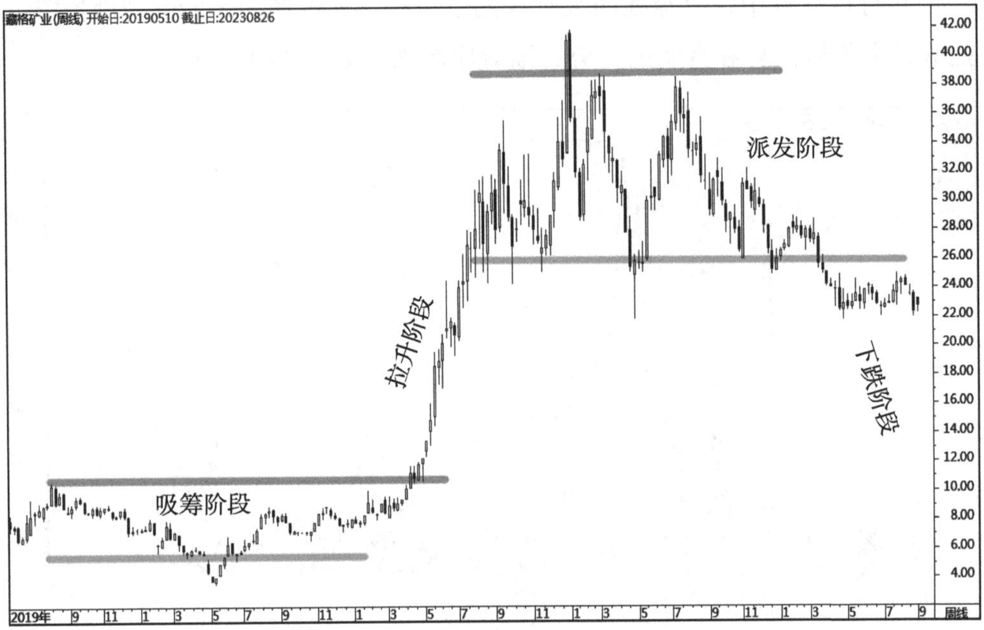

图 5-4　威科夫价格循环的个股周 K 线图

对于多数普通投资者，仅仅能够在周 K 线图上识别威科夫价格循环是远远不够的。A 股投资者至少也需要在日 K 线图上识别和划分威科夫价格循环的四个阶段。

图 5-5 是威科夫价格循环的个股日 K 线图，主图是裸 K 线，副图是成交量。投资者在日 K 线图上学习威科夫价格循环时，应加上成交量。

威科夫认为，综合人的游戏是“筹码和资金的互换”。掌握了威科夫价格循环的投资者，现在都会真正认同威科夫的观点，并能够在 K 线图上一眼看出这个事实。

图 5-5 中，吸筹阶段日成交量小，但持续时间长；派发阶段日成交量大，持续时间相对较短。两个阶段各自的成交总量一般处于某种特定的比例关系，

大致均衡。这个特征直接揭示了综合人游戏的实质：吸筹阶段资金换筹码，派发阶段筹码换资金。

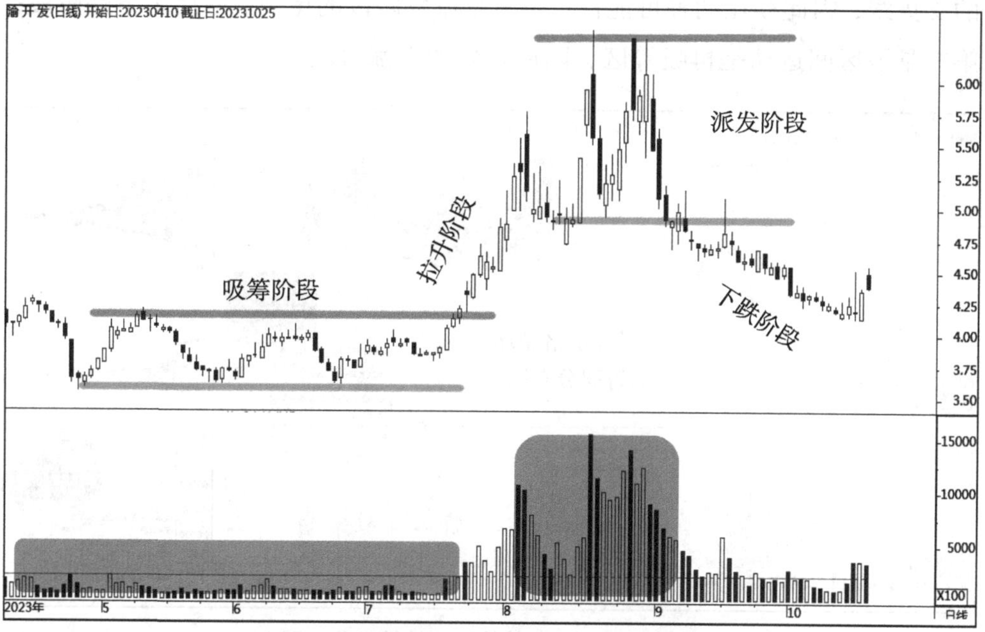

图 5-5　威科夫价格循环的个股日 K 线图

行情软件提供的筹码分布图能够更好地揭示综合人游戏的本质，如图 5-6 所示。

行情软件可以特定的 K 线为参考提供筹码分布图。在图 5-6 中，投资者可以把左下角的区间运动视为吸筹阶段，右上角的区间运动视为派发阶段。投资者可以把吸筹阶段和拉升阶段的分界点作为标准，视为吸筹阶段的筹码分布图，参见图中左下角的吸筹区和右图下方的筹码分布图。同样的道理，投资者可以把派发区尾声视为派发阶段和下跌阶段的分界点，参见图中右上角的派发区和右图上方的筹码分布图。

很明显，两个不同时点的筹码分布图，用最直观的方式呈现了综合人“搬运筹码”的事实。

需要注意的是，筹码分布图主要揭示了特定时点上筹码在价格带上的分布，投资者并不能据此判断综合人的真实意图。以图 5-6 中能够看见的局部走势为例，右上角的派发区，由于最后一根 K 线的价格并没有跌破区间运动的支撑线，因此存在两种可能性：第一是派发阶段的尾声，随后走下跌阶段；第二是该区间运动是再吸筹区，随后走新的上涨阶段。

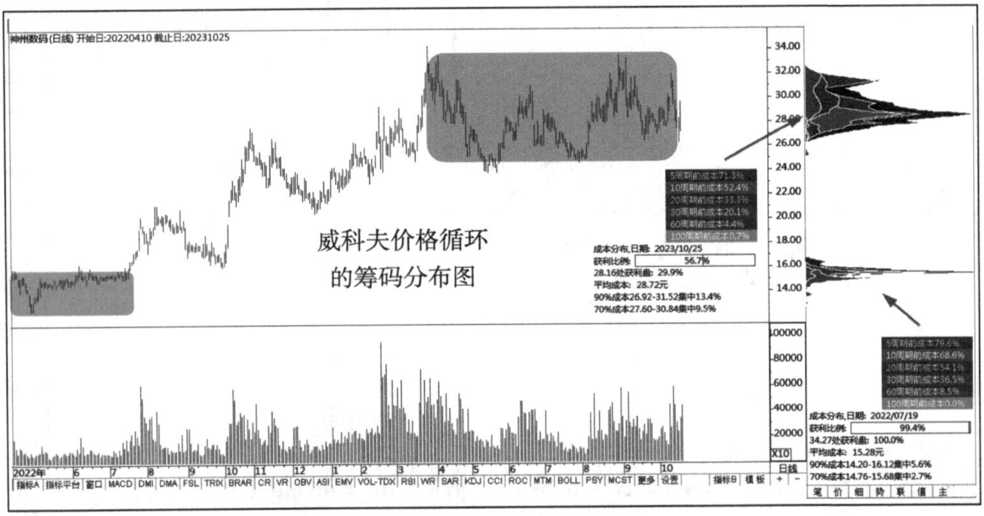

图 5-6　威科夫价格循环的筹码分布图

三、威科夫量价分析的核心技术要点

威科夫价格循环的四个阶段，做多的投资者在拉升阶段最容易赚钱，下跌阶段最容易亏钱。因此，投资者需要重点掌握拉升阶段和下跌阶段的量价特征，这是威科夫价格循环实战视角的核心要点。

通常情况下，威科夫价格循环中的拉升阶段和下跌阶段是典型的趋势运动，一般分为 5 段，其中 3 段是顺趋势方向，2 段是逆趋势方向，如图 5-7 所示。

在 5 段趋势结构中，通常顺趋势方向的 3 段运动力度强，运行的空间大，体现为角度陡直，一般第二段的力度最强。逆趋势方向的 2 段运动力度弱，运行的空间小，体现为角度平缓。

威科夫多次强调，投资者读懂综合人的真实意图，需要从图表上获取四个方面的信息，也就是要从下面四个角度看盘和解盘。

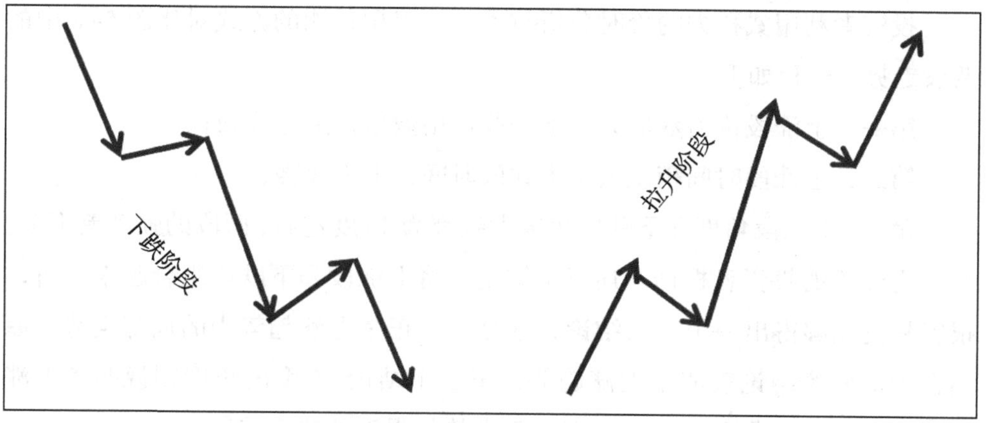

图 5-7 趋势运动的 5 段结构

A——价格变化；

B——成交量或交易强度；

C——价格变化与成交量之间的关系；

D——价格在各自方向完成变化所需的时间。

众所周知，行情数据有三个基本变量，分别是价格、时间和成交量。威科夫所说的 A 是指价格，B 指的是活跃度，参见图 4-8，C 是指价格变化过程中的量价关系，D 是价格变化对应的时间。

很明显，威科夫的量价分析隐含了时间这个因素，其实是价格、时间和成交量的三变量分析。因此，投资者学习威科夫的量价分析技术，需要先弄清楚价格和时间的关系，也就是价时分析。

按照威科夫的阐述，价时分析的技术原理如图 5-8 所示。

图 5-8 是一段上涨接一段下跌的走势。威科夫的价时分析有三个要素，分别是价格、时间和角度。以左侧的上涨段为例，图中①是指上涨段价格数值，例如价格从 83.00 元上涨到了 95.00 元，该数值就是 12.00 元。②是上涨段所用的时间。③是上涨段的角度。

任何一段有方向的走势都可以视为一段或大或小的趋势，都具备威科夫价时分析的三个要素。投资者通过比较不同走势段的三要素，就能够进行相对强弱比较，这是综合人留给“聪明钱”的明确信息。

投资者利用威科夫的价时分析技术，可以用目测的方式对比图 5-8 中的两段走势，过程如下：

第一，上涨段价格数值大于下跌段价格数值，上涨段强；

第二，上涨段时间稍微大于下跌段时间，上涨段强；

第三，上涨段角度和下跌段角度大致都为 45 度左右，两段的强度差不多。

有经验的投资者根据上述三个结论，将上涨段和下跌段组合起来分析，很容易就能够得出一个总的结论，这是一个正常上涨趋势中的局部走势。原因在于前两个结论表明了上涨趋势，第三个结论 45 度的角度则说明了上涨趋势的强度。通常情况下，45 度是正常趋势强度的典型特征。

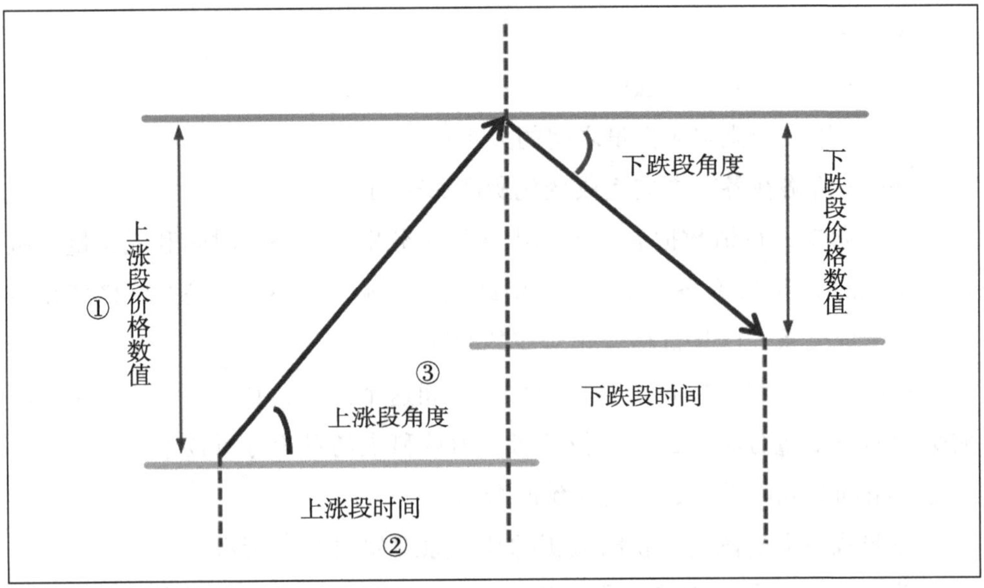

图 5-8　威科夫价时分析

图 5-9 是威科夫价时分析的应用。

图中①是顺趋势段，②是逆趋势段，③是相邻异向两段，④是相邻同向两段。

掌握了威科夫价时分析方法后，投资者可以开始熟悉威科夫价格循环中的量价关系，重点是拉升阶段和下跌阶段中的量价特征。

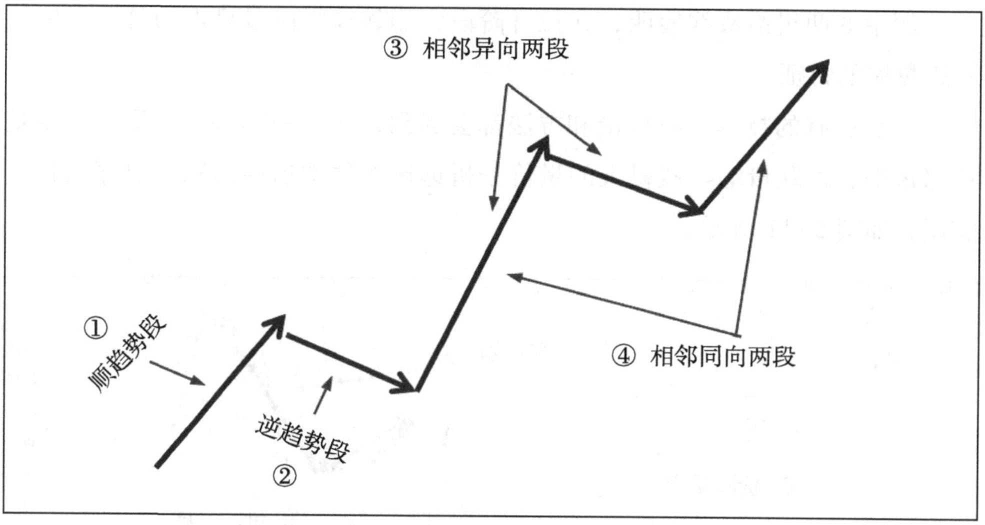

图 5-9　威科夫价时分析应用

图 5-10 主要是从吸筹阶段到派发阶段。投资者可以根据两个区间结构，确定拉升阶段。

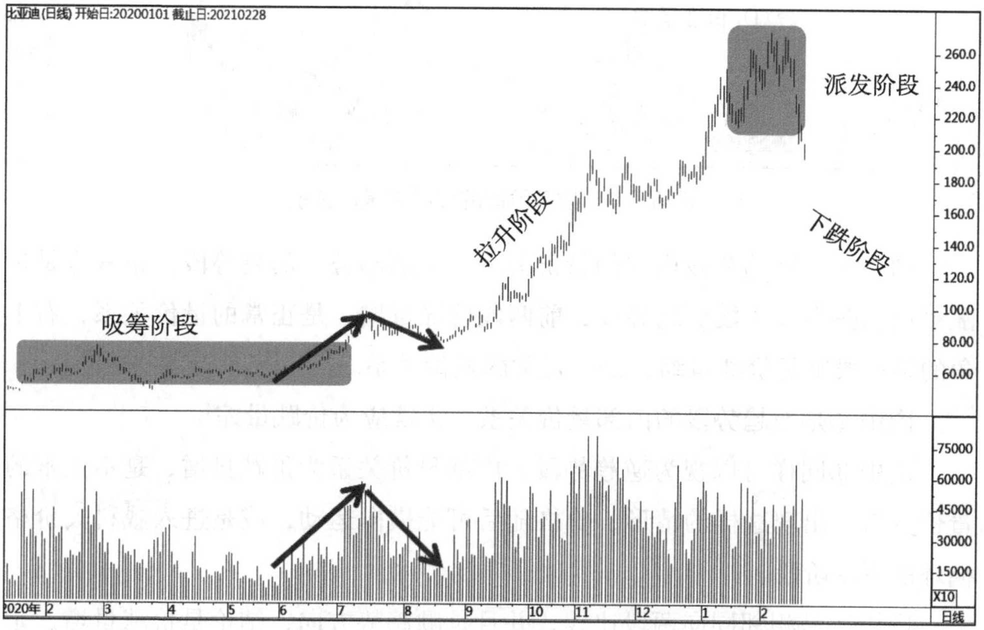

图 5-10　拉升阶段的价涨量增、价跌量缩特征

图中的两组箭头线表明，在拉升阶段，相邻异向两段呈现为价涨量增、价跌量缩的特征。

几乎所有的技术分析理论和方法都会提到，在上涨趋势中，量价关系是价涨量增、价跌量缩。威科夫的量价分析远比这种常识性的知识要深入且更实用，如图 5-11 所示。

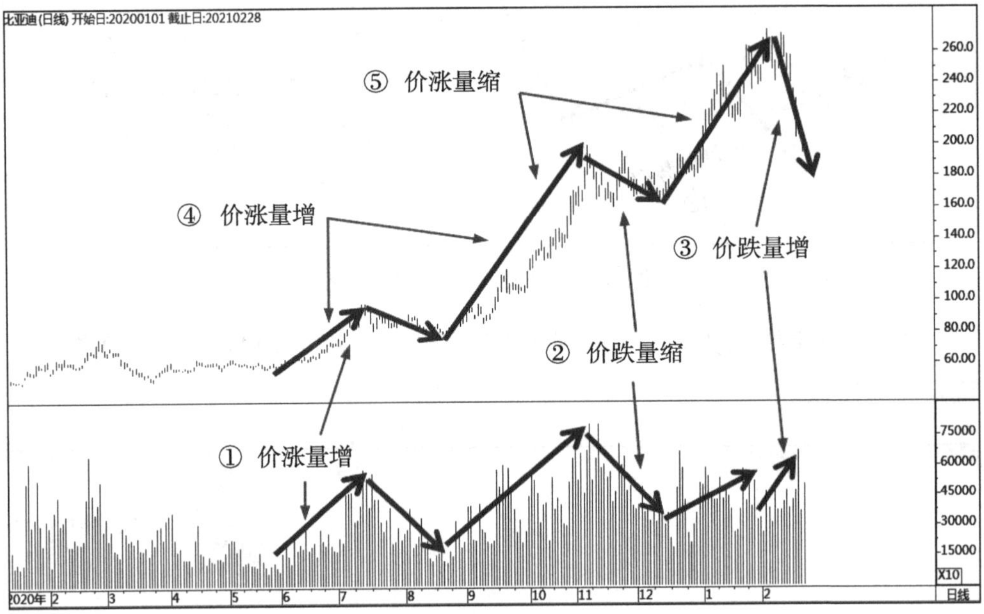

图 5-11 拉升阶段的威科夫量价关系

图中①是顺趋势段内部的量价关系。上涨趋势中的趋势段，正常应是价涨量增。图中有 3 段顺趋势段，前两段价涨量增，是正常的量价关系，右上角的第三段则是价涨量缩，是不正常的量价关系。

图中②是逆趋势段的内部量价关系，正常应为价跌量缩。

图中③同样可以视为逆趋势段，内部量价关系为价跌量增，是不正常的量价关系。出现这样的情形，价格随后可能横向运动，或是进入威科夫价格循环的下跌阶段。

图中④是相邻同向两段比较，并且是顺趋势方向，结论是价涨量增，是正常的量价关系。

图中⑤同样是顺趋势方向的相邻同向两段比较，但是呈现为价涨量缩，是不正常的量价关系。有经验的投资者会在第三个顺趋势段的中后期，得出上涨力度走弱的结论。其中一些人会进一步认为，价格运动很有可能就要进入威科夫价格循环的派发阶段，并会择机离场。

由于威科夫价格循环中的量价关系相对复杂，笔者只能讲解下跌阶段的核心量价特征，如图 5–12 所示。

图 5–12 主要是从派发阶段到吸筹（或再派发）阶段。投资者可以根据两个区间结构，确定下跌阶段。

图中的两组箭头线表明，在下跌阶段，相邻异向两段呈现为价跌量增、价涨量缩。

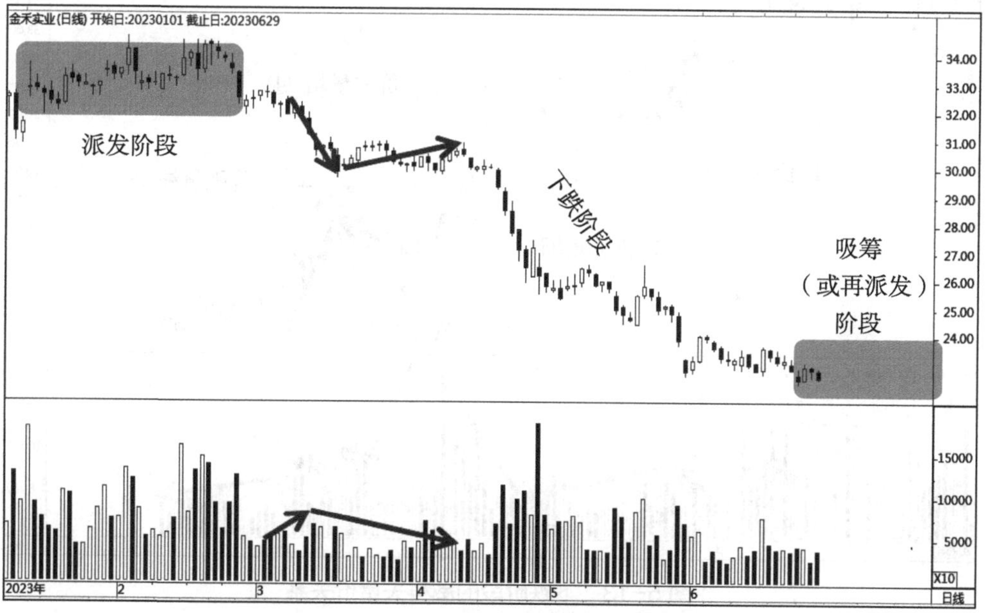

图 5–12　下跌阶段的价跌量增、价涨量缩

图 5–13 是下跌阶段的威科夫量价关系。

图中①是顺趋势段内部的量价关系。下跌趋势中的趋势段，正常应是价跌量增。图中有 3 段顺趋势段，都呈现为价跌量增，是正常的量价关系。

图中②是逆趋势段内部的量价关系，正常应为价涨量缩。

图中③同样可以视为逆趋势段，内部量价关系是否能够判断为价涨量缩，存疑，因此在图中标注了一个问号，具体阐述参见图 5–14。

图中④是相邻同向两段比较，并且是顺趋势方向，结论是价跌量增，是正常的量价关系。

图中⑤同样是顺趋势方向的相邻同向两段比较，但是呈现为价跌量缩，是不正常的量价关系。

需要注意的是，相对于图 5–10 和图 5–11 的案例，图 5–13 中下跌阶段趋近尾声的特征并不明显，因此存在构建再派发区的可能性。有经验的做多策略投资者一般会选择观望。

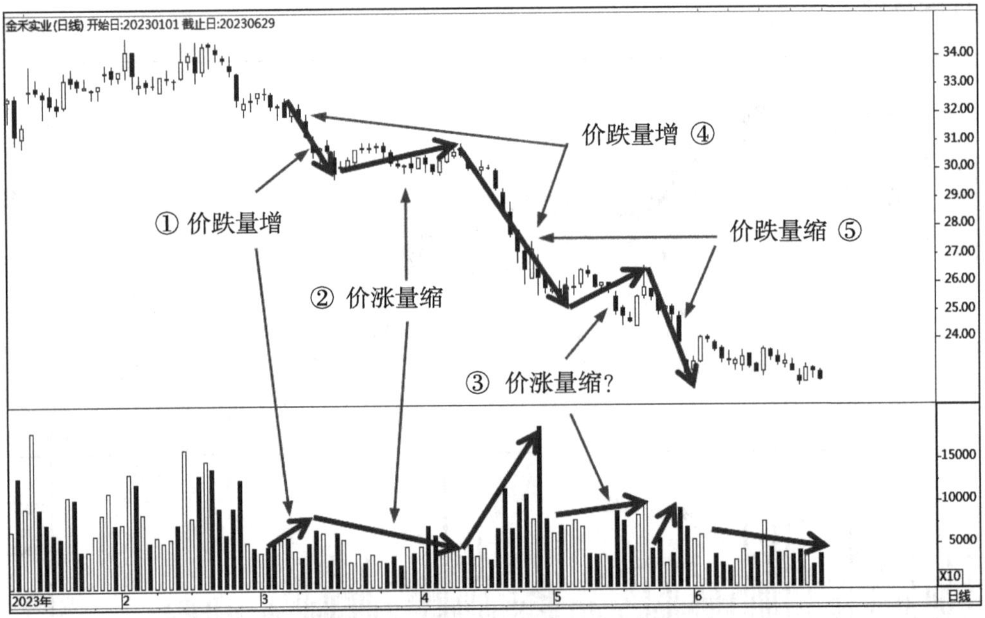

图 5–13　下跌阶段的威科夫量价关系

前面说到，图 5–13 中的③是否能够判断为价涨量缩，存疑。原因如图 5–14 所示。

图中两个圆圈对应了逆趋势方向的相邻同向两段，为两小段反弹走势。第一段反弹低点见高点持续 5 天，高点是 26.60 元；第二段反弹低点见高点持续 2 天，高点是 26.63 元。

按照威科夫价时分析方法，第二段反弹的价格数值大于第一段反弹，第二段上涨角度也大于第一段，但是持续的时间则是第一段反弹强于第二段反弹。参见图 5-14 右上角的折线图。

结合量价关系，第一段反弹内部是价涨量缩，第二段反弹内部是价涨量增。

在做威科夫价格循环中下跌阶段的技术分析时，一般情况下会把两小段反弹视为一个逆趋势段，参见图 5-14。这样处理后，如果第一次反弹后不出新低，投资者就可以明确得出结论，这个逆趋势段是价涨量增。但是，由于第一次反弹后创出了新低，两个小反弹构成的一个逆趋势段的内部量价关系，是否可以判断为价涨量增，一些投资者就会存疑。

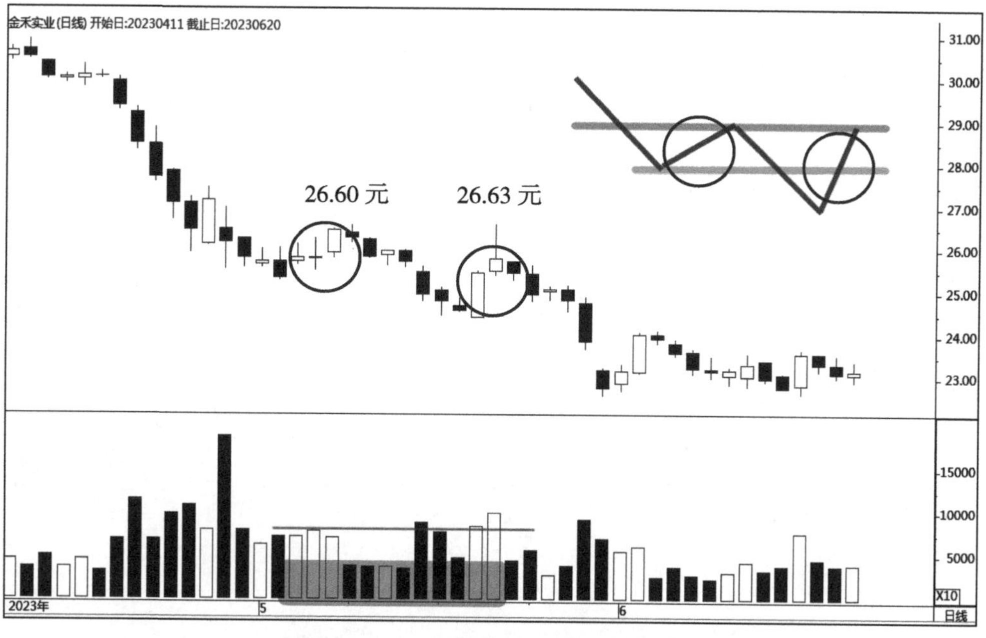

图 5-14 学习技术分析最大的误区

很明显，关于图 5-14 的分析既十分繁杂，又不能得出明确结论，是典型的无用功。笔者阐述图 5-14 的过程，是投资者学习技术分析最大的误区——试图分析所有的实际走势，这是错误的做法。

笔者在此讲解图 5-14 的目的，是提醒投资者：

第一，任何技术分析方法都不可能清晰无误地处理所有的实际走势，即使是威科夫量价分析这样的高级技术。投资者面对图 5-14 的走势，正确的做法是承认自己不能下结论，并选择观察，让行情自己走出明确的结论。更正确的做法是删除该股，看都不看。

第二，在投资领域，投资者要做简单的、自己看得懂的行情。实战中，投资者应该关注正在进行典型价格运动的个股。通常情况下，这样的个股在整个市场中是少数，多数个股的走势往往难以一目了然，没有关注价值。

第2部分

威科夫的价格行为

投资者真的能够读懂综合人的真实意图吗?

威科夫认为有很大的可能，原因在于人类都具备通过观察他人的行为，判读其真实意图的能力。例如，一个穿戴整齐的人，从屋里走到门边，大概率是要出门；一个穿着家居服的人，从屋里走到门边，大概率不会出门。

综合人操控股价的过程会在图表上记录下来。威科夫把图表上的价格运动定义为价格行为，并视为是综合人操控股价的具体行为。因此，投资者在实战中，能够通过分析图表上特定时点的价格行为，揣摩综合人随后的真实意图，并做出预判。

投资者需要注意的是，价格行为是一个广义的概念，在不同的技术分析理论中差异很大。威科夫认为成交量是读懂综合人真实意图的关键因素，因此，他重点关注量价关系中的价格行为。

威科夫研究量价关系中价格行为的目的，是为了寻找高质量的交易机会。投资者可以通过下面的类比，初步了解威科夫“量价关系的价格行为”的真正意义。

假设威科夫正在观察一个公交站台，他有两个观察重点：

第一，他会关注站台人群的聚集度，以判读是否会出现各种类型的交通高峰；

第二，他会特别留意快步，甚至是跑步到站台的人。他总是试图发现“赶时间”的人。

总的来说，威科夫的股市原理侧重于股市整体运行逻辑和规律，以及通用的分析方法和工具；而威科夫的价格行为则侧重于价格运动的细节，尤其是有交易价值和交易优势的价格拐点。

第 6 章 进阶版威科夫价格循环

威科夫价格循环是“聪明钱”观察和分析股市价格运动的整体模型。投资者学会威科夫价格循环后，就能够与“聪明钱”采用相同的整体模式，观察和分析股市的价格运动，从而在宏观视野上与“聪明钱”站在同一起跑线上。

但是，投资者距离成功还有一段距离。原因在于威科夫价格循环是侧重于行情分析的理论知识，主要适用于解释历史走势，以及对未来行情的粗略判断，并不能对投资者的实战交易提供具体和有效的指导。

但是，投资者需要建立真正的实战概念。

实战交易中，投资者的任何一笔交易必然落脚到某一根特定的 K 线上。因此，投资者不能满足自己能够完美解释历史走势，以及对未来行情的粗略判读。所谓“综合人的真实意图”，在实战中是指：K 线图上最后一根 K 线收定后，随后价格运动的真实方向和强度。

一、从行情分析到实战交易

从“行情分析”跨越到“实战交易”，是普通投资者最大的挑战。投资者想从“行情分析者”进阶到“实战交易者”，需要学习威科夫价格循环的高阶知识，尤其是侧重于实战交易的知识。

很多普通投资者往往把“行情分析”和“实战交易”混为一谈，原因在于二者从表面上看起来就是同一回事。事实上，二者之间差异巨大，是两种完全不一样的理念、逻辑和方法。因此，投资者学习威科夫价格行为分析，需要先从理念上入手，搞懂二者之间的本质差异。

如图 6–1 所示，图中间出现了一根中阳线。一名学会了威科夫价格循环的投资者，正好当天看见了这根中阳线。通常情况下，他就会猜想，是否会有一段中线行情？即几十天后在图的右上角出现一根高位 K 线。

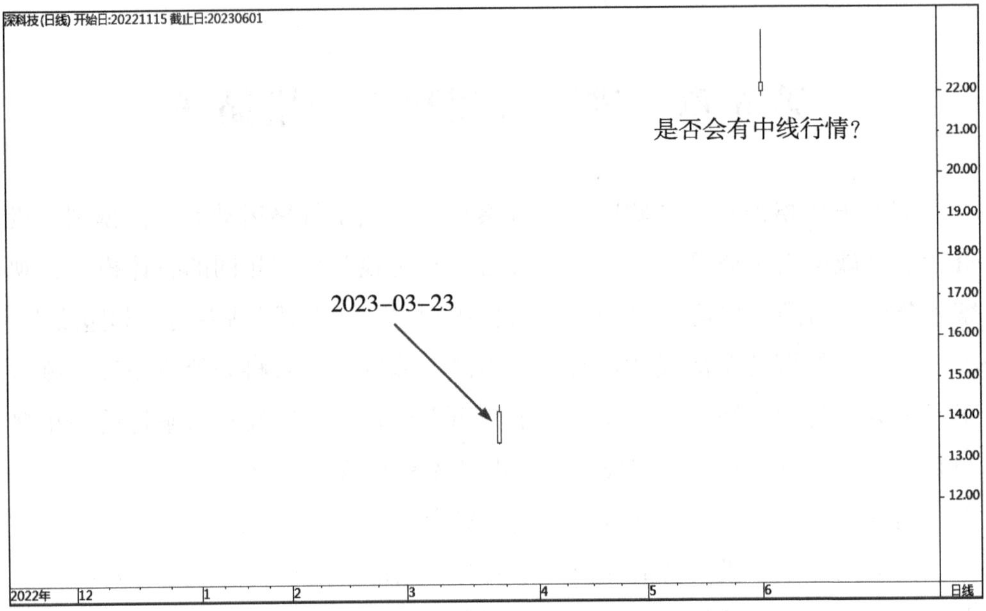

图 6-1　走势中出现了一根中阳线

实战中，投资者只能看见中阳线左侧的 K 线图，如图 6-2 所示。

图 6-2　中阳线左侧的图表

以中阳线作为分界点，左侧是已经完成的历史走势，右侧是未来的走势，空白。这个时候，投资者需要有一套分析历史和预测未来的思考框架。

根据威科夫价格循环，投资者很容易就能够完成对左侧走势的历史分析，以及右侧未来走势的粗略预测，如图 6–3 所示。

图中左下侧的走势是一个明显的区间运动，可以视为吸筹阶段。当日的大阳线之前是一个窄幅平台，因此可以把大阳线视为威科夫量价模式中的“跳跃小溪”。

“跳跃小溪”后，如果价格继续上涨，投资者就可以确定进入了拉升阶段。拉升阶段结束后是派发阶段，大致出现在图的右上角。

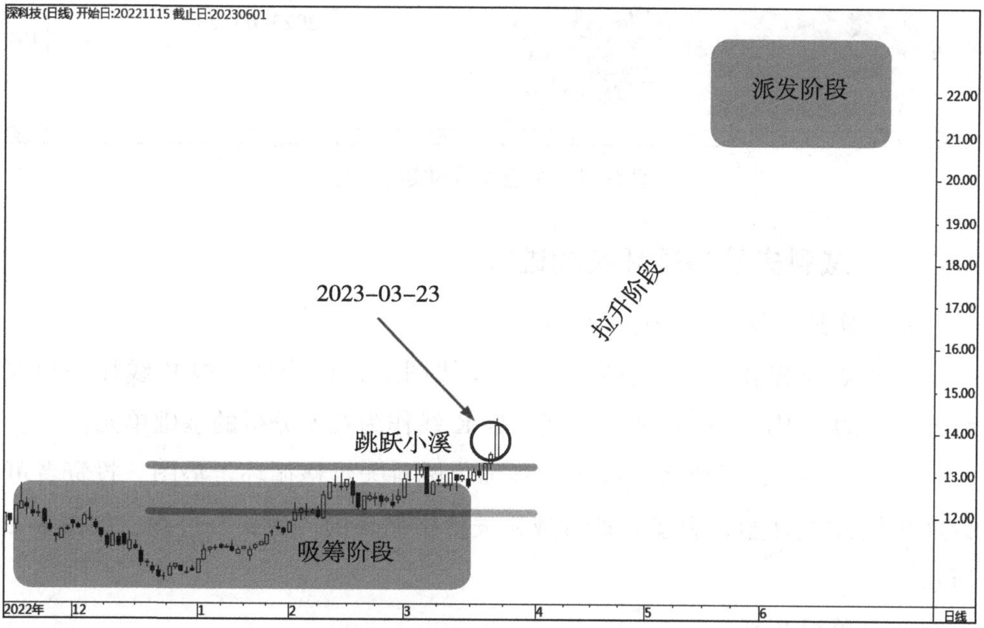

图 6–3　威科夫价格循环的应用

几十天后，行情走势如图 6–4 所示。

总的来说，投资者根据威科夫价格循环做的历史分析和未来预测大致正确。很多普通投资者可能会满意这样的结果，以为自己掌握了威科夫交易技术。殊不知，这是典型的“行情分析”。

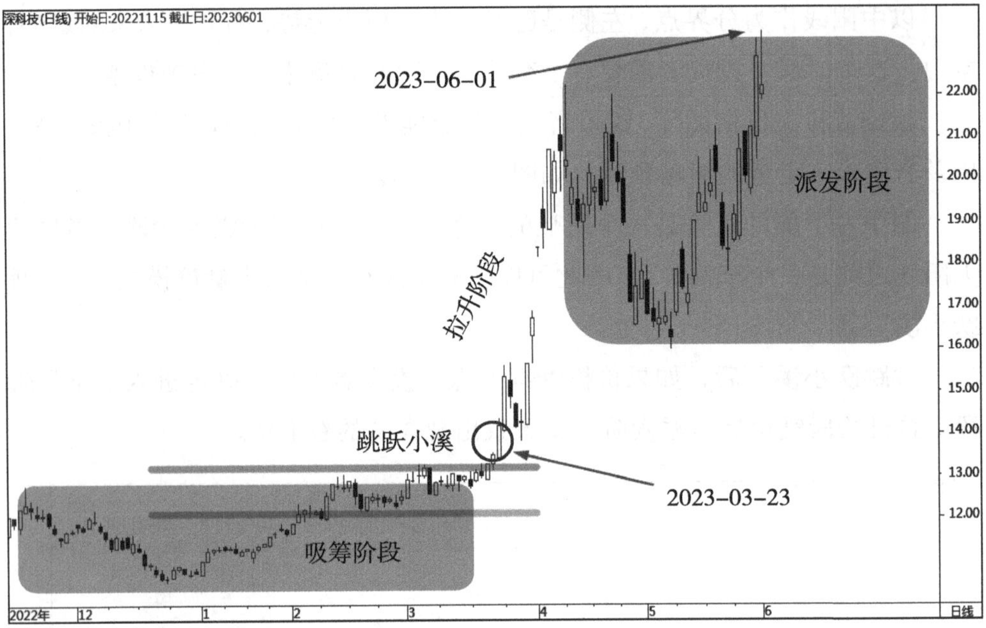

图 6-4　中阳线后的实际走势

二、威科夫价格循环实战进阶

那“实战交易”又是什么样呢？

投资者首先要有一个基本概念：K 线图上，行情是一根 K 线接一根 K 线连起来的。因此，投资者一般把单根 K 线作为技术分析的基础单元。

参考图 5-2，投资者可以进一步细化威科夫价格循环走势图。投资者可以从单根 K 线开始，观察和理解威科夫价格循环的“生长”过程，如图 6-5 所示。

①是单根 K 线。

②是多根 K 线构成的小型趋势段，称为波段。

③是多根 K 线构成的横向区间，称为形态。

④是威科夫价格循环的拉升阶段（趋势），由多个波段和形态组成。

其中，波段和形态是并列关系。

投资者需要注意一点，图 6-5 中，波段的起始点是以形态的阻力线为标准的。

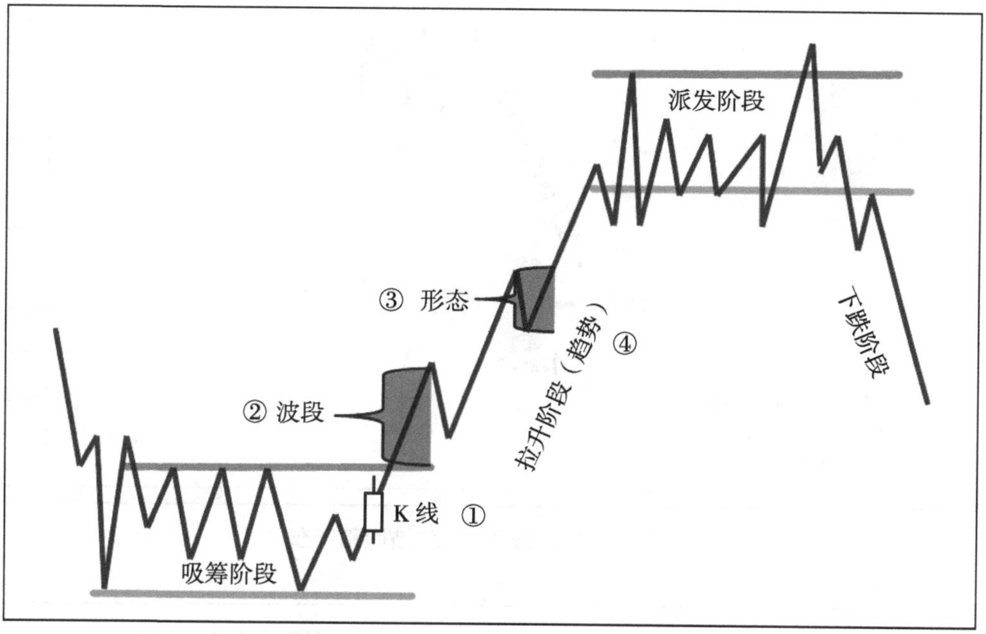

图 6-5　威科夫价格循环走势图细化

投资者在图 6-5 的基础上，掌握了“K 线、波段、形态、趋势”四个概念后，重新回到图 6-2，就能够更好地跟踪和分析行情。

如图 6-6 所示，随着一根 K 线接一根 K 线走出来，投资者通过标注波段和形态，通常都能更深入地理解行情，并逐渐能够预判下一根 K 线的走势。

图 6-5 和图 6-6，通过导入“K 线、波段、形态和趋势”四个概念，把威科夫价格循环走势图细化后，投资者就具备了明显的知识优势。

我们再看一个新的案例，如图 6-7 所示。最后一根 K 线是一根小阴线，与前一根阳线形成了孕线组合。倒数第三根 K 线是一根跳空大阳线，光头光脚，在 K 线分析技术中属于最强势的大阳线。

有经验的投资者根据最后三根 K 线的走势，一般会判断为强势。

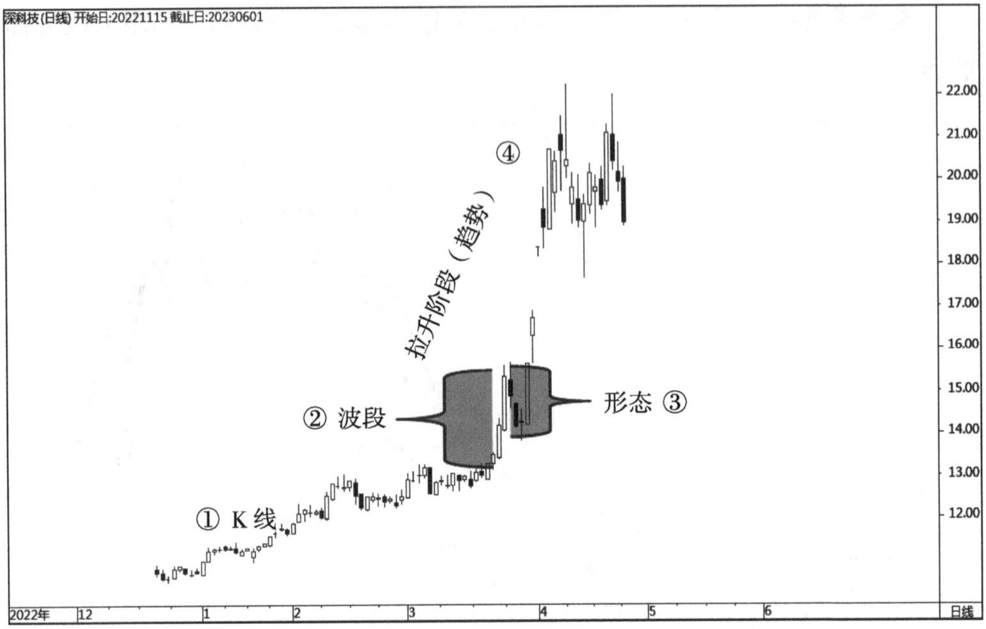

图 6-6 在 K 线图上标注波段和形态

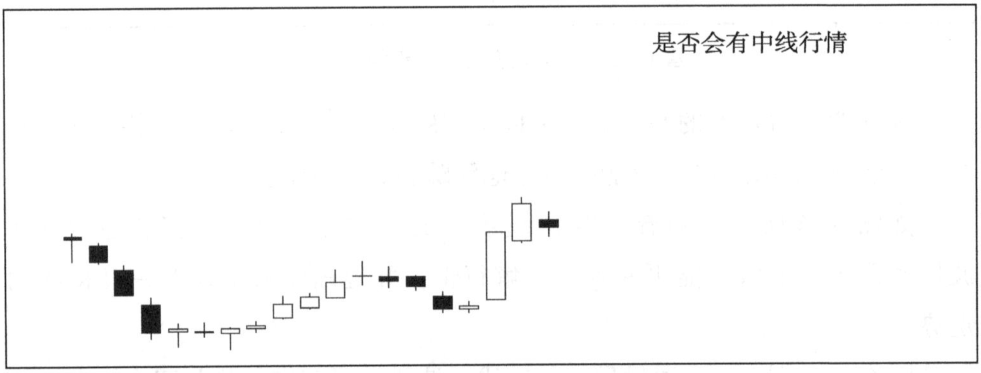

图 6-7 威科夫价格循环走势图细化后的新案例

接下来，一些投资者会采用通常的技术分析方法，对已经完成的左侧走势进行快速分析，如图 6-8 所示。

由于倒数第二根阳线突破了左侧的高点，加上最后三根 K 线的走势，投资者可以认为是突破，先前的阻力线变为支撑线。从最后一根 K 线开始，正在测试新支撑线的有效性，从而确定是否为真突破。

有经验的投资者根据上面的分析，参考左侧的历史走势，可以画出新支撑线的小型价格区间。接下来，投资者就能够主动地观察随后的走势。

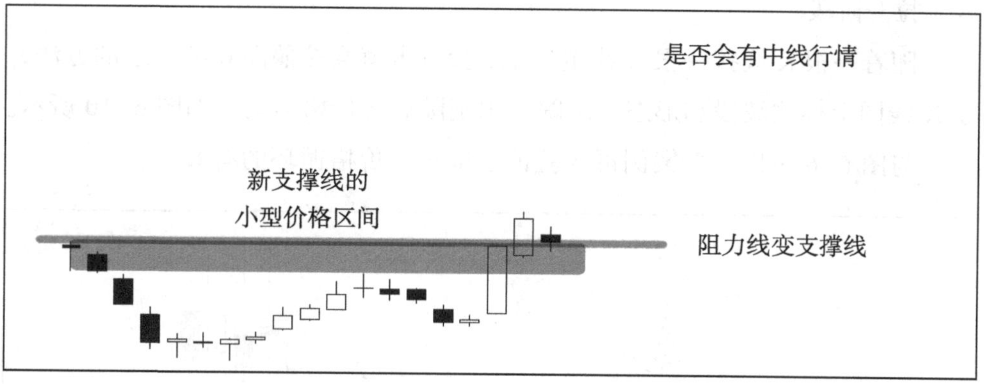

图 6-8　通常的技术分析

掌握了威科夫价格循环的投资者，会把左侧视为吸筹阶段，并会认为随后可能出现拉升阶段和派发阶段，如图 6-9 所示。

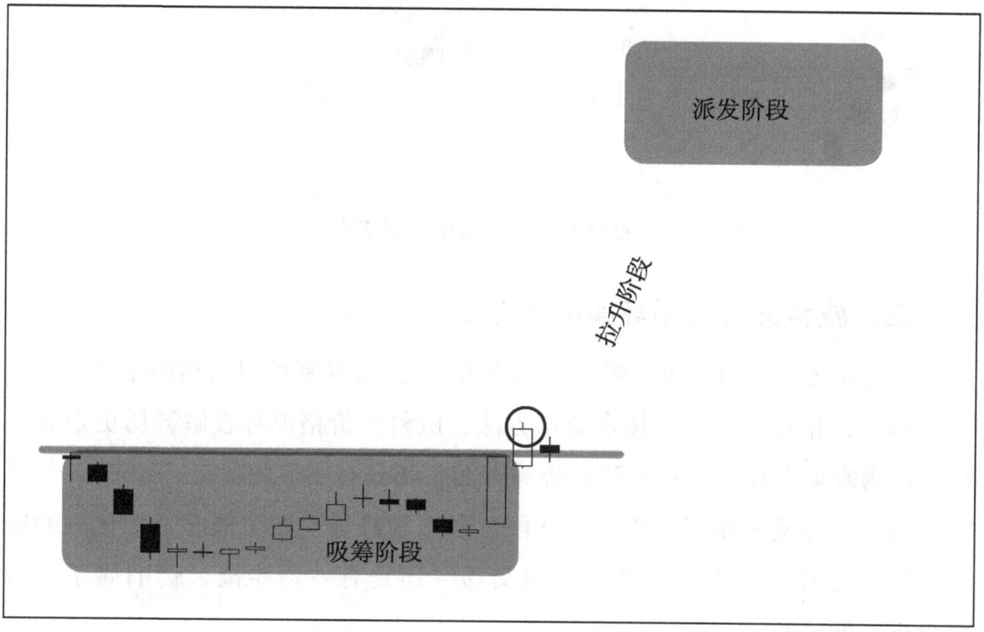

图 6-9　威科夫价格循环分析

相对于通常的技术分析，威科夫价格循环具备明显的优势。投资者根据威科夫价格循环，能够有足够的信心做出粗略的判断——价格运动很可能进入了拉升阶段。

随着一根K线接一根K线走出来，投资者就会按照图6–6所示的方法，在K线图上标注波段和形态，跟踪并识别随后的价格运动，如图6–10所示。

与图6–6一样，新案例再次验证了威科夫价格循环的有效性。

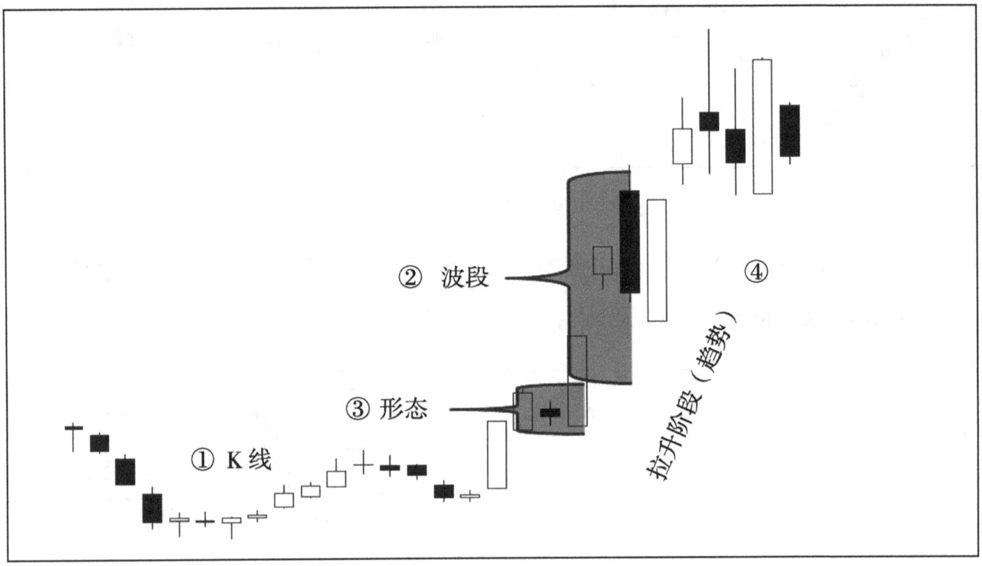

图6–10　在新案例的K线图上标注波段和形态

三、威科夫价格循环实战再进阶

通过图6–7、图6–8、图6–9和图6–10，投资者可以得出两个结论。

第一，相对于通常的技术分析方法，威科夫价格循环在解释历史走势、粗略预测未来走势，以及跟踪走势等方面，都具有明显的优势。

第二，即使采用了“K线、波段、形态和趋势”四个概念，细化后的威科夫价格循环走势图，距离“实战交易”还是有一段距离，仍旧属于“行情分析”的范畴。

因此，“实战交易”的威科夫价格循环，还需要更进一步优化，如图6–11

所示。

进一步的优化中，导入了“反转、转折、行进、停滞”四个概念。

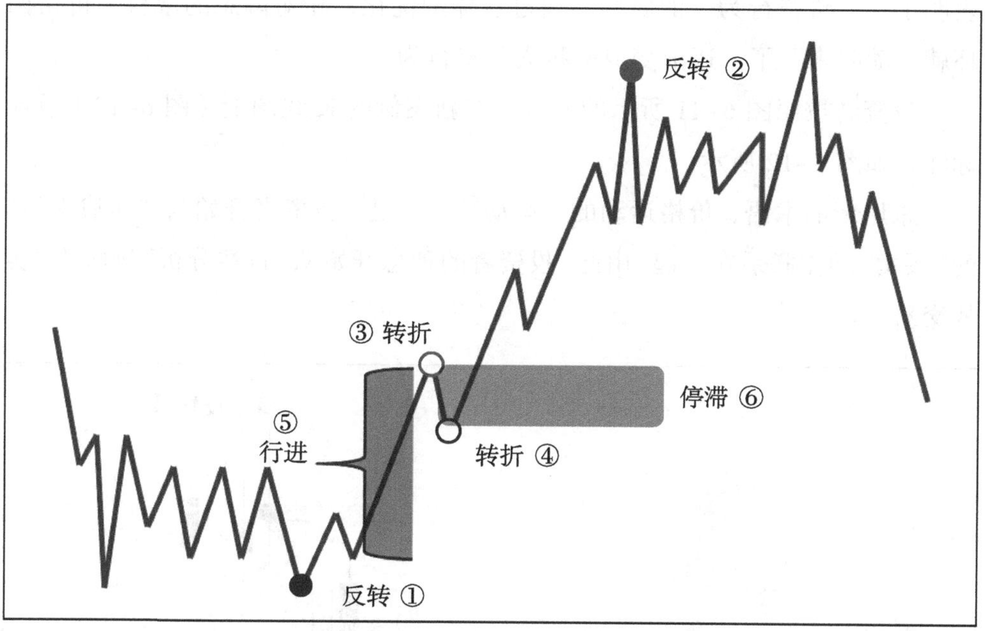

图 6-11　威科夫价格循环中的价格行为

威科夫价格循环中，拉升阶段和下跌阶段是趋势。因此，“反转”特指趋势的底或顶，参见图 6-11 中的①和②。其中，①是拉升阶段的起始点，②是拉升阶段的结束点。

“转折”是指拉升阶段内部小型趋势段的分界点，参见图 5-8 和图 5-9。图 6-11 中的③既是顺趋势段的结束点，又是相邻逆趋势段的起始点。④既是逆趋势段的结束点，也是新的顺趋势段的起始点。

⑤是“行进”，是指顺趋势段的过程，大致对应图 6-5 的“波段”。需要注意的是，图 6-11 中“行进”的起始点是“形态”的支撑线，与“波段”起始点的标准是阻力线，二者不一样。（注：“波段”和“行进”的起始点的差异，源于威科夫价格循环的两种思考模式。实战中，投资者可以忽略二者的差异。）

⑥是“停滞”，对应图 6-5 的“形态”。

“反转、转折、行进、停滞”这四个术语是动词。很明显，术语本身就表明了其“价格行为”的属性。通过这样的优化，相对静态的威科夫价格循环就“动起来”了，逐渐变成威科夫价格行为。

投资者按照图 6-11 所示的方法，在新案例的 K 线图上（图 6-10）重新标注，如图 6-12 所示。

采用新的术语，价格运动的“运动感”十足，投资者开始与“实战交易”的“买卖”动作联系在一起。由此，投资者的理念开始从“行情分析”进阶为“实战交易”。

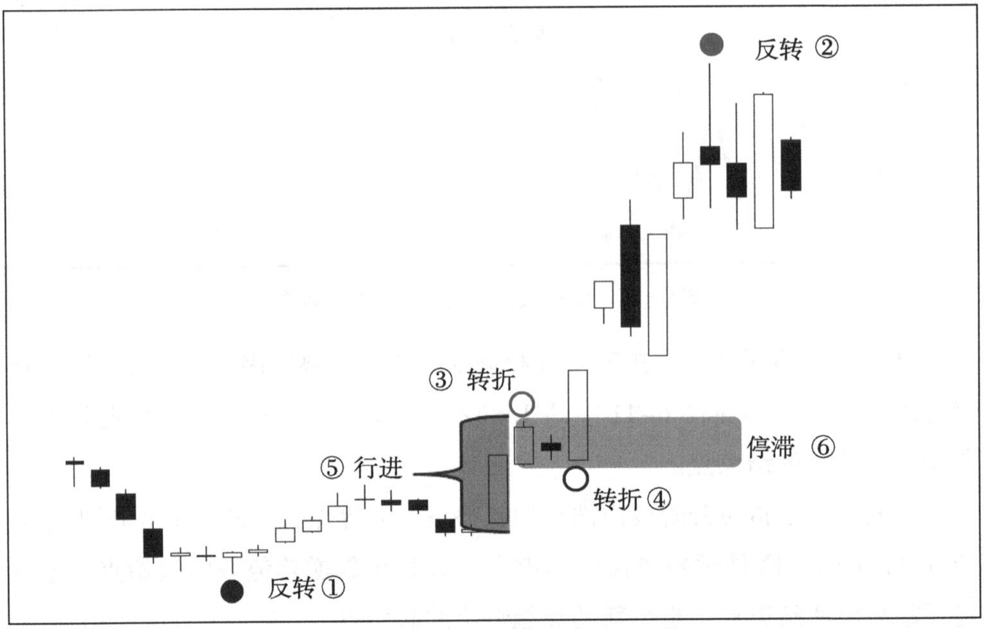

图 6-12　在 K 线图上标注反转、转折、行进和停滞

有“实战交易”思维的投资者面对图 6-7，就会采用价格行为的思考角度和分析方法进行技术分析，如图 6-13 所示。

投资者可以认为，价格运动处于威科夫价格循环的拉升阶段，最后两根 K 线是一段逆趋势运动。

投资者需要关注两个重要的进场点，分别是④对应的转折点，以及价格重新涨过③对应的突破点。

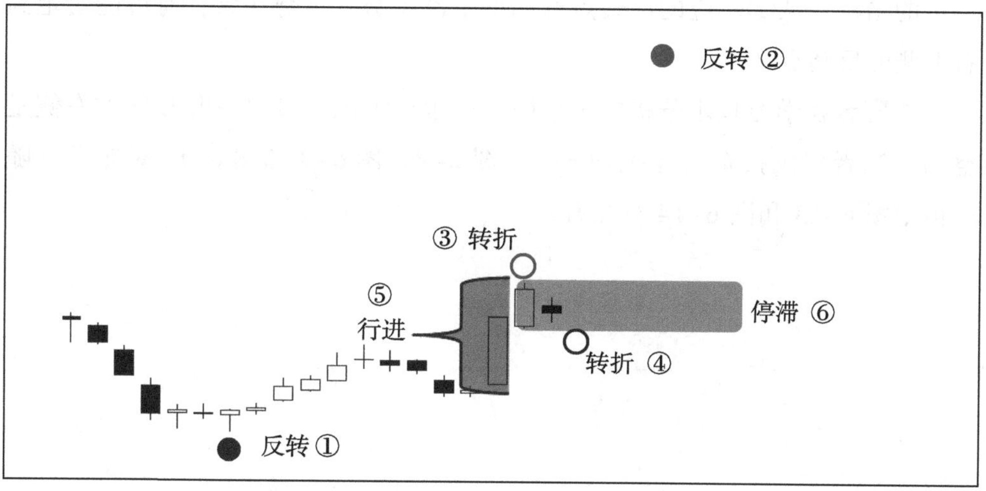

图 6-13　在已经完成的 K 线图上标注反转、转折、行进和停滞

实战中，投资者可以使用威科夫的价时分析技术，进行更深入的分析，如图 6-14 所示。

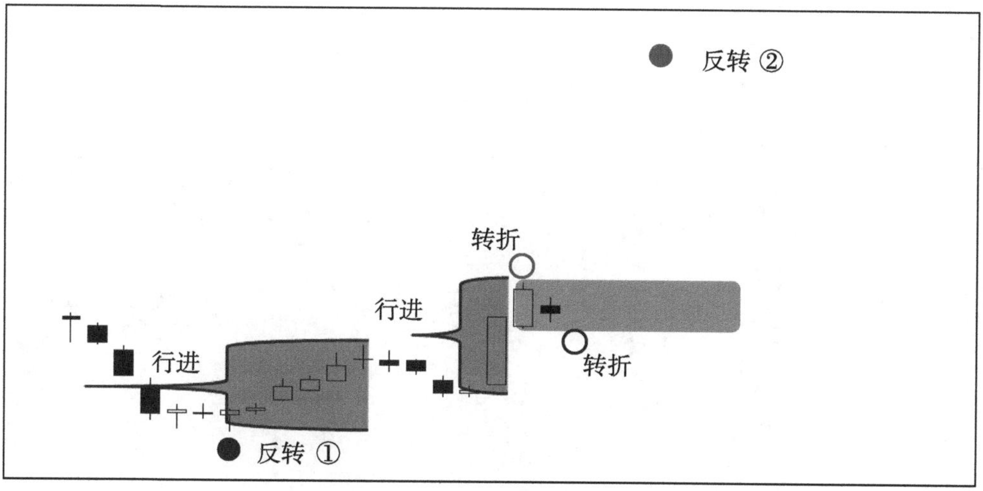

图 6-14　实战真实场景

图 6-14 中，投资者把已经完成的左侧走势分为两个行进段，并在顺趋

势方向进行相邻同向两段的比较。由于第二段的上涨段价格数值和上涨段角度明显大于第一段，可以得出第二段强于第一段的结论，进而可以得出更进一步的结论：从①对应的反转点开始的上涨趋势，走势正常，有可能会走到右上侧的反转点②。

投资者在学习技术分析的过程中，要永远牢记：最后一根 K 线的右侧是空白。笔者建议投资者先把图 6–7、图 6–8、图 6–9 和图 6–13 对照看，随后再把图 6–13 和图 6–14 对照看。

第 7 章　裸 K 线技术是价格行为的分析基础

众所周知，威科夫技术的源头是盘口技术。威科夫正是通过盘口的每一笔成交明细，发现了综合人利用供需法则操纵股价的秘密。随后，他在盘口技术的基础上，用几十年的时间，发展出了一整套威科夫量价分析技术和实战方法。

终其一生，威科夫很可能没有机会接触到 K 线图。但是，即使威科夫掌握了 K 线图，基于当时数据记录和处理的技术水平，他也不会采用 K 线图，原因在于手工绘制双色 K 线图，实在太麻烦了。在当时投资者的真实交易场景中，K 线图的适用性远不如威科夫的点数图和波浪图。

当代投资者则不一样，行情软件提供了各种时间周期的 K 线图。按照威科夫盘口技术原理，及时性的 K 线图，尤其是小周期的 K 线图，是盘口技术最好的图表。因此，基于威科夫盘口技术发展出来的裸 K 线技术，既是价格行为的分析基础，更是威科夫实战技术的基本工具。

总的来说，一定程度上，投资者可以把裸 K 线技术视为威科夫盘口技术的现代版。

一、重新认识日本蜡烛图

K 线图也称为日本蜡烛图，据说发明者是日本的交易大师本间宗久。20 世纪下叶，随着计算机技术在交易领域的应用，华尔街开始使用 K 线图。相对于其他形式的图表，K 线图是最高效的图表，既包含了各种交易数据，又直观地呈现了买（多）卖（空）双方的力量对比。对于普通投资者来说，解决了及时性的 K 线图，是最好的交易图表。

技术分析本质上是读图。不同的技术分析方法，内在原理各不相同，读图的方法也各有要诀。投资者学习和掌握威科夫分析技术，需要重新认识 K 线图。

K 线图的内在逻辑是多空博弈。

K 线图有四价，分阴阳，成三部，如图 7-1 所示。其中，四价为数，阴阳为质，三部为形。

四价是指包含开盘价、最高价、最低价和收盘价，提取了在一个时间单元内价格运动最重要的四个数值。

开盘价与收盘价的相互关系是多空博弈后的结果，决定了 K 线的多空性质。收盘价高于开盘价，多方胜出，为阳线；收盘价低于开盘价，空方胜出，为阴线。

多方力量的极限点是最高价，空方力量的极限点是最低价。

开盘价和收盘价画成柱，最高价和最低价连成线。线穿柱而过，K 线因此分为三部。柱名为实体，柱外的线名为影线。实体上方的影线称为上影线，实体下方的影线称为下影线。

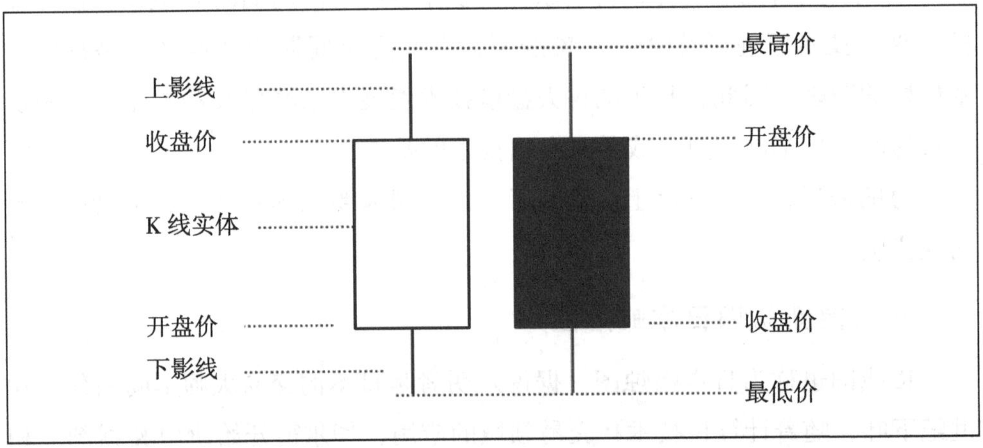

图 7-1　K 线图的数与形

威科夫盘口技术关注的重点，是优势方的持续和衰竭。实战中，优势方的持续等同于特定的趋势运动还没有结束，投资者应该做顺趋势方向的操作；优势方的衰竭意味着特定趋势运动的尾声，投资者应该做逆趋势方向的操作准备。以做多为例，多方占优势，并且优势明显，投资者就要顺势做多；当多方优势逐渐降低，投资者就应该警惕，需考虑是否要落袋为安。

威科夫盘口技术具体到裸K线技术，投资者应该重点关注顺趋势方向的K线。例如，上涨趋势中重点看阳线。对于顺趋势方向的单根K线，则有两个要点，分别是实体数值和上影线数值，如图7–2所示。

顺趋势方向的K线，如果实体数值相对较大，一般对应影线数值小，通常代表多方优势持续。参见图7–2左侧的实体阳线。

顺趋势方向的K线，如果上影线数值相对较大，通常代表了多方优势的衰竭。参见图7–2右侧的倒锤子线。

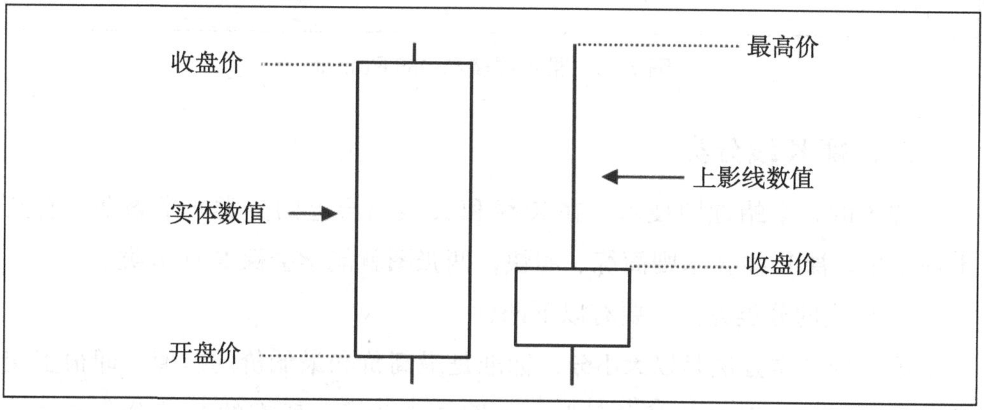

图7–2 K线的实体数值和上影线数值

很明显，顺趋势方向的同向影线是优势方力量衰竭的第一个信号。如图7–2中右侧的K线，也叫倒锤子线。倒锤子线的长影线在上方，是顺趋势方向，上涨趋势中出现倒锤子线，代表多方力量衰竭，至少是临时性衰竭。

裸K线技术非常重视这类影线，并特别命名为“Pinbar”，如图7–3所示。

图7–3的长影线在实体下方，是锤子线。如果在下跌趋势中出现，通常意味着卖方力量衰竭。

图7–3还揭示了裸K线技术的另外一个技巧，就是单根K线的空间分割。以最高价和最低价的连线为标准，对其空间进行分割。其中，50%和61.8%这两个分割位相对重要。

投资者需要注意的是，如果是实体大阳线，空间分割可以以实体本身为标准。通常情况下，这种分割方法，50%分割位最重要。

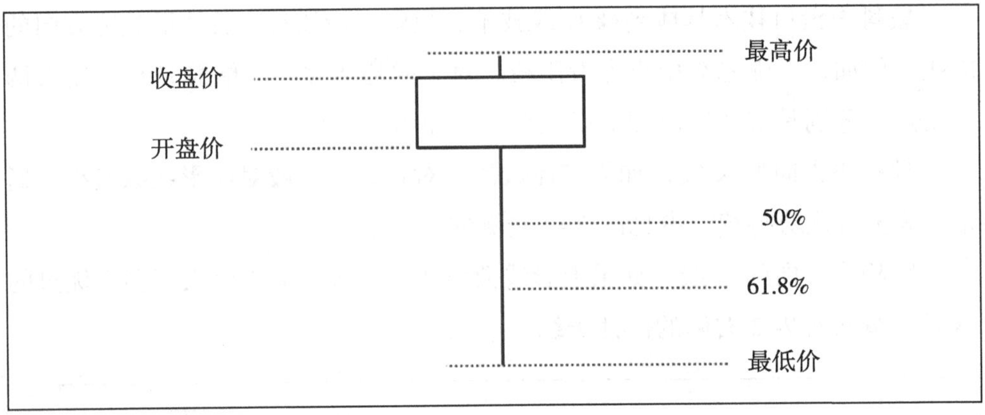

图 7-3　裸 K 线技术中的 Pinbar

二、裸 K 线分类

传统的日本蜡烛图技术，在 K 线和 K 线组合上的分类非常繁杂，有几十种之多。裸 K 线技术则简练、明快，两张图就能学会裸 K 线分类。

裸 K 线的分类方法主要有以下两种。

第一种分类方法是**以大小分**，标准是最高价和最低价的差值，即很多交易者常说的“单根 K 线的价差”，如图 7-4 所示。所有的 K 线分为三类，分别是大 K 线、中 K 线和小 K 线。

图 7-4 中，从左往右数，前 4 根 K 线是大 K 线，代表大幅度的价格运动；第五根和第六根是中 K 线，一般对应价格的中等波动；第七根、第八根和第九根是小 K 线，价格呈现为小幅波动。

第二种分类方法是**以方向分**，该方法的划分原理参见图 7-2。

裸 K 线以方向分类，如图 7-5 所示。所有的 K 线分为三类，分别是顺趋势 K 线、逆趋势 K 线和无方向 K 线。

图 7-5 中，从左往右数，前两根 K 线是顺趋势 K 线；第三根和第四根是逆趋势 K 线；右侧五根一般视为无方向 K 线。

投资者需要注意的是，图 7-5 中的第三根锤子线，在下跌趋势中代表卖方力量衰竭。在上涨趋势中，也可以代表买方力量衰竭。

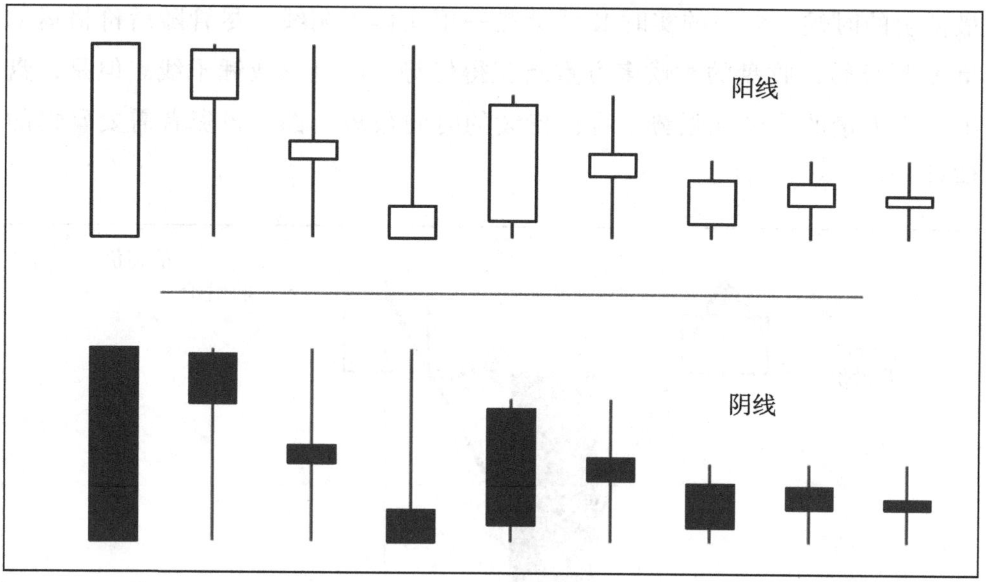

图 7-4　裸 K 线按大小分类

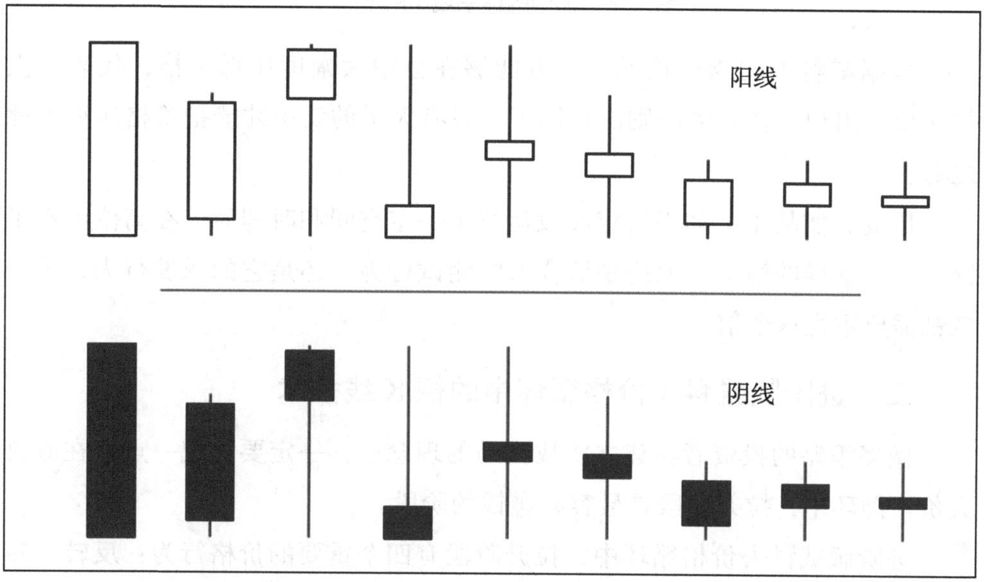

图 7-5　裸 K 线按方向分类

锤子线是 K 线收定后的形态，其盘中的变化如图 7-6 所示。

锤子线在盘中，总有一个时候空方会把价格推向最低价。当价格处于最低价的时候，盘中的实时 K 线会是一根实体大阴线。尽管随后价格运动呈 V 形反转，收盘的时候多方重新获得优势，收盘形成锤子线。但是，盘中空方力量的阶段性强势，哪怕持续的时间很短，都是投资者需要警惕的信号。

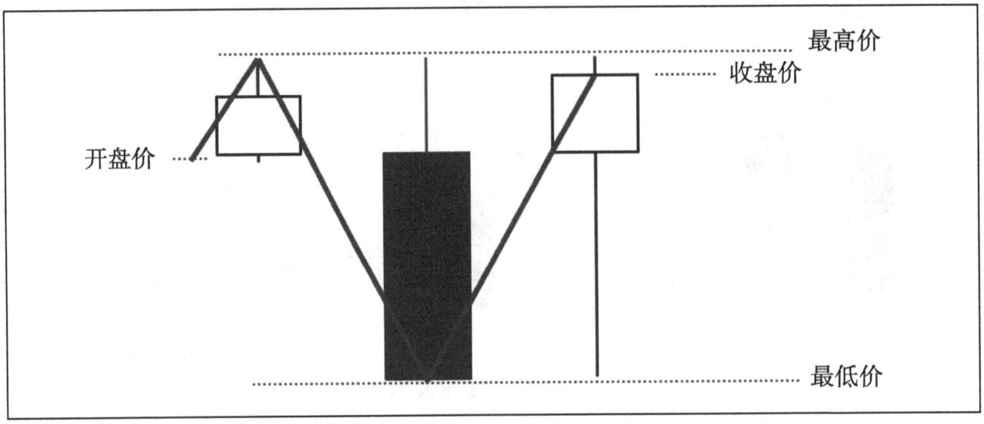

图 7-6　盘中的锤子线（Pinbar）

根据威科夫的盘口技术，空方能够在盘中大幅度压低价格，代表有大量卖单的出现。在供需法则的作用下，只有大量的卖单才能把价格压得如此之低。

因此，实战中，如果特定波段运行了一定空间和时间后，在高位出现了锤子线，这样的情形，无论是综合人的测试行为，还是它的派发行为，投资者都需要重视这个信号。

三、进阶版威科夫价格循环中的裸 K 线技术

做多策略的投资者在建立实战交易的理念后，一定要牢记一点：在威科夫价格循环中，拉升阶段是最容易赚钱的阶段。

进阶版威科夫价格循环中，拉升阶段有四个重要的价格行为：反转、转折、行进和停滞。投资者需要掌握这四个价格行为各自对应的裸 K 线技术。

参见图 6-11，反转对应的是整个拉升阶段的趋势，是趋势的逆转点，通常的技术分析称为底或顶。转折是拉升阶段内部中，顺趋势段和逆趋势段

的逆转点。通常的技术分析，一般把上涨趋势中相邻的异向两段称为“上涨—拉回”。“上涨”的高点一般称为阶段性的顶，“拉回”的低点称为回调的低点。

总之，反转和转折都是价格运动方向的逆转，共同的特征都是运动方向的分界点。在裸 K 线技术中，一般把运动方向的逆转称为反转，对应的单根 K 线或 K 线组合称为反转 K 线。

裸 K 线技术中，“下跌转上涨”称为“看多”，反转 K 线也就称为“看多反转 K 线”，常见的有五种，如图 7-7 所示。

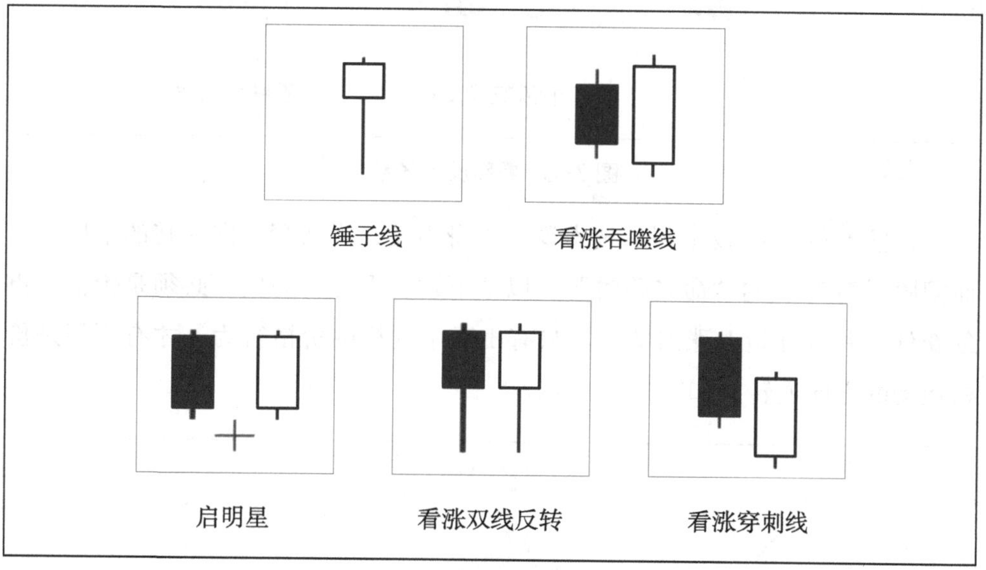

图 7-7　看涨反转 K 线

对应的，“看跌反转 K 线”也有五种，如图 7-8 所示。

很明显，裸 K 线技术中的反转 K 线，其命名来源于传统的日本蜡烛图。由于现今股市存在大量的量化交易，很大程度上影响了价格运动的形式和节奏，因此，现在 K 线图上的反转 K 线假信号较多，没有足够经验的投资者很容易被误导。这些被误导的投资者犯的一个最常见的错误，就是“望文生义”，被 K 线名称中的“看涨”或“看跌”诱导，以为就是“一定涨”或“一定跌”。

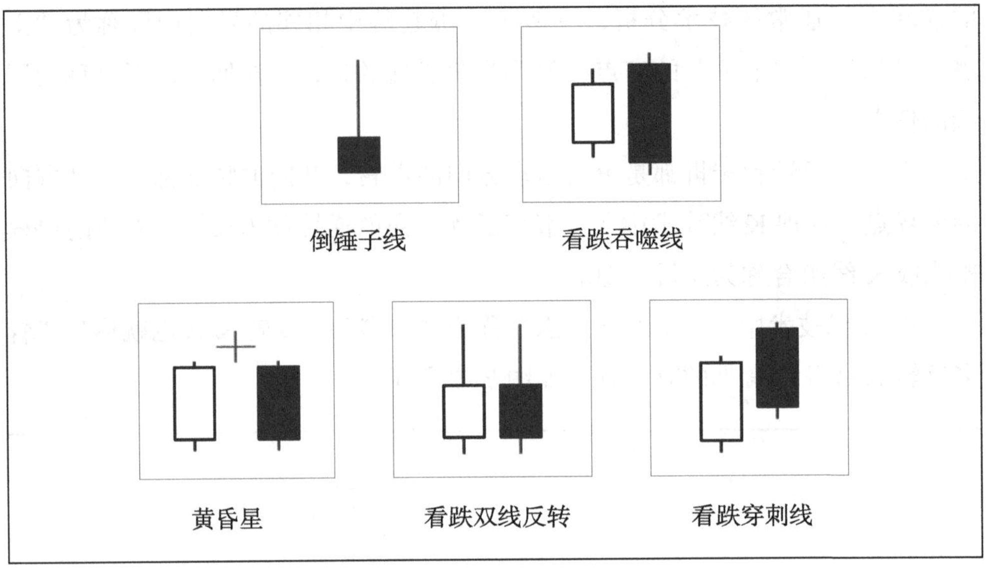

图 7-8　看跌反转 K 线

高阶的裸 K 线技术则从技术逻辑本身出发，弄清楚方向逆转的本质，从而摆脱反转 K 线的“命名陷阱”。以“下跌转上涨”为例，必须是价格不再创新低，并且开始上涨出新高。只有出现了这样的价格行为，才有可能是价格运动的方向逆转，如图 7-9 所示。

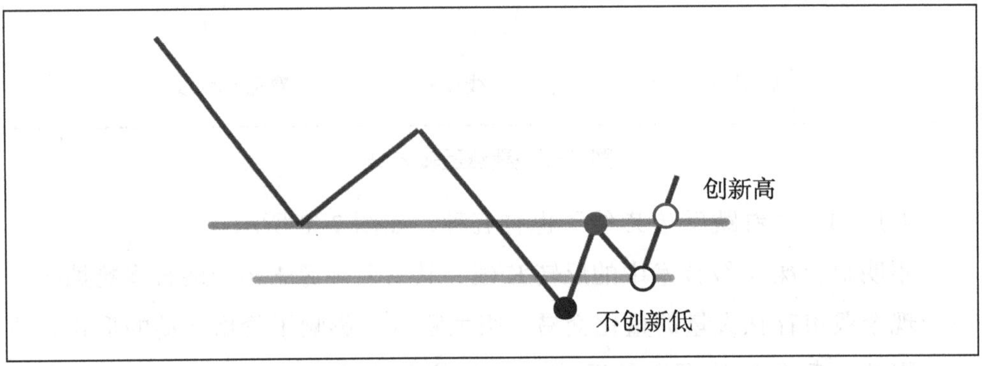

图 7-9　下跌转上涨的技术逻辑

在裸 K 线技术中，投资者采用技术逻辑的视角，将反转 K 线分为三种基本类型，分别是：Pinbar、底（顶）分型〔注：这里的底（顶）分型采用了缠论术语〕和吞噬型。

通常情况下，Pinbar 对应了盘中的 V 形反转，是典型的强势反转 K 线，参见图 7-6。

图 7-10 是“下跌转上涨”的底分型。

底分型中，一般以极限低点的前一根 K 线为标准，并以这根 K 线的最高价作为最近的阻力线，这根 K 线通常是阴线。

实战中，极限低点 K 线出现后，投资者可以用随后的 K 线最高价判断价格反转的概率和强度。图 7-10 右侧四种组合中，反转的概率和强度依次递增，右下角组合的概率更高，且强度最大。

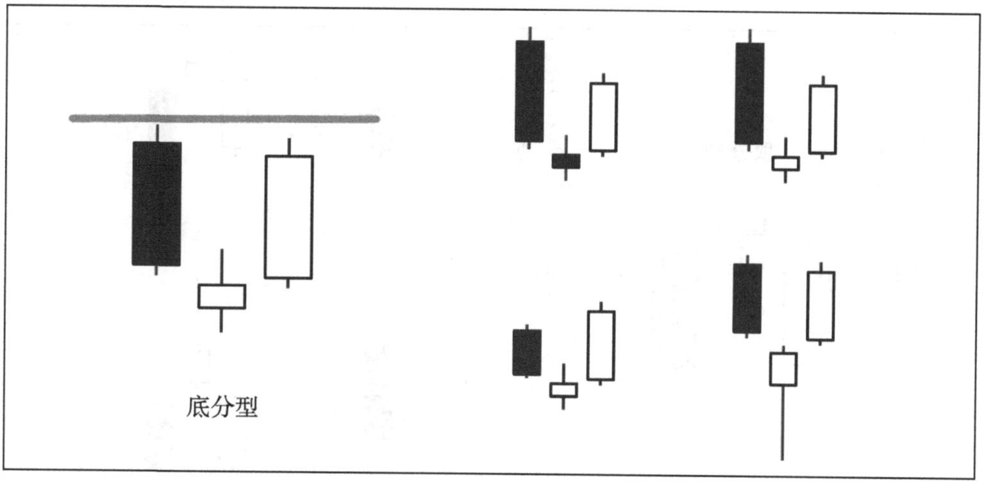

图 7-10　“下跌转上涨”的底分型

图 7-11 是“下跌转上涨”的吞噬型。裸 K 线技术中，吞噬型 K 线也称为“外包 K 线”。

“下跌转上涨”的吞噬型一般对应不同规模的 V 形反转走势，至少要求“一线吞一线”，即吞噬线至少要外包左侧一根 K 线，参见图 7-11 的左侧。而图 7-11 的右侧是“一线吞两线”，是更强势的信号。

需要注意的是，吞噬型本身这根 K 线是极限低点，因此左侧 K 线的阴阳相对不重要。

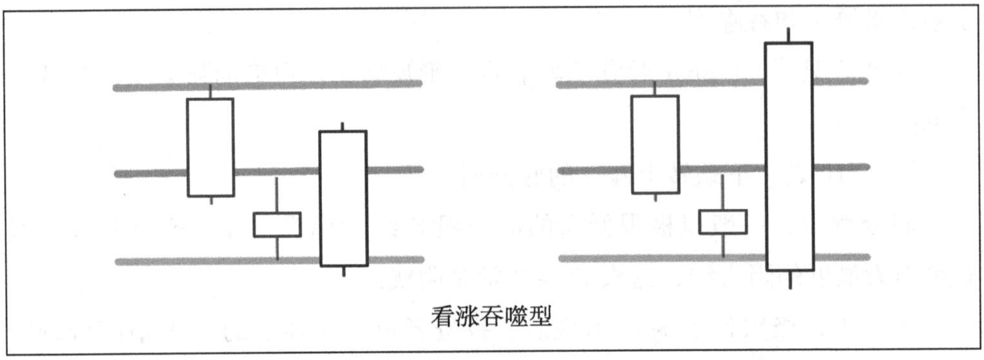

图 7-11　“下跌转上涨”的吞噬型

图 7-12 是“上涨转下跌”的顶分型，不赘述。

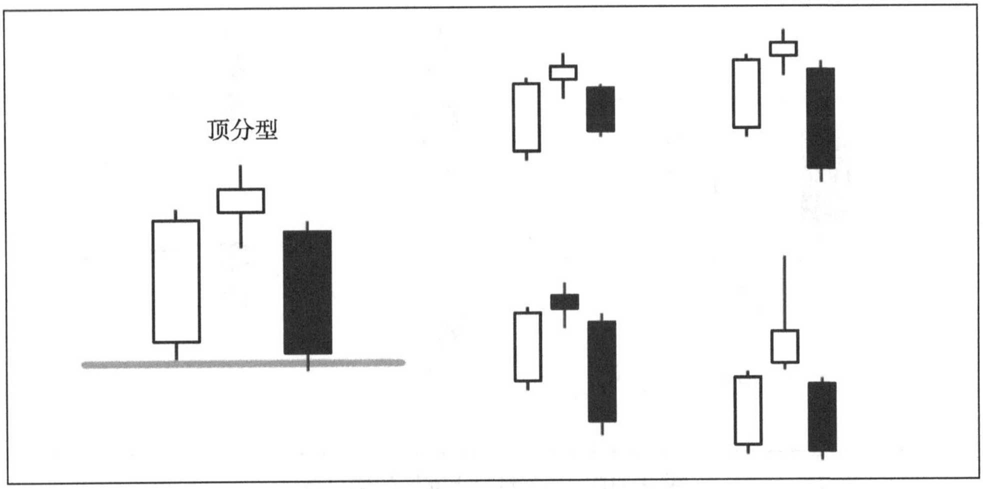

图 7-12　“上涨转下跌”的顶分型

图 7-13 是“上涨转下跌”的吞噬型，不赘述。

进阶版的威科夫价格循环中，拉升阶段的行进和停滞，如图 7-14 所示。

裸 K 线技术中，一般把一组“顶顶高、底底高”的 K 线称为持续 K 线，参见图 7-14 左侧的 K 线组。

通常情况下，一组持续 K 线对应了拉升阶段的行进，其特征是 K 线不断抬升，即相邻两根 K 线，右侧 K 线的最高价和最低价均高于前一根 K 线对应的价格，且 K 线之间很少相互重叠。

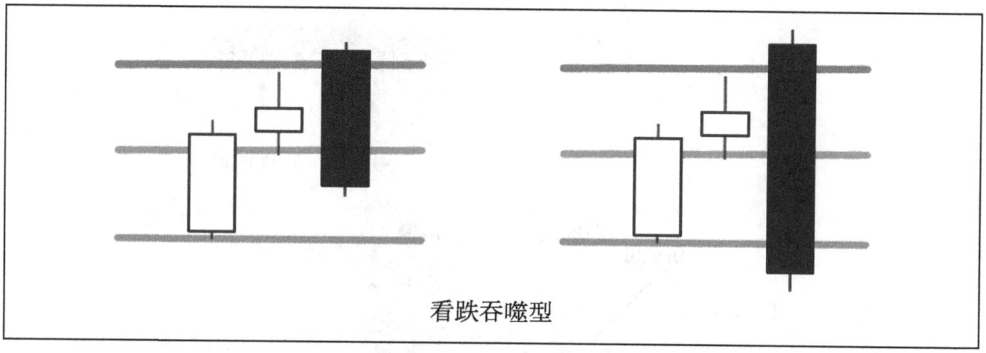

图 7-13 “上涨转下跌”的吞噬型

投资者需要注意的是，通常情况下，技术分析中不存在精确的定义。例如，左侧的持续K线中出现了一个孕线组合，不影响对这组K线的判断。

如果出现明显的多根K线重叠，投资者就可以认为是拉升阶段停滞，参见图 7-14 右侧的K线组。

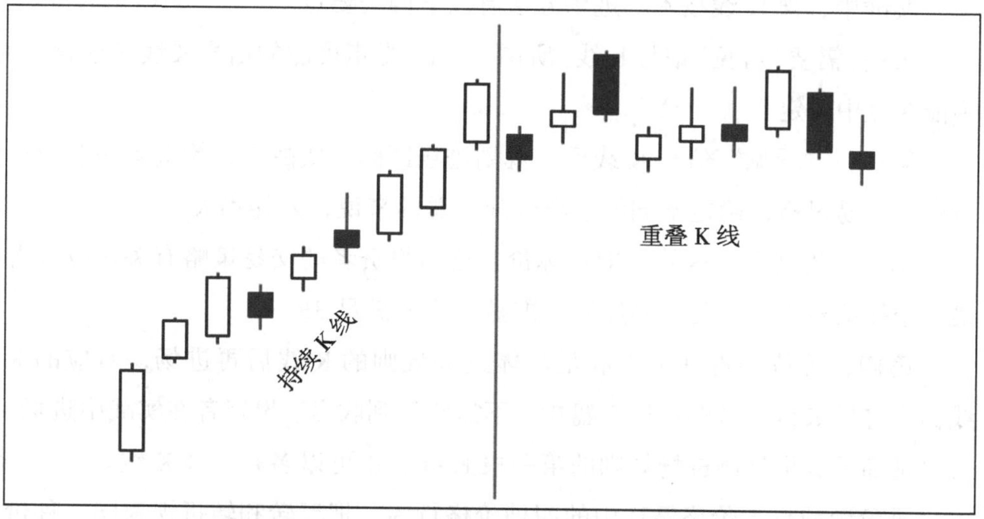

图 7-14 拉升阶段中行进和停滞对应的裸K线

四、裸K线技术的进场方法

裸K线技术中，进场的方法是“看见”了再进场，这与威科夫技术的进场方法基本一致。做多的投资者，进场方法如图 7-15 所示。

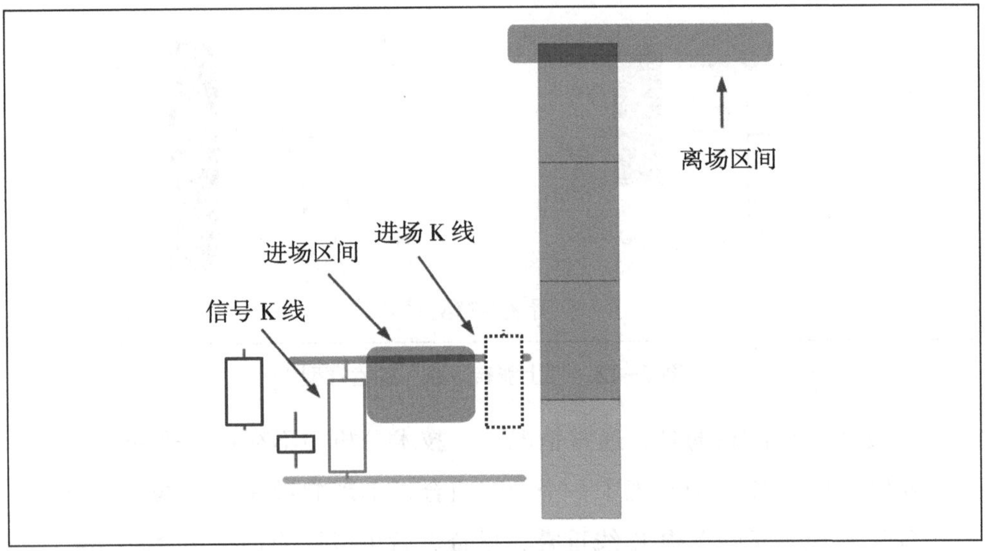

图 7-15 裸 K 线技术的进场方法

实战中，裸 K 线技术的进场方法有以下四个要点。

第一，需要“看见”信号K线。所谓“看见”是指可能的信号K线必须收定，不能在盘中确定。

第二，“看见”信号 K 线后，规划进场区间。实战中，投资者一般根据自己的交易风格，确定不同的进场区间。总的来说，差异不大。

第三，规划离场区间，即目标价。这与投资者的交易策略有关。投资者最好遵循威科夫提出的交易原则，即盈亏比要满足 3R。

第四，等待，直到出现满足具体进场规则的 K 线后再进场，对应的 K 线称为进场 K 线。进场可以在盘中，不需要等到收盘。投资者在实战中进场，可以是随后满足具体进场规则的第一根 K 线，也可以多看几根 K 线。

进阶版威科夫价格循环中的四种价格行为，把反转和转折视为同一种价格行为后，就分为三种：反转、行进和停滞。因此，对应的进场方法就分为三种，分别是反转进场法、行进进场法和停滞进场法。

反转进场法以 Pinbar 为例。裸 K 线技术中，Pinbar 是最重要的信号 K 线，胜率相对较高。但是由于强势 Pinbar 一般多是大 K 线，理论上的买进区间比较大，很可能是股价的 5% ～ 7% 左右。

裸 K 线技术对此采用了空间分割的方法，把 Pinbar 信号 K 线的进场位置细分成三个，如图 7-16 所示。

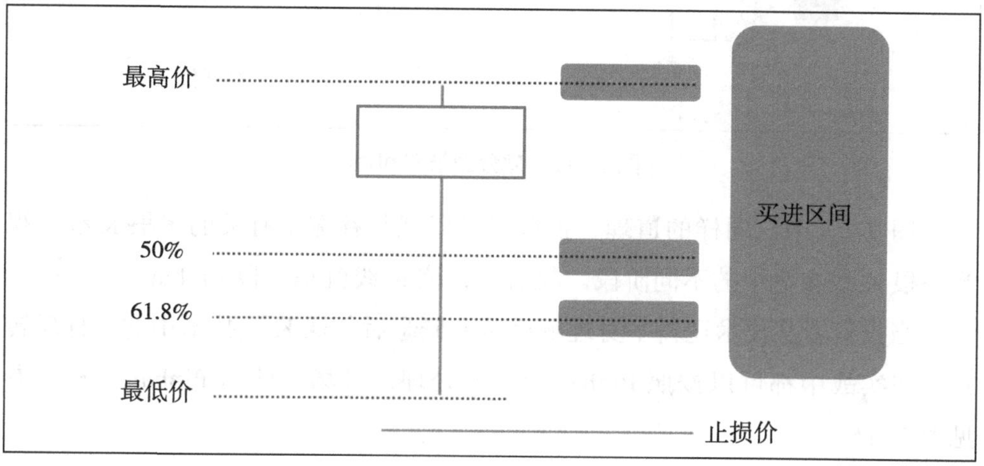

图 7-16　Pinbar 的进场方法

实战中，三个位置各有利弊，没有所谓的最佳位置。

第一个位置是以信号 K 线的最高价做参考。具体的进场规则是，价格涨过信号 K 线的最高价后，立即进场。该位置的优点是“重势和顺势”，缺点是止损价距离实际进场价相对较远，盈亏比不好。

第二个位置更符合威科夫的交易技术。威科夫认为，回调在 50% 的位置止跌，是强势的特征。

第三个位置是多数回调会触及的价格区间。该位置距离止损价最近，盈亏比最好。

但是，第二个位置和第三个位置，意味着价格小型 V 反后没有持续强势，而是进行了回调，随后有可能出现横向运动。

事实上，裸 K 线技术中的底（顶）分型和吞噬型，都可以视为 Pinbar，如图 7-17 和图 7-18 所示。

图 7-17 中，投资者可以把底分型的三根 K 线视为一根 K 线在盘中的三个阶段，该 K 线就是一根 Pinbar。

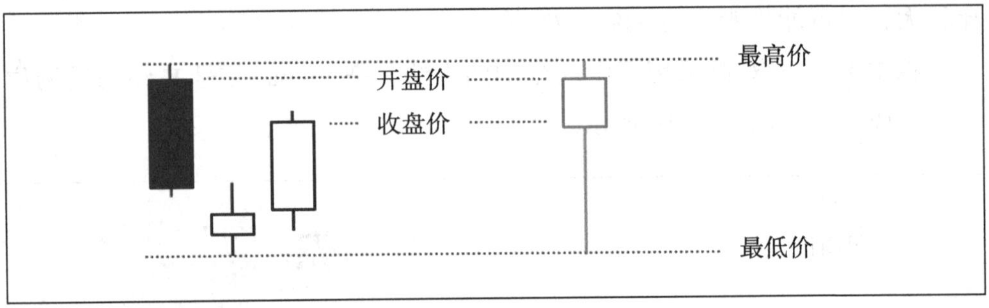

图 7-17　底分型与 Pinbar

图 7-18 中，同样的道理，投资者可以把与吞噬型有关的多根 K 线，视为一根 K 线在盘中的不同阶段。收盘后，该 K 线就是一根 Pinbar。

当投资者从技术逻辑本身理解反转的概念后，裸 K 线技术中的三种反转 K 线在实战中都可以按照 Pinbar 的方式处理，进场方法与 Pinbar 一样，参见图 7-15。

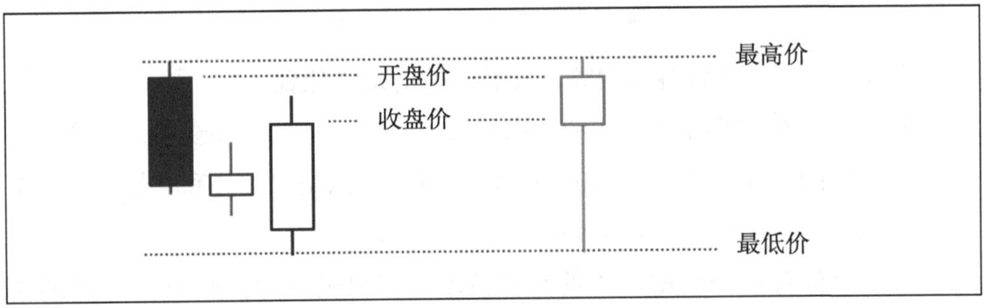

图 7-18　吞噬型与 Pinbar

威科夫价格循环的拉升阶段，投资者在行进的初期和中期进场，最容易赚钱，参见图 7-14。

实战中，投资者在 K 线图上发现持续 K 线组后，可以把任何最后一根 K 线视为信号 K 线。行进进场法如图 7-19 所示。

投资者以信号 K 线的 50% 位作为参考，满足两个条件后即可进场。

第一，新 K 线回调的低点在信号 K 线的 50% 位上方；

第二，出新高。

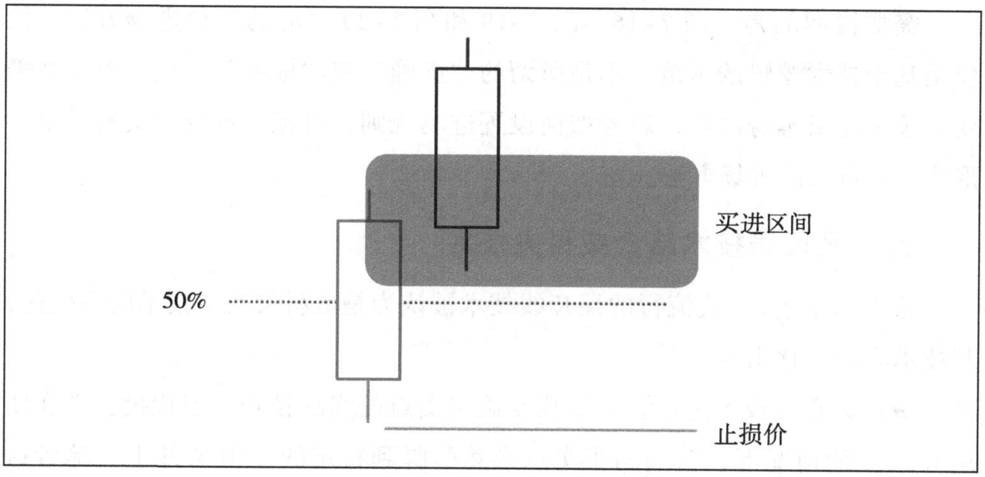

图 7-19　行进中的进场方法

威科夫价格循环的拉升阶段，停滞突破的交易策略也是一种高质量的进场方法，停滞进场法如图 7-20 所示。

实战中，停滞通常会形成一个或大或小的形态，信号 K 线应采用收盘价站上阻力线的大、中实体阳线，参见图 7-5 中左上角的第一根 K 线和第二根 K 线。

买进区间应以形态的阻力线做参考，止损价设置在阻力线下方。这种进场方法往往有很高的盈亏比。

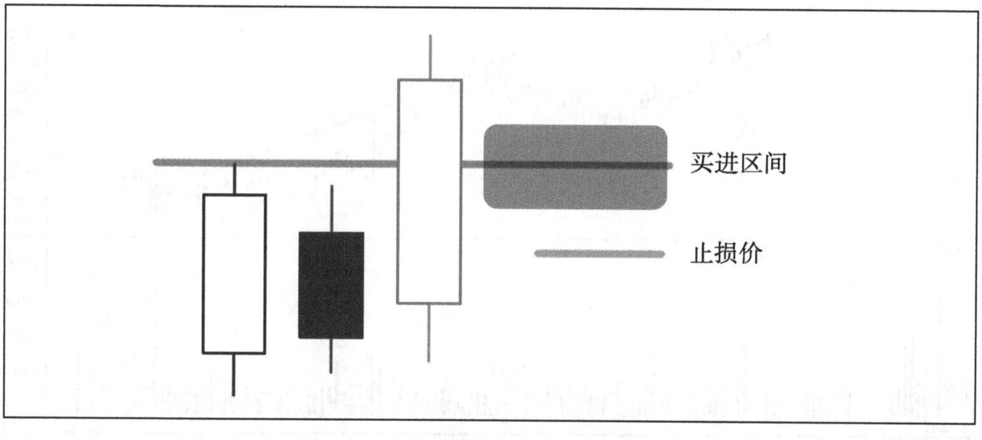

图 7-20　停滞突破后的进场方法

需要说明的是，图 7-16、图 7-19 和图 7-20 对应的三种进场方法，仅仅是基于技术逻辑的示范，不是所谓的“正确”或“标准”方法。投资者需要从技术逻辑本身出发，思考如何设置进场规则，再根据自身的交易风格，形成适合自己的进场方法。

五、裸 K 线技术结合威科夫技术

很大程度上，当代流行的裸 K 线技术被认为是威科夫盘口技术的现代化，其技术原理一脉相承。

威科夫盘口技术是投资者寻找精确买卖点的实战技巧。当代投资者在使用 K 线图的情况下，精确的买卖点必然落脚到特定的一根 K 线上。笔者这里把部分裸 K 线知识介绍给投资者，作为 A 股日线投资者寻找精确买卖点的有效工具。

笔者必须提醒投资者，本章的裸 K 线知识仅仅是裸 K 线技术的部分知识，绝对不能单独使用。单独使用本章的裸 K 线知识，投资者很容易被假信号 K 线误导，如图 7-21 所示。

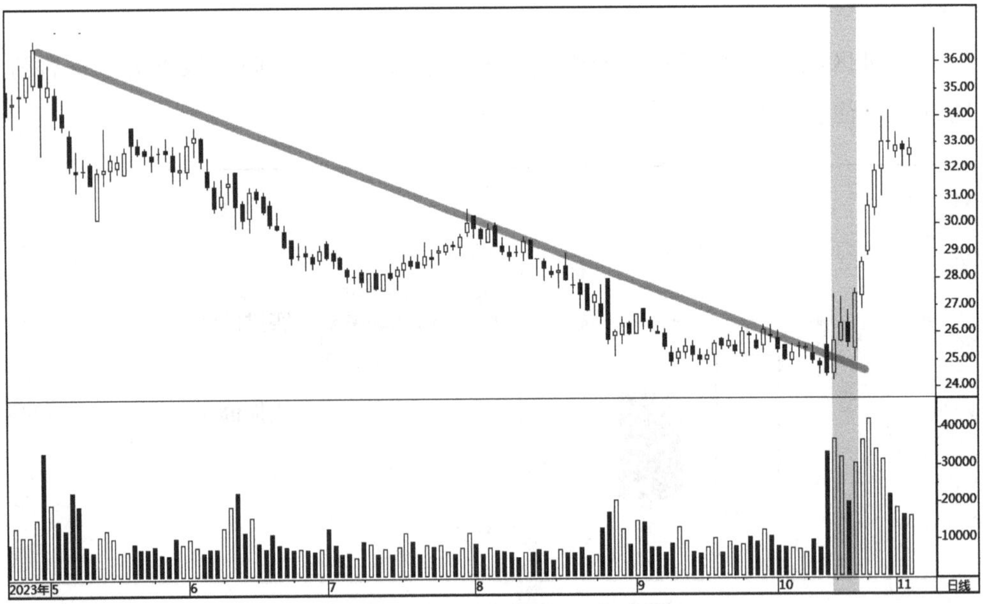

图 7-21　信号 K 线的有效性

图 7–21 中，从左向右出现了多根看涨吞噬线，但是只有右下侧的两根看涨吞噬线是有效的信号 K 线。投资者如果仅仅根据本章介绍的裸 K 线知识来交易图 7–21 中的走势段，很可能遭受较大程度的损失。

但是，本章介绍的裸 K 线技术，结合威科夫的成交量技术和辅助线技术，就能够精确锁定图 7–21 右下侧的两根看涨吞噬线，从而把握随后的行情。其中的交易逻辑很简单，也是有经验投资者的常识：量价关系找主力，辅助线找位置，裸 K 线找买卖点。

总的来说，投资者在实战中，如果要使用本章介绍的裸 K 线知识，必须结合辅助线技术；使用日线图表做交易的投资者，还必须结合威科夫的量价分析技术。

如图 7–22 所示，投资者按照“量价关系找主力，辅助线找位置，裸 K 线找买卖点”的方法做交易。

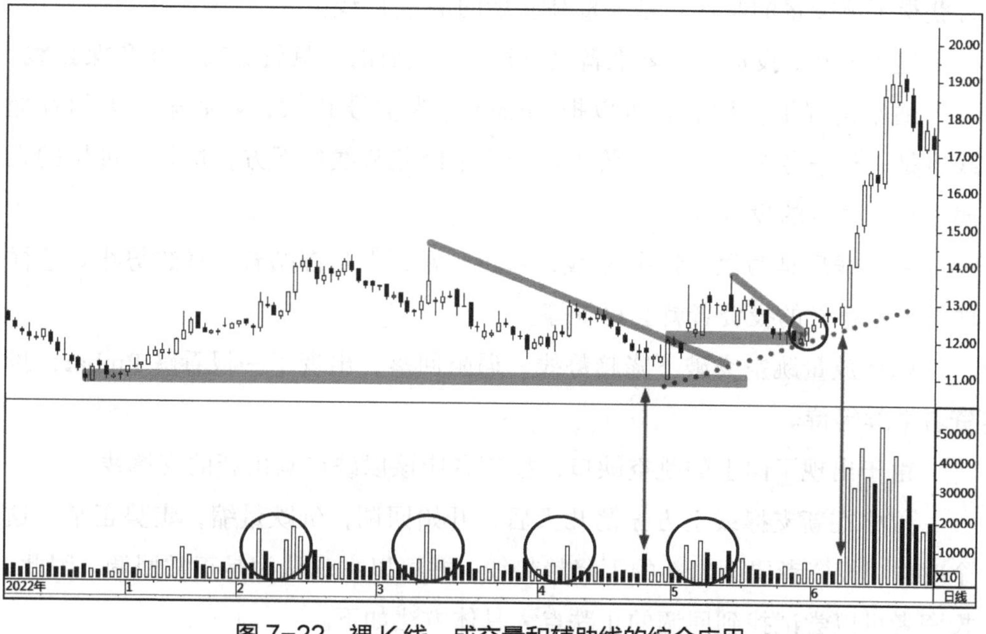

图 7–22　裸 K 线、成交量和辅助线的综合应用

图中最左侧的下跌段结束后，是一段“价涨量增”的上涨段。接着是长时间的回调段，回调段在左侧的低点附近获得了支撑，形成了大型双底形态。

上涨段与回调段比较，可以认为是缩量，是正常的量价关系。但是回调段中有两次上涨放量，参见副图中间的两个圆圈。这是不正常的量价关系，是聪明钱进场留下的明显痕迹。

回调段在第一次接近前底的时候，盘中放量下跌，是“笨钱”在恐慌抛售，成交量记录了这个事实，参见第一根双箭头线。

接下来的走势是上涨放量，回调缩量，最后出现了一段急速的放量大涨，是典型的威科夫中线行情。

通过成交量分析，投资者在副图第三个圆圈位置，就能够判断出有“聪明钱”进场了。

从第三个圆圈处开始，投资者就要用辅助线技术寻找可能的进场位置。一般情况下，投资者会画出基于前低的支撑线，以及回调段的下降趋势线。

第一根双向箭头对应的锤子线出现在支撑线附近，是典型的 Pinbar，并且获得了成交量的验证，是一根高质量的信号 K 线。

这个时候，投资者就要准备进场操作，主要的工具就是辅助线和裸 K 线。

通常情况下，投资者可以把 Pinbar 作为信号 K 线，随后第三天的吞噬线也是一根信号 K 线。由于价格还处于下降趋势线的下方，这几天进场的人属于相对激进的投资者。

吞噬线后是两根缩量小 K 线，量价正常，但是都贴着下降趋势线。这样的情形，稳健的投资者就会再等等。

随后放量跳空突破下降趋势线，遇阻回落，出现了一根看跌 Pinbar，投资者继续等待。

由于出现了向上的跳空缺口，投资者应该以缺口画出新的支撑线。

价格在新支撑线上方振荡几天后，开始回调，价跌量缩，走势正常。这个时候，投资者要画出新的下降趋势线，并可以主观认为是正常回调。因此，投资者可以尝试找到回调的止跌点，具体方法如下。

以新的支撑线和新的下降趋势的交点为参考，连接左侧的低点，画出一条可能的上涨趋势线。三条辅助线的交叉区间，是威科夫技术经常提到的“静点”或“死角”，参见主图中圆圈。通常情况下，威科夫技术会把静点区间视为价格运动的大概率转折点。

投资者在K线图上标注了可能的回调低点后，就继续观察。

价格在静点区间出现了一根看涨吞噬线后，突破了新的下降趋势线，稳健的投资者就应该进场。三天后，再次出现一根看涨吞噬线，参见右侧的双箭头线。这根吞噬线价涨量增，并获得了新画出的上涨趋势线的支撑。这个时候，即使最保守的投资者也应该进场了。

实战中，投资者往往不需要这样复杂的分析。最后一根看涨吞噬线的第二天，该股放量大涨，很多投资者都能够在当天的涨幅榜上看见该股。随后该股是典型的行进走势，投资者可以采用图7-19的进场方法进行操作。

第 8 章 威科夫量价关系中的价格行为

在当代技术分析领域，价格行为是一个广义的概念，所有的价格运动都可以归属于价格行为。价格行为并没有一个公认的定义，不同的技术分析流派以及众多的投资者，都有各自的定义。

在威科夫量价分析技术体系中，价格行为可以分为三个层级。

第一是长周期的价格行为。威科夫价格循环是价格运动的整体模型，揭示了股市价格运动的大轮廓。在这个整体模型的指导下，投资者能够在日 K 线图上分析和预测未来几个月的行情。

第二是中周期的价格行为，主要对应威科夫价格循环中的拉升阶段，持续时间为几十天。

第三是短周期的价格行为，持续时间几天到十几天，以裸 K 线技术为主。

威科夫认为，三种层级的价格行为都需要重视量价分析。只有通过量价分析，投资者才有可能读懂综合人的真实意图。

投资者需要注意的是，本书中的价格行为采用了狭义的概念，一般特指基于裸 K 线的价格运动，是第三层级的短周期价格行为。

笔者这样处理的目的，是为了更好地阐述实战中的价格走势，方便投资者真正掌握威科夫技术。

一、成交量的重要性

投资者需要牢记一点：通常情况下，在实战的真实场景中，投资者需要处理的是最近十几根 K 线，即威科夫短周期的价格行为，如图 8-1 所示。

只会行情分析的投资者面对图 8-1 的走势，结论非常简单且正确：该个股处于上涨趋势，遇阻滞涨。随后可能调整一下，继续上涨；也可能回落到支撑线，测试支撑线的有效性。一句话，遇到阻力线，可能涨，也可能跌，跌的概率更大一点。

很明显，行情分析视角的结论是“无用的、正确的废话”。

有实战交易思维的投资者则不一样，他们会试图判断当下综合人的真实意图——究竟是涨？还是跌？抑或是横？

在图 8-1 中，有裸 K 线，有辅助线。以最后一根 K 线为标准，裸 K 线技术和辅助线技术都倾向于看跌。这个结论一定正确吗？不一定。

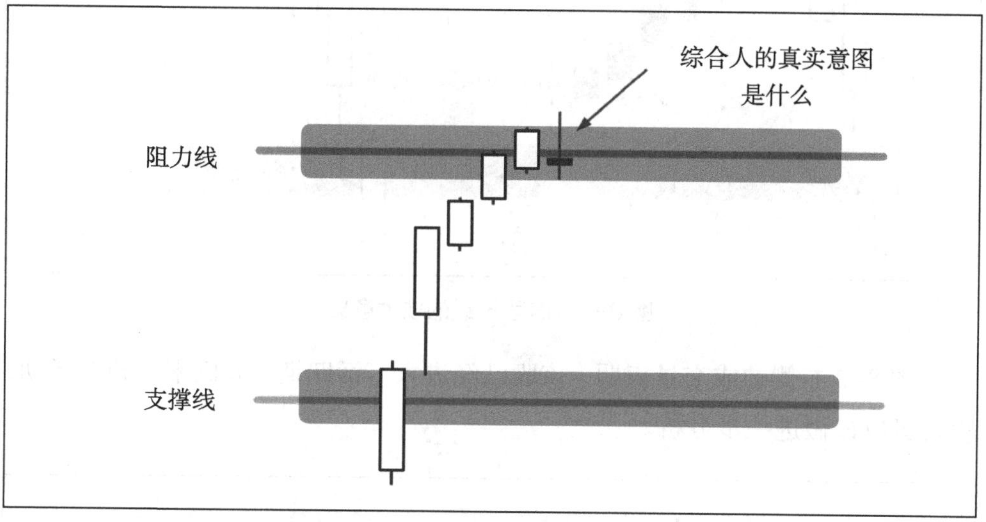

图 8-1　综合人的真实意图是什么

图 8-1 中最后一根 K 线是带长上影线的阴线。图 8-2 中，涨跌的方向由随后的一根 K 线给出了明确的信号。图 8-2 左侧是一根低开光头阴线，成顶分型，看跌；图 8-2 右侧是低开看涨吞噬线，成看涨吞噬型，看涨。因此，实战中，裸 K 线加上辅助线，投资者能够根据明确的信号 K 线下结论。

掌握了威科夫量价分析技术的投资者更笃定，因为他们知道综合人的存在，也知道它操控股价的具体方法。这类投资者会用成交量做辅助判断，如图 8-3 所示。

参考图 4-8 的技术原理，投资者应首先判断该股是否进入了活跃期。

图 8-3 左侧的成交量表明，该股在这段上涨的量能不够大，大概率是区间运动，价格遇阻回落的可能性更大，投资者应该选择落袋为安。

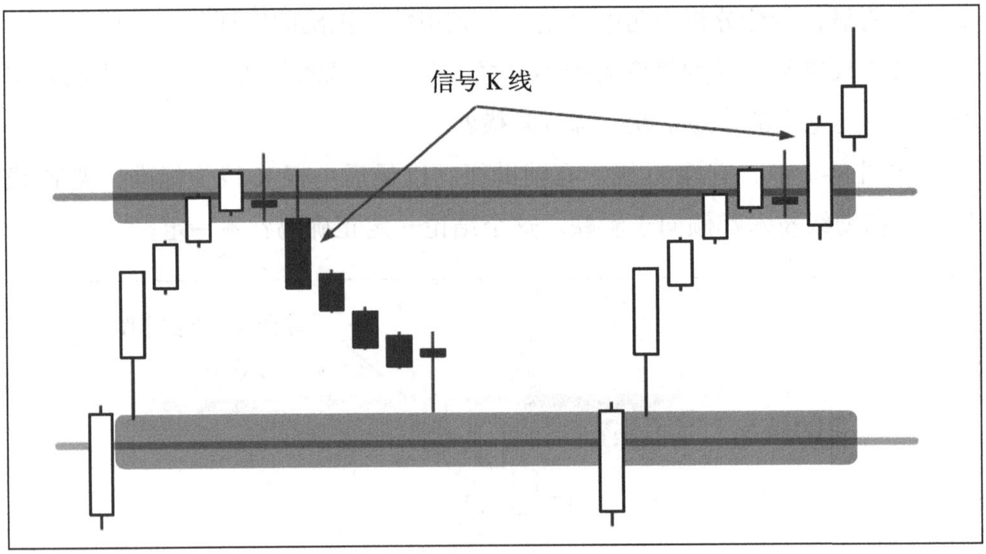

图 8-2　信号 K 线的技术意义

图 8-3 右侧的成交量表明，该股已经进入了活跃期，大概率是趋势运动，投资者应该做进一步分析。

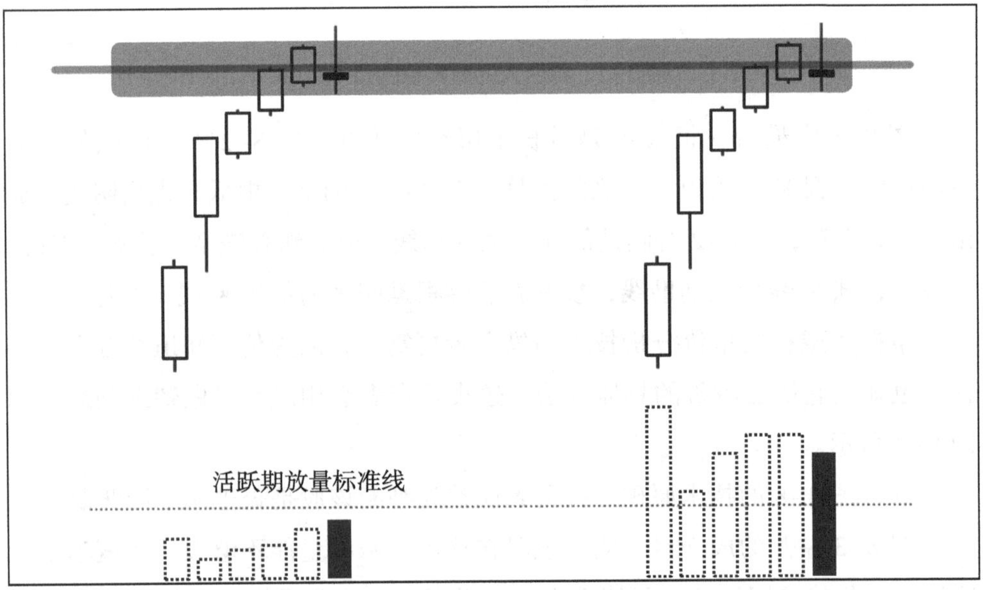

图 8-3　成交量的重要性

很明显，图 8-3 右侧的走势是“价涨量缩”。第一根 K 线的成交量最大，后续 K 线是缩量的持续 K 线，是强趋势的量价特征，看涨。但是，最后一根 K 线是明确的遇阻阴线。因此，三种技术分析的结论出现了矛盾，量价关系看涨，裸 K 线和辅助线看跌。

有经验的投资者都知道，采用不同的技术分析方法，很多时候都会得出相互矛盾的结论。但是，这个时候往往是投资者最需要判断综合人真实意图的关键时刻，因为随后可能会是一段大涨。

有经验的投资者一点都不会慌乱，他们知道，这个时候综合人必然会在场内操控股价。综合人操控股价的方法就是放置大量的订单，可能是卖单，也可能是买单。投资者只要能够判断出综合人订单的性质，就能够读懂综合人的真实意图，也就能够判断价格运动随后的方向。

投资者分析综合人当下订单的方向，一般只需要看最后两三根 K 线的量价关系。最后一根阴线相对缩量，表明综合人至少没有主动放置大量卖单，投资者应该暂时持股观望。

二、裸 K 线中的威科夫价格行为

图 8-3 表明，日线图表的投资者想要在实战中赚钱，必须学习和掌握裸 K 线的量价分析技术，即裸 K 线中的威科夫价格行为。这个技术就是威科夫技术中的“努力与结果原理”。

投资者学习努力与结果原理，需要先把“行进”“停滞”和“反转”（注：这里的反转包括反转和转折）这三个概念放在脑子里。

所谓“努力与结果”，指的就是量与价的关系，在威科夫技术中，一般用在特定的单根 K 线或一组 K 线上。

根据供需法则，买方力量大于卖方力量，价格就会上涨。在此基础上，可以进一步假设：正常情况下，卖方的卖单沿着价格空间平均分布，如图 8-4 所示。

根据这样的假设，100 手的买单就能把价格推升 1.00 元，500 手买单价格就会上涨到 15.00 元。

如果上涨趋势中量价关系满足上述假设，供需法则就视为是正常的量价关系，一般称为量价协调。

15.00 元	…………	100 手
14.00 元	…………	100 手
13.00 元	…………	100 手
12.00 元	…………	100 手
11.00 元	…………	100 手
10.00 元	…………	

图 8-4　卖单沿着价格空间平均分布

但是，买单并不总是沿着价格空间平均分布。通常情况下，价格空间的卖单分布大致分为以下三种情况，如图 8-5 所示。

15.00 元	…………	100 手	15.00 元	…………		15.00 元	…………	50 手
14.00 元	…………	100 手	14.00 元	…………		14.00 元	…………	50 手
13.00 元	…………	100 手	13.00 元	…………		13.00 元	…………	50 手
12.00 元	…………	100 手	12.00 元	…………		12.00 元	…………	50 手
11.00 元	…………	100 手	11.00 元	…………		11.00 元	…………	100 手
10.00 元	…………		10.00 元	…………		10.00 元	…………	
500 手→ 15.00 元			500 手→ 14.00 元			300 手→ 15.00 元		

图 8-5　卖单沿着价格空间分布的三种情形

第一种情形是卖单平均分布，500 手的成交量能够把价格推升到 15.00 元。

第二种情形是高位有更多的卖单，500 手的成交量只能把价格推升到 14.00 元。

第三种情形是价格上方卖单稀疏，300 手的成交量就能够把价格推升到 15.00 元。

图 8-5 的量价关系数据图形化后，如图 8-6 所示。

现代威科夫技术把成交量的柱体形象地称为"努力"，价格的柱体称为"结果"，并据此定性评估量价是否匹配。评估的具体方法如下。

"努力与结果原理"首先确定了评估的标准。该原理把卖单沿价格空间平均分布作为正常的量价关系，称为正常的"努力"对应正常的"结果"。

图 8-6 左侧，"500 手→ 15.00 元"，正常的努力，正常的结果。结论是努力有结果，量价关系正常，卖压正常。

图 8-6 中间，"500 手→ 14.00 元"，结果小于努力，量价关系异常，有卖压。

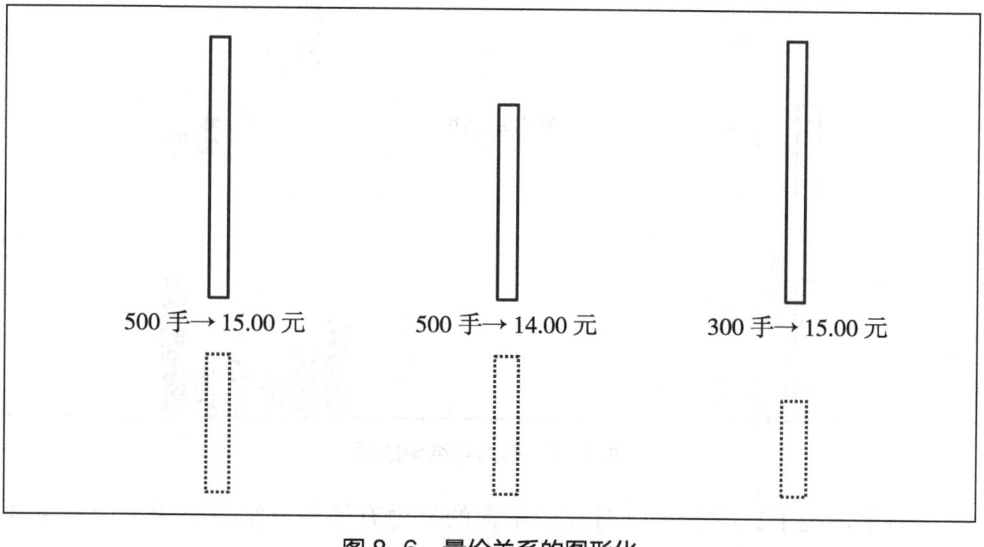

图 8-6　量价关系的图形化

图 8-6 右侧，“300 手→ 15.00 元”，结果大于努力，量价关系异常，卖压小。

通常情况下，努力与结果原理多用于多根连续 K 线的比较，如图 8-7 所示。

图 8-7 左侧是一组持续上涨的K线。前五根K线一般视为“努力有结果”，但是，“努力”的效应逐渐降低，对应价格上涨的幅度逐渐变小，表明卖压在增加。最后一根 K 线是“努力无结果”的假阳线，放大的成交量不但没有推升价格，收盘价反而低于前一根 K 线。

现在，投资者回到“行进”和“停滞”这两个概念。

图 8-7 左侧的上涨过程大致分为：正常的努力有结果—结果大于努力—正常的努力有结果—结果小于努力—努力无结果。

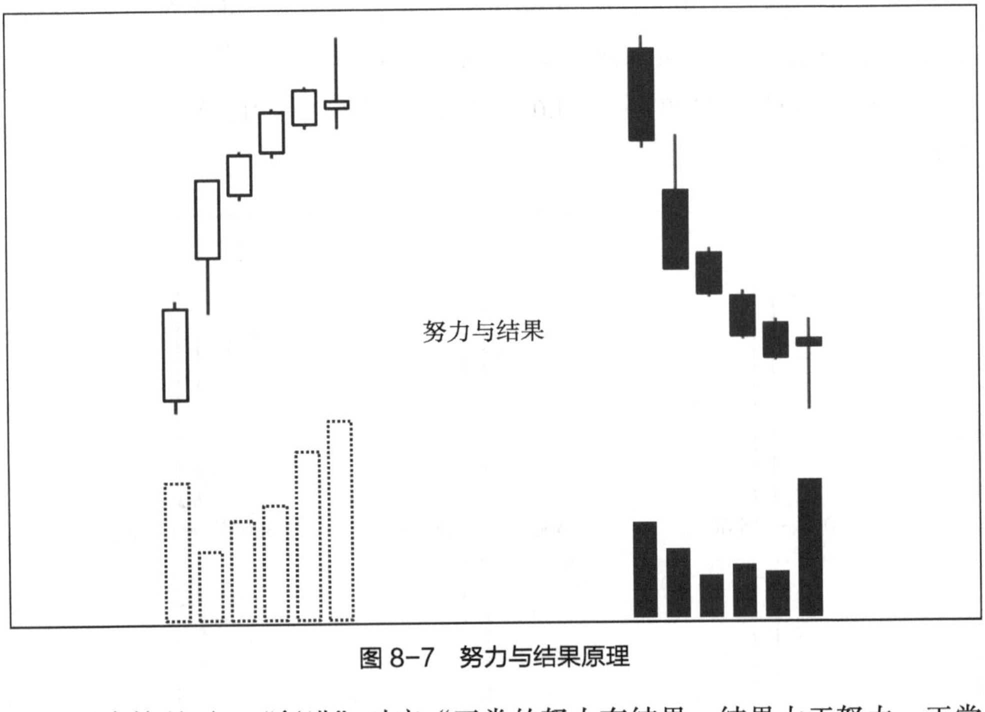

图 8-7 努力与结果原理

通常情况下，“行进”对应“正常的努力有结果—结果大于努力—正常的努力有结果—结果小于努力”。当“努力无结果”出现后，价格运动也就进入了“停滞”。

图 8-7 右侧的下跌 K 线组也是同样的逻辑，不再赘述。

现在，投资者回到“反转”这个概念。

如果单根 K 线，尤其是大阳线或大阴线，对应异常的大量，通常对应“反转”，或是“临近转折”，如图 8-8 所示。

图 8-8 左侧上涨 K 线组，最后一根实体大阳线呈现为“天量天价”的价格行为，很大概率是反转点。如果这根 K 线再有明显的上影线，反转的概率更大。

根据供需法则，“天量天价”是多空双方的巨量换手，极大地消耗了买方力量，市场极大概率进入超买。实战中，投资者应把“天量天价”的超买，视为相对极端的技术形态。绝大多数“聪明钱”面对这种极端的超买，都会进行卖出操作。

图 8-8 右侧的下跌 K 线组，技术原理类似，不再赘述。

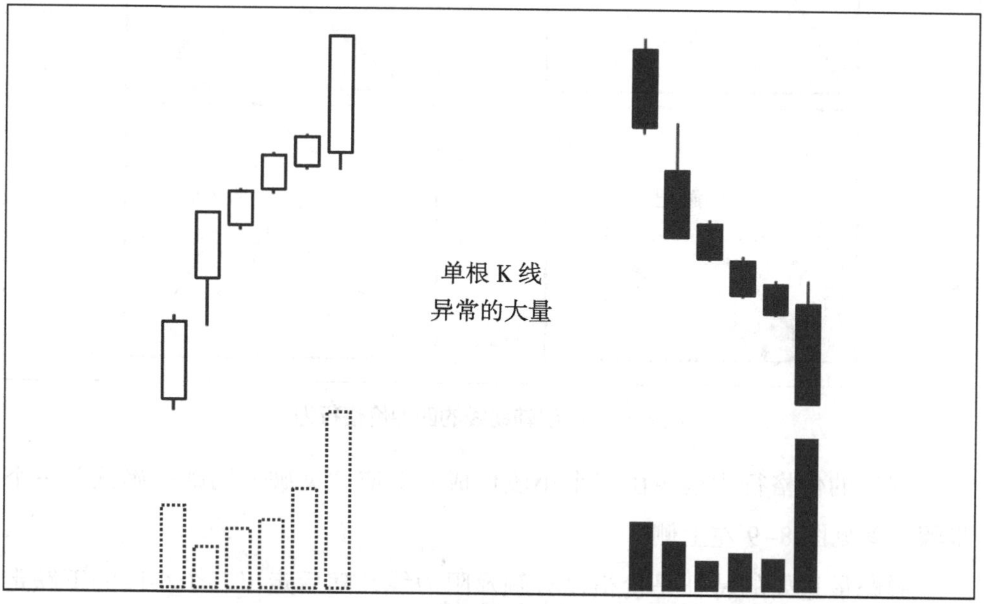

图 8-8　单根 K 线异常的大量

三、围绕辅助线的威科夫价格行为

通常情况下，在日线以下的时间周期，投资者可以单独使用裸 K 线技术做交易。但是，日线图表的交易者应参考成交量。

在日 K 线图上，围绕辅助线的价格运动，往往会出现各种性质的转折点。这个时候，既有高质量的赚钱机会，也容易给投资者带来亏损。因此，对于投资者来说，围绕辅助线的价格行为，既是重点，更是难点。

在裸 K 线技术中，围绕特定的辅助线有四种重要的价格行为，分别是突破、脱靶、触靶和假突破，如图 8-9 所示。

图 8-9 中的辅助线是水平方向的阻力线。

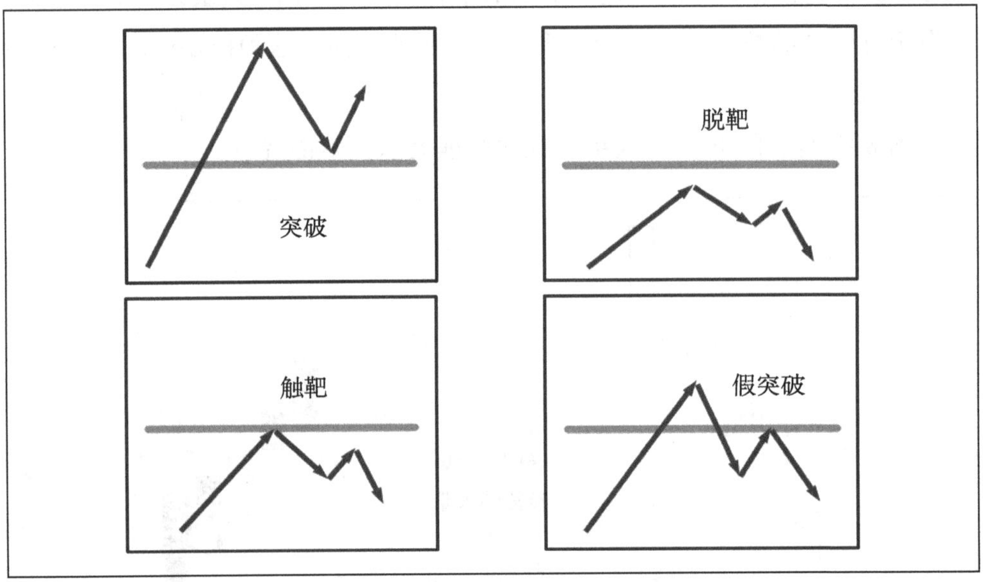

图 8-9　围绕辅助线的四种价格行为

突破的价格行为至少由三个小段构成，对应“突破—回踩—确认”三个步骤，参见图 8-9 左上侧。

脱靶最重要的特征是价格没有触及阻力线，随后走出三个小段的下跌走势，参见图 8-9 右上侧。

触靶是指价格正好触及阻力线。裸 K 线技术中，阻力线是一个小型价格区间，因此实际走势中，一般触靶比脱靶更常见。

假突破一般由四个小段构成，对应“突破—跌破—反向确认—出新低”四个步骤，参见图 8-9 右下侧。

其他类型的辅助线，技术原理与水平方向的阻力线基本一致，不再赘述。

所谓的威科夫价格行为，是指投资者在裸 K 线技术的基础上，再次使用威科夫量价分析技术，对特定的价格行为进行技术分析。“围绕辅助线的威科夫价格行为”，特指投资者同时使用裸 K 线技术、辅助线技术和威科夫量价分析技术，对“突破、脱靶、触靶和假突破”的价格行为做技术分析。

裸 K 线技术中，通常把“脱靶、触靶和假突破”视为“失败的突破”。投资者使用威科夫量价分析技术，很容易判断“失败的突破”，如图 8-10 所示。

以第一次反弹高点的成交量在副图画出一条水平参考线，参考图 8-10 左侧第一个圆圈。随后走出了几次“失败的突破”，对应的成交量都在水平参考线的下方。

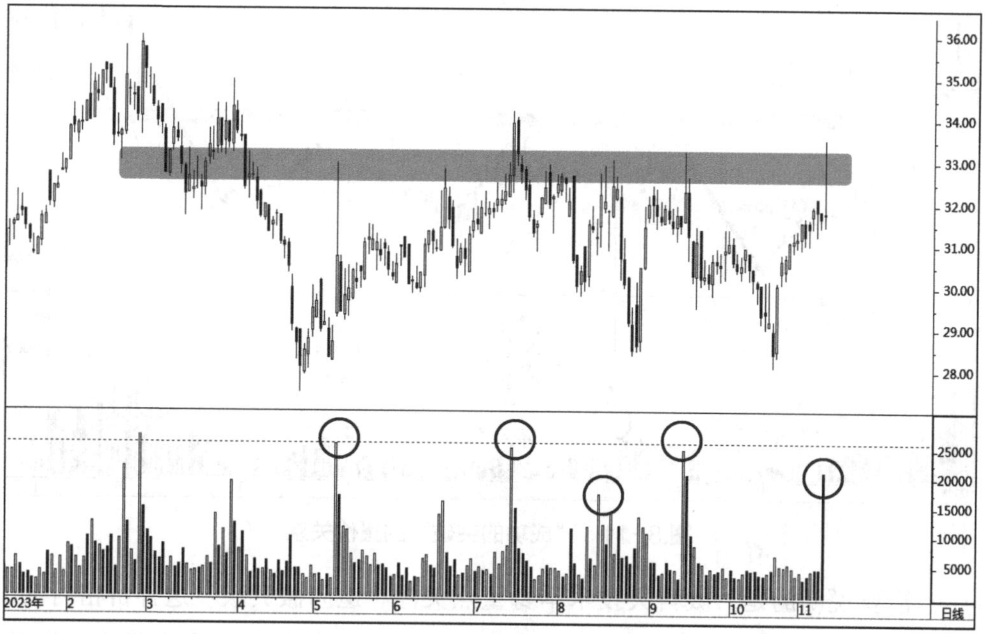

图 8-10　“失败的突破”的量价关系

投资者使用威科夫量价分析技术，同样很容易判断“成功的突破”，如图 8-11 所示。

图 8-11 中，有两次“成功的突破”。

第一次突破的成交量参考线是副图中下方的水平线，标准是下跌段中阳线的最高成交量，参见图 8-11 左侧的双向箭头线。对应这次突破的阻力线是主图中下方的阻力线。第二个圆圈对应的成交量高于相应的成交量参考线，随后是第一次成功突破。

第二次突破的成交量参考线是副图中上方的水平线，标准是上涨段中阳线的最高成交量，参见图 8-11 右侧的双向箭头线。对应这次突破的阻力线是主图中上方的阻力线。第四个圆圈对应的成交量高于相应的成交量参考线，随后是第二次成功突破。

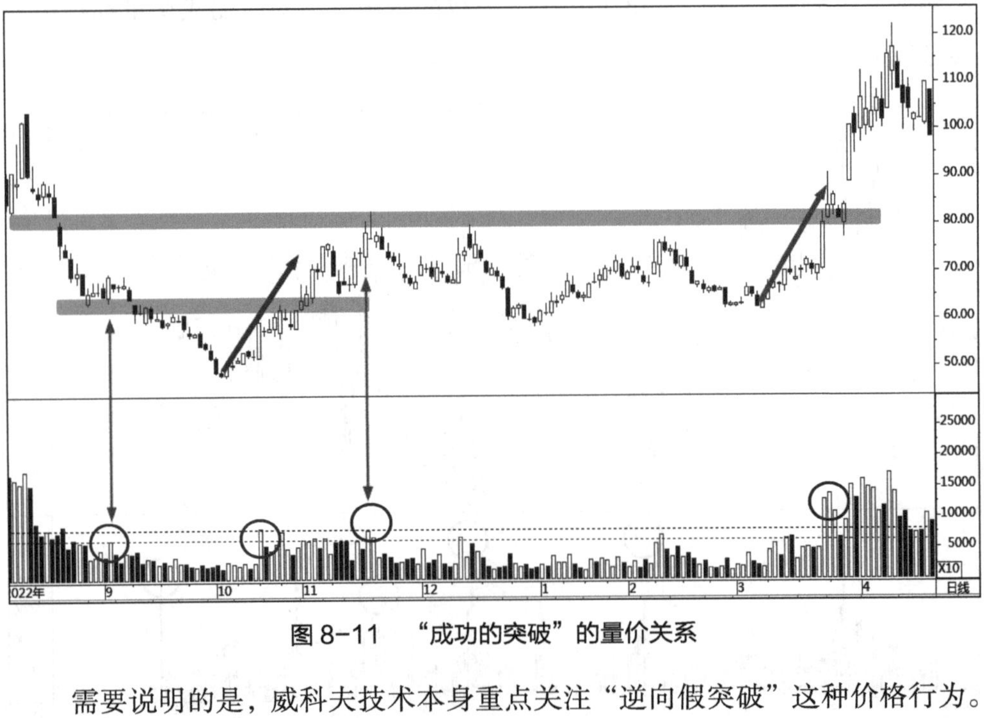

图 8-11 “成功的突破”的量价关系

需要说明的是，威科夫技术本身重点关注“逆向假突破”这种价格行为。原因在于威科夫认为，实战中“逆向假突破”往往能够给投资者带来丰厚的利润。

逆向假突破的量价关系，如图 8-12 所示。

顾名思义，“逆向假突破”通常是综合人的假动作。从逻辑的角度看，它不会在逆向突破的过程中抛售大量的筹码。因此，投资者可以用前底附近最大的阴量做标准，画出水平参考线，参考图 8-12 左侧的双箭头线。

图 8-12 中，逆向假突破的成交量低于水平参考线，参见图 8-12 右侧的双箭头线。K 线图上的量价关系，表明此次下跌很大可能是综合人的假动作。

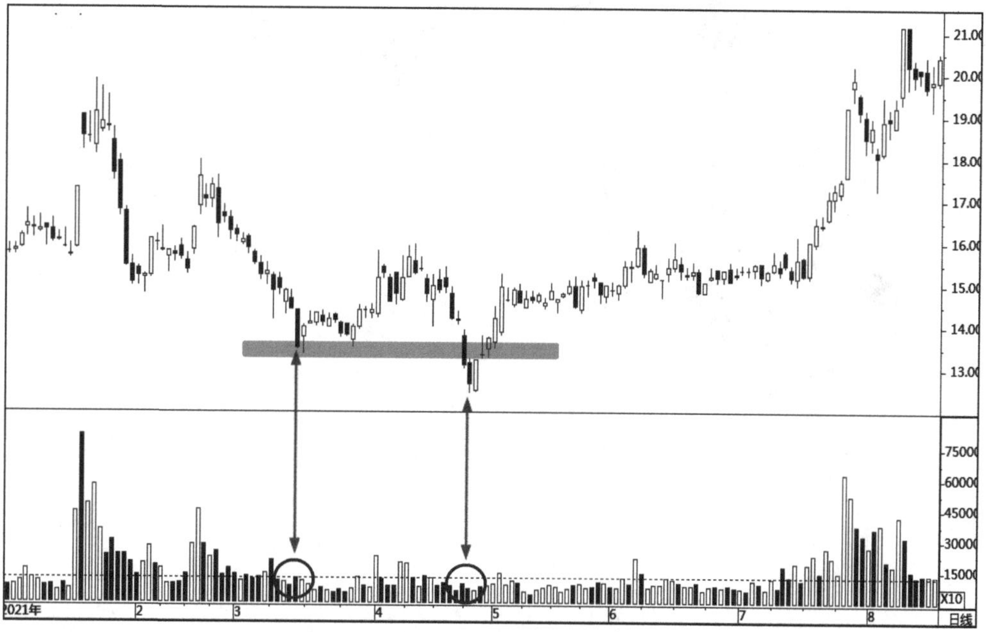

图 8-12　“逆向假突破”的量价关系

总的来说，投资者采用威科夫的量价技术，在日 K 线图上分析“突破、脱靶、触靶和假突破”，能够更好地分析和判断价格行为，并为实战交易提供更有效的指导。

笔者在此必须再次提醒投资者，关于成交量水平参考线的选择标准，仅仅是基于技术逻辑的示范，并不是“正确”或“标准”的答案。

第3部分

威科夫量价模式

正如威科夫所言："真正了解股市内部运作的人少之又少。"事实上，股市是一个高度复杂的系统，即使是专业人士，也难以真正理解。

对于普通投资者来说，股市则是一个充满诱惑但又内幕重重的领域，学会正确的投资方法非常困难。威科夫在从事投资者教育的工作中，根据学员的学习反馈，找到了普通投资者学习的难点。

威科夫发现，即使自己用最直白的方式讲授股市交易的正确知识，学员依然难以真正学会和应用，原因在于他们的工作和生活都距离华尔街太远了。一些华尔街的基本常识，最刻苦的学员也很难真正理解，学员们学习一段时间后，最大的问题是"知识碎片化"，不能融会贯通。

威科夫为了能够真正帮到学员，决定用最彻底的方式揭开华尔街的内幕。他从综合人的实操视角，阐述了它真正的操盘策略和具体的操盘程序，其核心内容就是"威科夫量价模式"。

商业社会中，任何一个行业都有生产商和消费者，产品就是二者联系的纽带。生产商是主导者，通过提供产品获取利润；消费者是接受者，通过购买产品满足特定的消费需求。通常情况下，生产商远比消费者专业和敬业。

投资领域也是同样的情形，综合人是生产商，投资者是消费者，K线图可以视为综合人的产品，是双方联系的纽带。综合人作为生产商，必须“认真”地“画K线图”。

“威科夫量价模式”在很大程度上还原了综合人“画K线图”真实的“生产”过程，充满了细节，投资者可以将其视为综合人的工作手册。

普通投资者通过学习威科夫量价模式，一窥综合人的“生产过程”，就有机会解决“知识碎片化”的难题，从而真正掌握正确的交易知识。近百年来，威科夫撰写的教程，既是普通投资者最有价值的学习资料，也成为华尔街专业人士的入职教材。

第 9 章　威科夫量价模式的底层逻辑

投资者学习威科夫的量价模式，必须转变思考的视角，从消费者视角变成生产商视角。

以服装行业为例，消费者主要关心的是“好看不好看”“流行不流行”“性价比高不高”等因素，并决定“买不买”。生产商则不一样，他们关心的是“市场规模大不大”“如何组织生产”“何时上市”“销售价格定多少”“何时促销甩货”等，远比消费者考虑的因素多。

股市也是同样的道理。

技术派投资者作为“消费者”，本质上是“用”K 线图，关注的是“股价会不会涨”“股价能够涨多高”“什么位置进场盈亏比更好”等因素，以决定“买不买”或“卖不卖”。

综合人作为“生产商”，操作一只股票在 K 线图上完成一轮威科夫价格循环，需要考虑非常多的因素。例如，用什么方式把股价打压到合适的吸筹区，在吸筹区用什么方式吸筹，吸筹要花费多少时间，拉升的题材是什么，拉升用什么样的上涨趋势结构，派发区的价格大致是多少，派发区间的出货手法是什么……总之，就是如何“画 K 线图”。

因此，威科夫量价模式的底层逻辑是综合人如何“画 K 线图”。投资者在一定程度上掌握了综合人“画 K 线图”的方法和关节点，就会真正掌握实战的两项关键技能——选股和确定精确买卖点，快速从笨钱成长为聪明钱。

一、谁是综合人的项目经理人

现在，笔者要对综合人的概念进行最重要的更新。

威科夫最初导入综合人概念的时候，认为综合人是整个市场的唯一操纵者，它每天都要管理所有的股票，操控市场的每一笔交易。这样的概念能够帮助投资者快速理解股票市场运行的整体逻辑。但是，在实战层面，投资者采用这样的概念去理解市场的价格运动，尤其是个股的价格运动，则过于笼统，并不能提供足够的实战指导。

因此，当威科夫开始阐述量价模式的时候，一开始就对综合人的概念进行了更新，以便阐述更真实的市场，如图 9–1 所示。

图 9–1 中，上方的虚线椭圆代表综合人，中间的六个圆圈代表市场中的大资金和大机构，下侧的三行小圆圈代表股市中的个股。

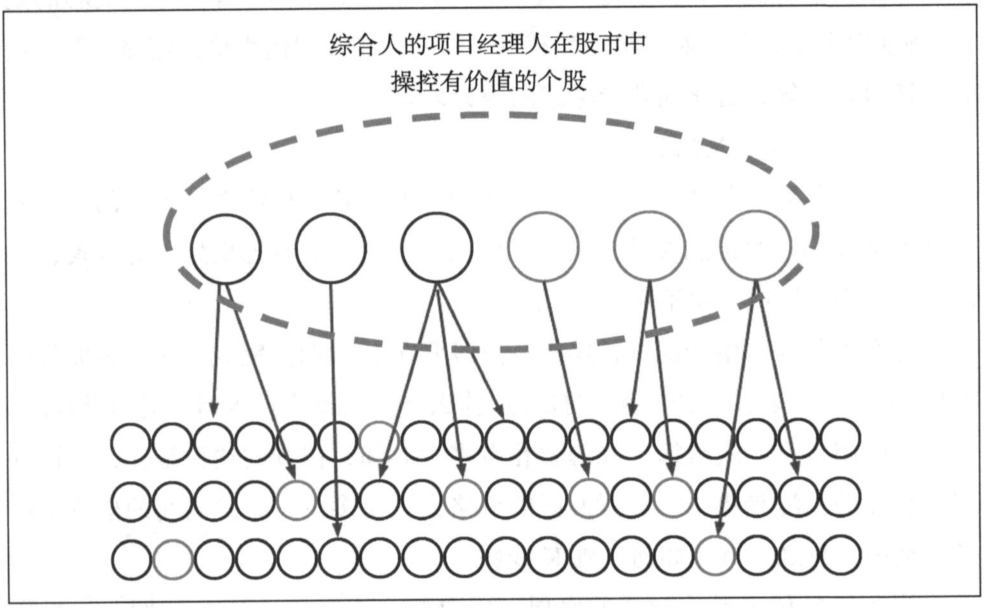

图 9–1　综合人的项目经理人

简单来说，威科夫把综合人视为一群人，对应市场真实存在的大资金和大机构。这些大资金和大机构拥有足够多的资金，能够像综合人一样，应用供需法则操控股价的变化。他们合起来就是综合人；分开看，则每一个大资金或大机构都可以视为综合人手下的一名项目经理人。

通常情况下，每一个项目经理人都有自己的“自留地”，即一些长期操控的个股；中短期则会追逐市场热点，逐利而行。

由于股市的总市值一般都很大，远大于市场上所有大资金和大机构的资金总和。因此，在成熟的股市中，综合人的项目经理人只会青睐具备“价值”的个股，无论是投资价值还是投机价值。换句话说，很多没有资金关注的个股，注定了没有太好的交易机会，是投资者需要远离的股票。

很明显，在真实的股市中，这些项目经理人（大资金和大机构）之间，既相互合作，也相互竞争。股市中最常见的“板块轮动”现象，就是他们既合作又竞争的直接产物。

需要说明的是，“聪明钱”的概念也需要更新。

威科夫从“是否具备操控能力”的角度，把市场参与者分为了两类——综合人的项目经理人和其他市场参与者。

而其他参与者又分为“聪明钱”和“笨钱”。

“聪明钱”是指能够在实战中读懂项目经理人真实意图的投资主体。通常情况下，“聪明钱”主要是小型投资机构、市场游资，以及一些成功的个体投资者。

二、主力何时进场，何时离场

在讨论威科夫量价模式的操控逻辑之前，投资者首先需要明确一点：在综合人的项目经理人概念的基础上，特定项目经理人针对特定个股的操控，才是威科夫量价模式的操控。即在通常情况下，威科夫的量价模式主要针对个股，并不针对大盘。

真实的市场中，特定个股的操控者可以是一个项目经理人，也可以是多个项目经理人的联合行动。威科夫均视为一个项目经理人，即一只股票对应一个项目经理人。

股市中，一般把大资金和大机构俗称为市场主力。因此，综合人的项目经理人大致等同于市场主力。在本书随后的谈论中，笔者将以市场主力（或主力）代替威科夫综合人的项目经理人，以方便投资者更好地理解威科夫的量价模式。

接下来，投资者要借助威科夫的价格循环，弄清楚主力大致进场的时点和离场的时点，如图 9–2 所示。

投资者需要牢记一点：本质上，主力都是利用资金的规模优势对股价进行操控。因此，主力的操控行为一般都会在 K 线图上留下明显的痕迹，主要是大价差的大型 K 线和中型 K 线，以及相对明显的放量。

通常情况下，主力会在下跌阶段的后半场进场，在派发阶段的尾声离场，参见图中两个圆圈的位置。图 9–2 左侧的圆圈大致对应主力进场的时点，图 9–2 右侧的圆圈大致对应主力离场的时点。

投资者需要清楚地意识到，正是有了主力进场，个股价格才不会继续大幅下跌；同样的道理，主力离场了，股价自然就会下跌。对应的逻辑关系是：主力进场—股价止跌；主力离场—股价下跌。

图 9–2 是“聪明钱”的第一课。“聪明钱”据此分析和判断以下两个重要的实战问题：

第一，主力是否进场了？

第二，主力是否离场了？

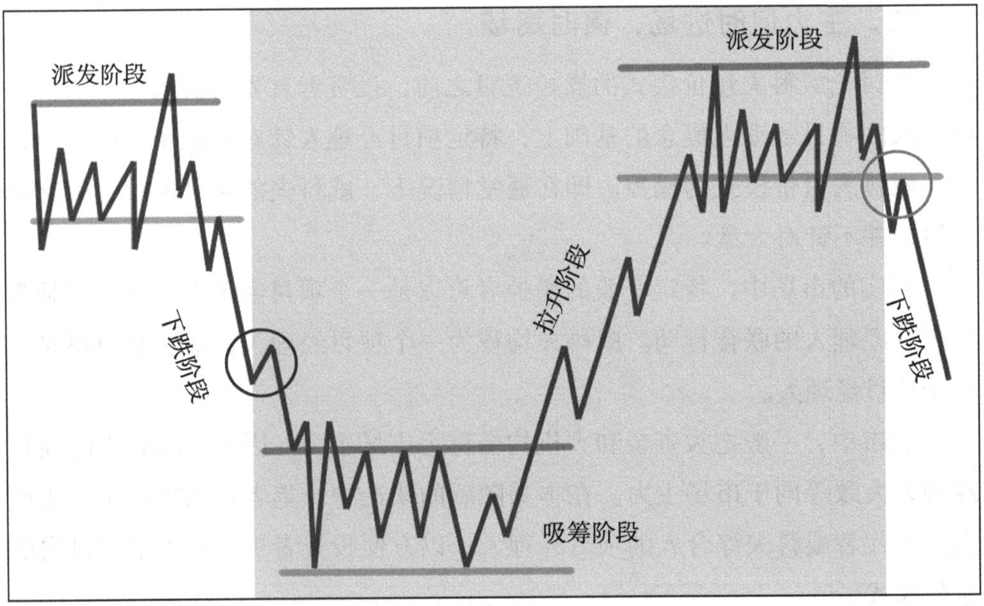

图 9–2　主力何时进场，何时离场

"聪明钱"知道，主力进场了，该个股就值得关注，因为后期有较大的概率会涨；主力离场了，看起来再好的个股都需要及时离场，即使是暂时性离场，因为后期有较大的概率会跌。

投资者必须像"聪明钱"一样，牢记图 9–2 中的两个圆圈所处的大致时点，以及对应的技术细节。

三、"聪明钱"何时进场，何时离场

通常情况下，主力操控个股是一项高度复杂和专业的商业活动，属于真实意义上的商业项目，一般都会持续很长的时间，并且会分成多个阶段。

很明显，投资者并不需要遵循主力的时间表，从头到尾参与主力操控的全过程。投资者需要在威科夫的量价模式中明确自己的时间表，即投资者该何时进场，何时离场。

"聪明钱"都知道，相对于主力，"船小好调头"是自己唯一的优势。图 9–3 是"聪明钱"的第二课——"聪明钱"的时间表。

图 9–3　"聪明钱"何时进场，何时离场

在威科夫价格循环中，投资者在拉升阶段最容易赚钱。但是，在图9-3中，“聪明钱”把拉升阶段细分为不同的小阶段，大致对应两次重要的交易机会。

第一次重要的交易机会是吸筹区的区间交易，参见图9-3左侧色块标注的进场点和离场点。“聪明钱”为什么要这样处理呢？原因在于吸筹区的突破，多数会是“失败的突破”，参见图8-17。即使是“成功的突破”，往往也会进行一段时间的横向整理运动。

第二次重要的交易机会是拉升阶段的主升浪。“聪明钱”一般会在突破后的整理阶段结束后进场，在派发区的早期离场。参见图9-3右侧色块标注的进场点和离场点。

四、一切都与人性有关

人世间，金钱是最能蛊惑人心的。

投资者在进入股市的时候都知道一个最基本的常识，“低买高卖”必然会赚钱，并相信自己一定能够做到。但是，一段时间后，绝大多数投资者的实际交割单往往是“高买低卖”。当这些投资者拿着交割单对着K线图看的时候，很难相信是自己的真实交易。很多人回想当时的交易过程，感觉就跟做梦一样。

事实上，投资者不知道的是，股市还有另外一个最基本的常识：股市中的短期价格波动，远远超过了普通人正常的心理承受力。很多情况下，股价半个小时内的波动，很多普通投资者资金账户的变化，可能就大致等同于他们一个月甚至几个月的工资收入，这是巨大的冲击力。普通投资者在入市前的工作与生活中，几乎从来都没有过类似的经历，也就没有相应的经验。在这样的情况下，普通投资者只能依赖本能应对，快速成为市场中的羔羊。

主力非常清楚市场中的人性，并最大程度地利用人性来操控普通投资者的心理，诱导他们“高买低卖”，如图9-4所示。

①是人性中的恐惧。股价的快速下跌，对应了投资者的账户资金急速缩水，投资者很难承受这样的心理压力。“赶紧卖出”是他们结束心理压力的

唯一选择。但是，投资者基于恐惧的卖出，实际割肉的价格往往会在阶段性的极限低点附近。随后，股价出现相对快速的反弹，几分钟内可能涨几个点，这样的走势会严重刺激和伤害投资者的心理。在金钱和心理的双重打击下，普通投资者很容易进入恶性循环。

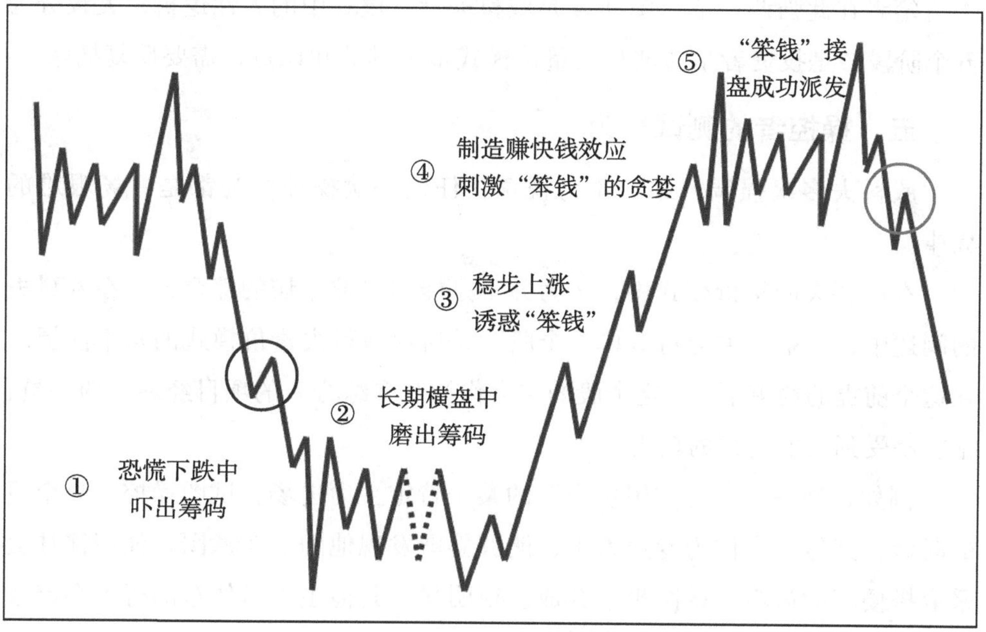

图 9-4　威科夫量价模式中的人性逻辑

②表面是人性中的不耐烦，本质是人性中的贪婪。贪婪的投资者最喜欢“做短线，赚快钱”。主力在吸筹阶段，长时间控制股价在很小的范围内波动，几乎没有任何赚钱的机会，既磨走了短线客，也能磨出一些深度套牢盘。

③对应的行情是拉升阶段的稳步上涨。这个阶段，主力很少让股价深度回调。主力这样做的目的是制造出“今天不买，明天价更高”的压迫感，让想回调买进的投资者天天都懊恼和后悔。投资者懊恼和后悔的情绪，还是来自人性中的贪婪。

④对应的行情是拉升阶段的高潮运动。这个阶段，股价快速、大幅上涨。主力制造出赚快钱效应，赤裸裸地蛊惑投资者心中的贪婪。

⑤是派发区，股价大幅上下波动，各种类型的“笨钱”飞蛾扑火般地急速进场。想回调买便宜货的，主力就跌十几个点；想赚快钱的，主力就涨十几个点；想拿长线的，主力就坚决守住支撑线。反复几次，“笨钱”纷纷进场接盘，主力成功派发。

笔者在此强调一下：图 9-4 是威科夫量价模式中的人性逻辑，大致分为五个阶段，是投资者学懂威科夫量价模式最关键的知识点，需要反复揣摩。

五、操控者的测试行为

威科夫多次强调，站在主力视角，任何一次操控行为都是一场艰难的战斗。

在威科夫的量价模式中，主力并不是能够操控一切的综合人。在威科夫的阐述中，“单一主力对应单一个股”是讨论威科夫量价模式的基本前提。在这个前提的约束下，特定个股的主力作为众多综合人的项目经理人的一员，很容易受到其他主力的攻击。

例如，当一个名为“甲主力”的某个特定主力进场，试图操控一只个股的时候，其他主力作为专业人士，能够立即发现他的真实意图。他们往往会采取搭便车的策略，试图坐享其成。很明显，其他主力搭便车的行为会严重干扰甲主力的操控计划。因此，甲主力在整个操控过程中，必须随时提防其他主力的捣乱。

另一方面，甲主力还必须谨慎地执行自己的操控计划，随时掌握市场最真实的情况。

基于上述两个原因，甲主力的操控过程中，必然会伴随着各种测试行为。

威科夫认为，主力的测试行为一定会在 K 线图上留下痕迹。随后，他进一步给出了另外一个与实战有关的重要结论：主力在每一个操控阶段的起始点和结束点，通常都会进行重要的市场测试。换句话说，投资者可以通过主力的测试行为，直接掌握其随后的真实意图。因此，投资者学习威科夫量价模式，需要重点掌握主力在不同阶段的测试行为，以及各种测试行为在 K 线图上呈现的方式。

投资者需要注意的是，在威科夫技术体系中，主力的测试行为主要分为两种：短线盘口测试，以及威科夫价格循环的阶段性测试。

本书主要讨论的是日线级别的威科夫量价分析技术，因此，笔者在随后的讲解中将侧重于主力在威科夫量价模式的不同阶段，在日线级别可能出现的测试行为。主力在短线盘口的测试行为，投资者可以使用本书第 7 章和第 8 章的裸 K 线技术，尤其是裸 K 线的影线技术进行分析和判断。

六、两种典型的威科夫量价模式

投资者需要注意的是：威科夫的股市原理和威科夫的价格行为，两者结合起来就是威科夫的量价模式。威科夫量价模式是从主力操控的视角，重新阐述主力如何利用股市原理和价格行为“画 K 线图”的过程和方法。

很明显，投资者不掌握威科夫量价模式的底层逻辑，很难真正学懂威科夫的量价模式。很多刻苦学习的投资者，即使花费大量的时间和精力，往往也只能雾里看花，不入其门，长期处于外行看热闹的窘境。

掌握了威科夫量价模式的底层逻辑后，投资者在正式学习之前，还应该对威科夫量价模式有一个整体认知。

一般来说，实战中可以把威科夫量价模式分为两种基本类型，分别是正常的威科夫量价模式和强势的威科夫量价模式。

正常的威科夫量价模式，如图 9–5 所示。

正常的威科夫量价模式呈现为“下跌阶段—吸筹阶段—拉升阶段—派发阶段—下跌阶段”，这是典型的威科夫价格循环。

图 9–5 的上方是价，下方是量，大致呈现了不同阶段的量价关系。本书随后关于威科夫量价模式的讲解，一般情况下，以本图为基础。

强势的威科夫量价模式，如图 9–6 所示。

当威科夫量价模式呈现为“下跌阶段—吸筹阶段—拉升阶段—再吸筹阶段—拉升阶段”，这是强势的威科夫价格循环。

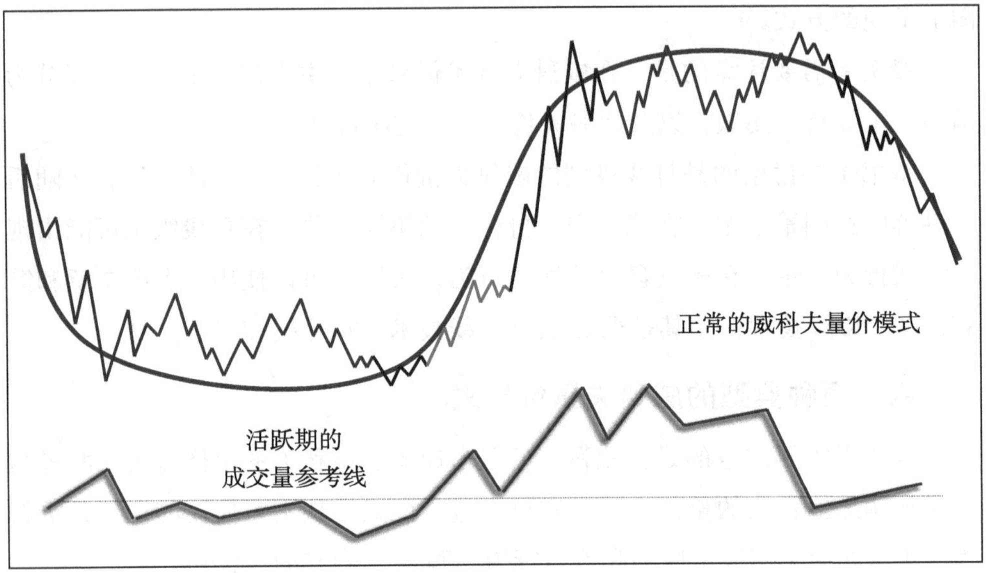

图 9-5　正常的威科夫量价模式

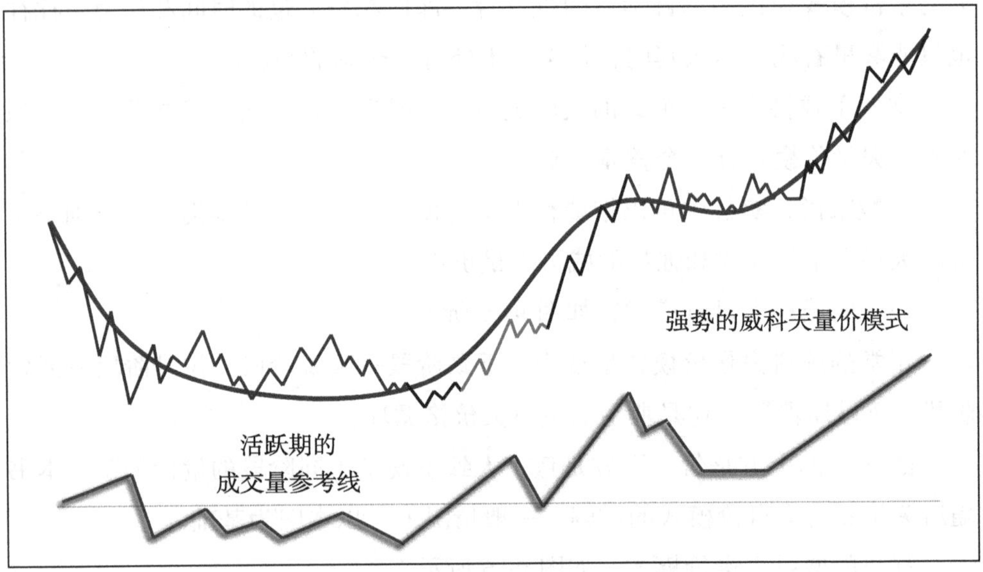

图 9-6　强势的威科夫量价模式

投资者需要注意是，威科夫量价模式是现代威科夫技术的主要内容之一，是对威科夫经典技术的提炼。

相对于常见的技术分析理论和方法，威科夫技术要更复杂一些，投资者的学习难度也更大。现代威科夫技术[1]为了方便投资者学习，采用了“形象化”的方式，对威科夫技术重新进行了阐述。

事实上，在技术分析领域，并没有统一的、规范化的术语体系，不同技术分析流派往往都存在特殊的术语。投资者在学习过程中，需要根据自己的思维习惯，逐步建立自己的术语体系，以便在实战中找到属于自己的行情，即自己真正能够看得懂的行情。

[1]　现代威科夫技术的主要贡献者是鲍勃·伊万斯（Bob Evans）。他创造了一系列形象化的术语，例如“跳跃小溪”“跌破冰层”等。

第10章　威科夫量价模式（一）：熊市转吸筹区

凡事都有起始点。主力的进场点就是威科夫量价模式的起始点。

参考图3-1，主力利用供需法则操控股价，前提是手上要有一定数量的筹码。当主力开始操控一只个股的时候，第一个动作必然是买进。

主力初次买进筹码的唯一目的就是砸盘，制造出一段急速崩跌的走势，迫使投资者在恐惧的作用下跟风卖出，从而形成熊市抛售高潮。

在熊市抛售高潮中，主力快速收集起足够数量的筹码。随后，主力就能利用供需法则，按照自己的操控需求和计划，进行股价的操控。通常情况下，主力在抛售高潮后的一小段时间内，通过操控股价，能够把成功抄底的短线客挤出去，从而获得绝大部分的恐慌筹码。

在这个过程中，如果特定的主力既收集了一定规模的筹码，又没有其他主力进场捣乱，就算成功进场。现代威科夫技术把这个过程细分为三个小阶段，分别是：初始支撑、抛售高潮、自动上涨，这称为熊市转吸筹区。通常情况下，投资者在K线图上一般能够看见股价止跌、企稳，以及明显的反弹。

需要注意的是，投资者看见的是股价“止跌—企稳—反弹”；主力操控是“初始支撑—抛售高潮—自动上涨”。投资者视角的三个阶段仅仅是主力操控的后两个阶段。

另外，这个阶段主力已经收集了大量的筹码，初步完成了筹码收集的任务。对于主力来说，就是获得了较大程度的股价操控能力。很明显，主力在这个阶段的工作质量，直接决定了随后的操控计划。这是投资者需要重视的要点之一。

一、主力如何进场

现代威科夫技术中，有两个重要的概念，分别是威科夫事件和威科夫阶段。

威科夫事件，大致可以认为是主力操控股价的行为在 K 线图上留下的痕迹。很明显，主力不同的操控行为，在 K 线图上留下的痕迹也各有特点。因此，投资者可以把威科夫事件理解为现代威科夫技术体系中的特殊价格行为。

威科夫阶段，则对应了主力操控股价的不同阶段。现代威科夫技术把吸筹区大致分成了阶段 A、阶段 B、阶段 C、阶段 D、阶段 E，共五个威科夫阶段。每个阶段一般由多个典型的威科夫事件构成。

主力进场是威科夫吸筹区的阶段 A，主要包括四个威科夫事件，如图 10-1 所示。

初始支撑（Preliminary Support，PS）。主力在长期下降趋势中的尾声进场买进。由于主力大量买进，暂时打破了下降趋势中的供需关系，一般会在 K 线图上呈现临时性的反弹。多数情况下，K 线的价差相对较大，成交量也有所放大。

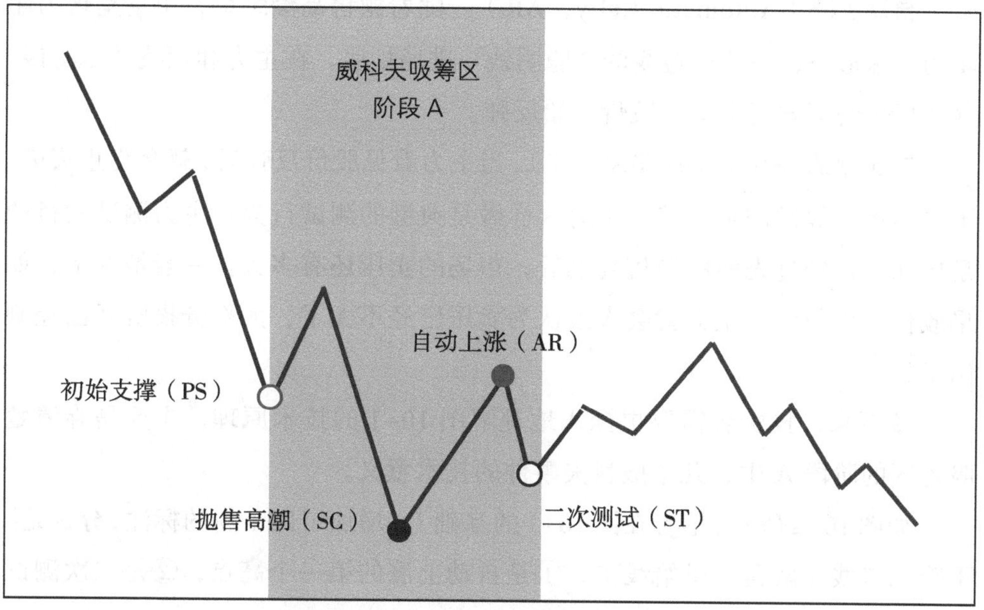

图 10-1　主力进场的技术原理图（一）

通常情况下，在 K 线图上出现了初始支撑，技术意义上的确是下跌趋势可能结束的信号。但是，投资者需要注意的是，这个价位往往距离真正的底部还有一定的距离。投资者依据初始支撑进场，大概率会出现重大亏损。

抛售高潮（Selling Climax，SC）。主力在初始支撑买进筹码的唯一目的是砸盘。当主力买够砸盘的筹码后，市场额外的需求消失了，下降趋势中固有的供需关系得以恢复，股价在反弹后继续下跌。在临近初始支撑的时候，主力主动卖出先前买进的筹码，击穿由初始支撑构成的支撑线，股价创出新低。

这个时候，在支撑线下方几乎没有买盘。主力继续压低价格，抛售更多筹码，价格就会急速崩跌。投资者看见这样的走势，也会因为恐惧大量割肉卖出。在主力和投资者的合力下，价格大幅下跌。

就在投资者绝望的时候，主力突然反手做多，大量买单进场，股价放量止跌。在主力的持续买进中，股价逐渐企稳。抛售高潮结束了，在主力和"笨钱"之间，实现了大规模的资金和筹码互换。

自动上涨（Automatic Rally，AR）。随着抛售高潮结束，市场呈现为超卖的技术形态，一些做短线的"聪明钱"进场抄底。在主力和短线"聪明钱"共同提供的买方需求下，股价开始反弹。

二次测试（Secondary Test，ST）。当主力看见股价反弹后，就会终止买进，不再给市场提供需求支持，主力这样做是典型的测试行为。主力测试的目的是想知道：经过先前的抛售高潮后，市场的卖压还有多大。一般情况下，如果股价不创新低，主力就会大致认为卖压已经不大了，大部分投资者已经割肉了。

接下来，投资者需要更深入地理解图 10-1 的技术原理，主要是弄清楚吸筹区的阶段 A 中，几个威科夫事件的技术意义。

如图 10-2 所示，笔者在图 10-1 的基础上，增加了四个新的标注，分别是：下降趋势线（威科夫供给线），①是自动上涨的第一个高点，②是二次测试后的高点，以及连接抛售高潮低点和②的上涨段。

①对应了自动上涨的第一个高点。该高点突破了下降趋势线，技术上意味着下降趋势可能结束。

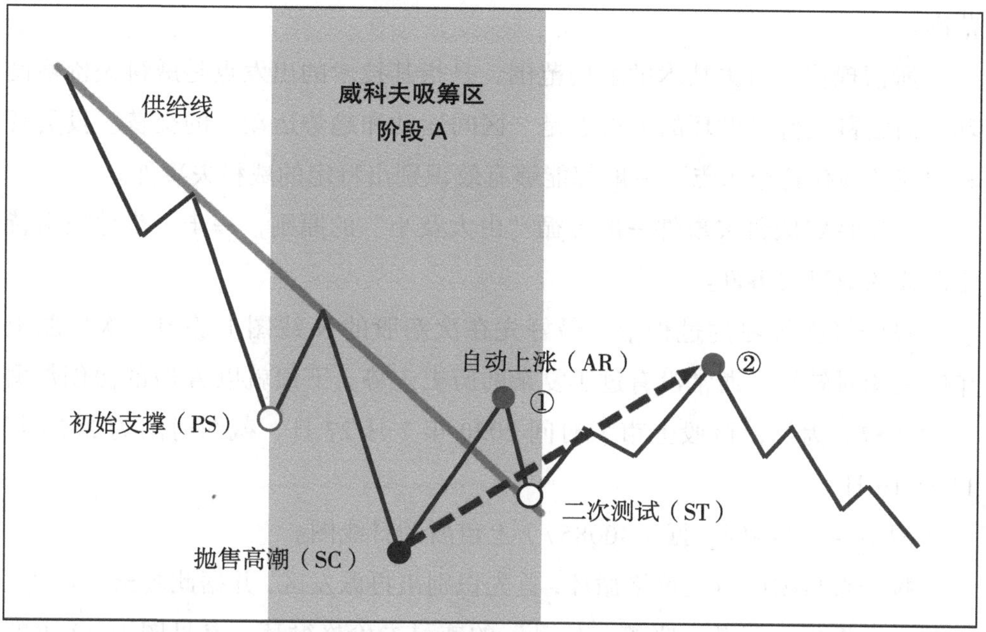

图 10-2　主力进场的技术原理图（二）

实际走势中，②对应的高点和①对应的高点之间有三种情况：高于、低于，或是大致相等。根据趋势定义，如果②对应的高点高于①对应的高点，自动上涨就是"底底高、头头高"的一段上涨趋势；低于或是大致相等则不能视为是一段上涨趋势。很明显，自动反弹形成上涨趋势，在技术上是强势。

事实上，有经验的投资者都能够意识到，如果自动上涨不能形成一段上涨趋势，在技术形态上就是一个小型双顶，二次测试的低点就是小型双顶的颈线。

二、如何在 K 线图上找出威科夫事件（阶段 A）

很多学习现代威科夫技术的投资者，在掌握了图 10-1 的技术原理图后，很难在个股的实际 K 线图上识别出特定的威科夫事件，并合理确定威科夫阶段。造成投资者困扰的主要原因有两个，其一是投资者没有掌握威科夫事件的技术意义，参见图 10-2；其二是投资者没有掌握现代威科夫技术的适用范围。

所谓现代威科夫技术的适用范围，是指其技术的出发点是威科夫价格循环，而威科夫价格循环的关键点是“区间运动和趋势运动”的交替。投资者只要能够抓住这个重点，一般都能够有效识别出特定的威科夫事件。

识别特定威科夫事件一般遵循“由大及小”的原则，一步一步地找出特定阶段的威科夫事件。

投资者在练习的过程中，最好先在次新股的 K 线图上练习。次新股上市时间相对较短，通常没有过于复杂的历史走势。下面就以 A 股的协创数据（300857）为例，该股上市为时间 2020 年 7 月 27 日，截图时间为 2023 年 11 月 16 日。

图 10–3 是协创数据（300857）上市后的日线图。

投资者根据威科夫价格循环，首先识别出再派发区，并据此画出“派发—下跌—再派发—下跌—吸筹—拉升”的威科夫价格循环，参见图 10–3 中的曲线。

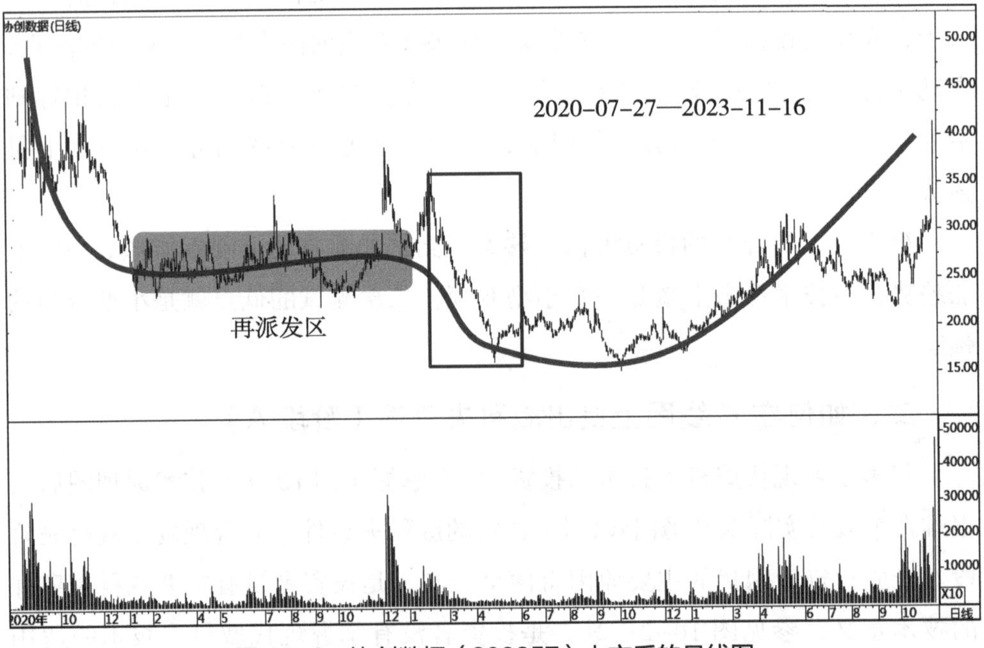

图 10–3 协创数据（300857）上市后的日线图

随后，投资者锁定再派发区后的下跌做练习，起始时间为 2022 年 2 月 9 日，截止时间为 2022 年 6 月 6 日，参见图 10-3 中的方框区间。

图 10-4 的 K 线图大致对应了图 10-3 的方框区间，主要是再派发区后的下跌阶段。

投资者从图 10-4 中可以明显看出一段长期的下降趋势，价格几乎腰斩。

在图 10-4 中，投资者再次锁定下降趋势的末段，起始时间为 2022 年 3 月 22 日，参见图 10-4 中的方框区间。

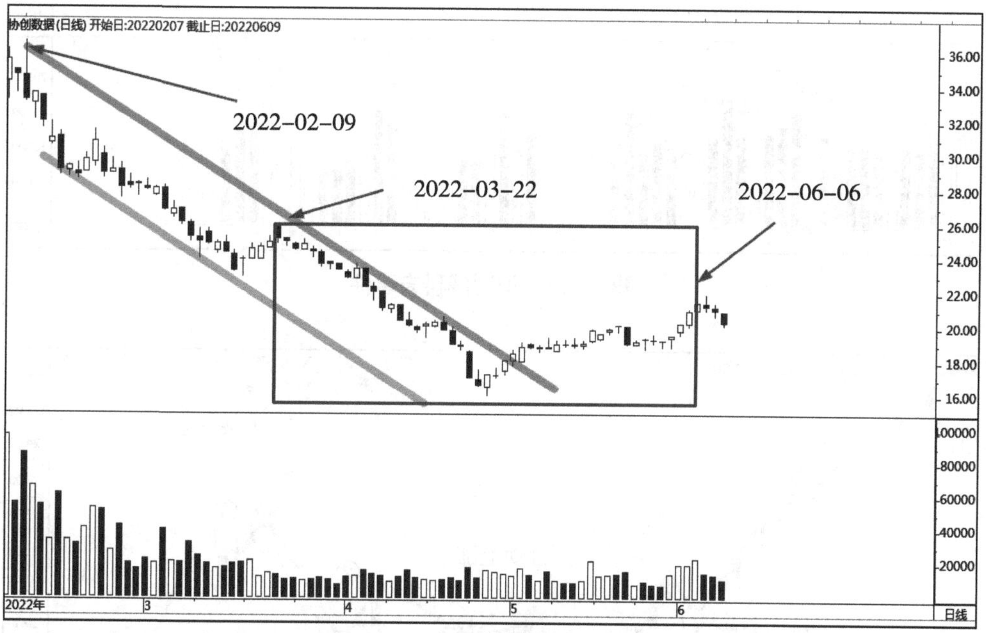

图 10-4　再派发区后的下跌阶段

图 10-5 的 K 线图大致对应图 10-4 的方框区间。

现在投资者能够清楚地看见一个标准的下降通道，末端放量跌破下降通道线（威科夫超卖线），这是典型的威科夫事件——抛售高潮。

投资者识别出抛售高潮后，参考图 10-1 和图 10-2，标注威科夫事件。

初学者可以先画出折线图，随后在折线图的基础上标注威科夫事件，如图 10-6 所示。

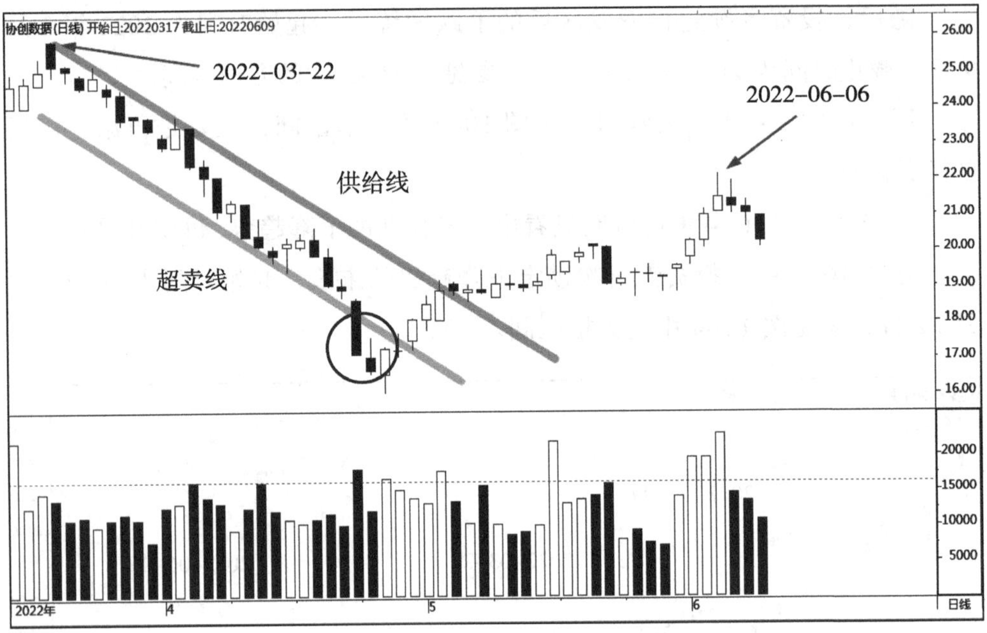

图 10-5　识别威科夫事件

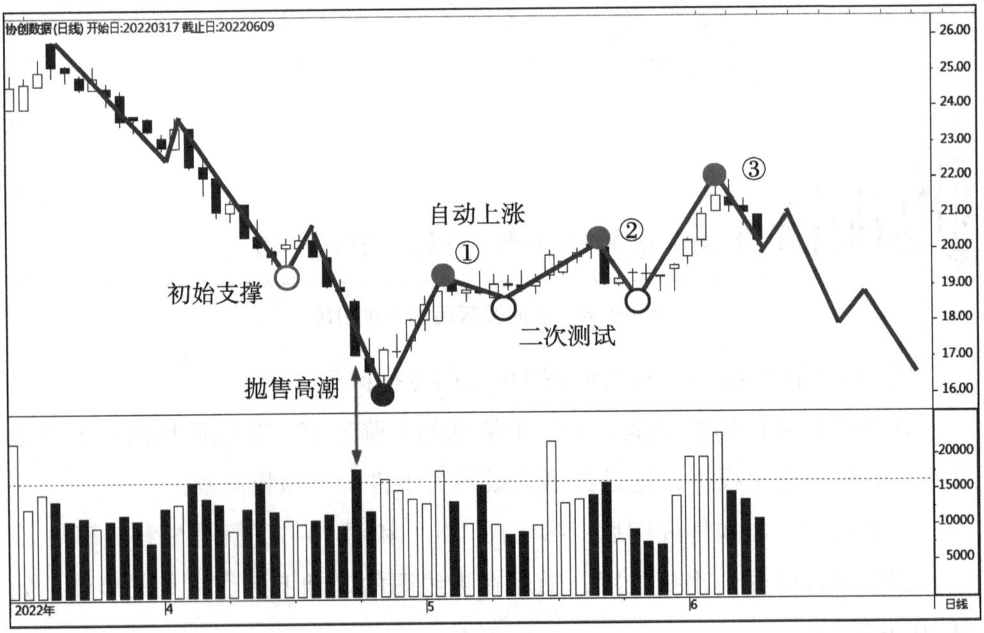

图 10-6　标注威科夫事件

投资者需要注意的是，案例的二次测试是一个小平台，与图 10-1 稍有差异，但是技术原理一样。投资者重点要关注的是，自动上涨是否会形成一段“底底高、头头高”的上涨趋势。

当投资者熟练后，可以采用更简洁的方式来标注威科夫事件，如图 10-7 所示。

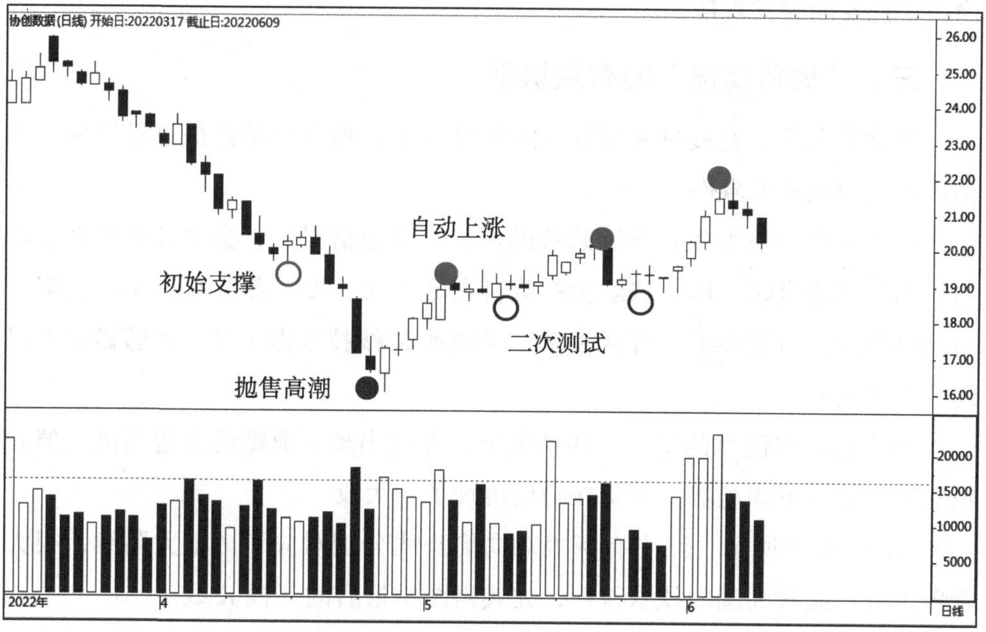

图 10-7　标注威科夫事件的简化方式

笔者建议，A 股投资者最好采用中文术语标注，而不是英文缩写。原因在于现代威科夫技术中有大量的特殊术语，并都有对应的英文缩写。这样的术语体系，不利于 A 股投资者真正掌握威科夫技术。当读者熟练掌握了威科夫事件之后，也可以在 K 线图上只用圆点来标记威科夫事件。例如，用绿色空心圆点表示初始支撑，用绿色实心圆点表示自动上涨，用红色实心圆点表示抛售高潮，用红色空心圆点表示二次测试等。

现在，投资者应该能够清楚地认识到主力进场的过程，在 K 线图上呈现为下降趋势结构转区间结构。进一步，投资者可以得出一个实战结论：在威科夫吸筹区的阶段 A，多数“聪明钱”并不会参与。只有一些做短线的“聪明钱”，会适度参与抛售高潮后的自动上涨。

投资者学习威科夫吸筹区阶段 A 的相关知识，目的不在于跟随主力同步操作，而是要在图表上学会如何发现主力操作的重要痕迹。威科夫原著的中文译本，有时候会把书名翻译为《擒庄秘籍》，大致也是同样的意思——要擒庄，先要能够发现庄！

三、“抛售高潮”的有效识别

通常情况下，在威科夫吸筹区的阶段 A 中，抛售高潮是最容易识别，也是最重要的威科夫事件。

抛售高潮一般发生在下降趋势的尾声，多数情况下，会触及或跌破下降趋势的下降通道线，即下跌阶段的威科夫超卖线。投资者参考图 8–7 的努力与结果原理，与图 8–8 的异常大量，采用裸 K 线技术做工具，能够做出更好的分析和判断。

投资者需要注意的是，一些情况下，即使出现了典型的抛售高潮，但并没有真正终止下降趋势，而是在随后再跌了一大段。

如图 10–8 所示，图中有两根双向箭头线分别对应了两根大阴线，很大程度上满足抛售高潮的技术特征，尤其是图中最后的三根 K 线。

实战中，右侧的 K 线是未知的。投资者在图 10–8 上看见了一长段的下跌后，正在呈现抛售高潮的技术特征。多数投资者初步判断，这里可能会是抛售高潮，下降趋势可能结束了。这是当下正确的思考模式和结论。

但是，随后的走势很弱，股价横盘后又跌了一大段，如图 10–9 所示。

在威科夫量价模式中，通常是把抛售高潮对应的放量下跌与下降趋势的结束相对应。换句话说，下降趋势运行一段时间后，任何一次放量大跌都可能是抛售高潮，但是只有真正终止了下降趋势的最后一次放量大跌，才是威科夫事件中的抛售高潮。

因此，图 10–9 中的双向箭头线对应的两次放量大跌，一般情况下不能被定义为抛售高潮，最多只能说是“失败的抛售高潮”。

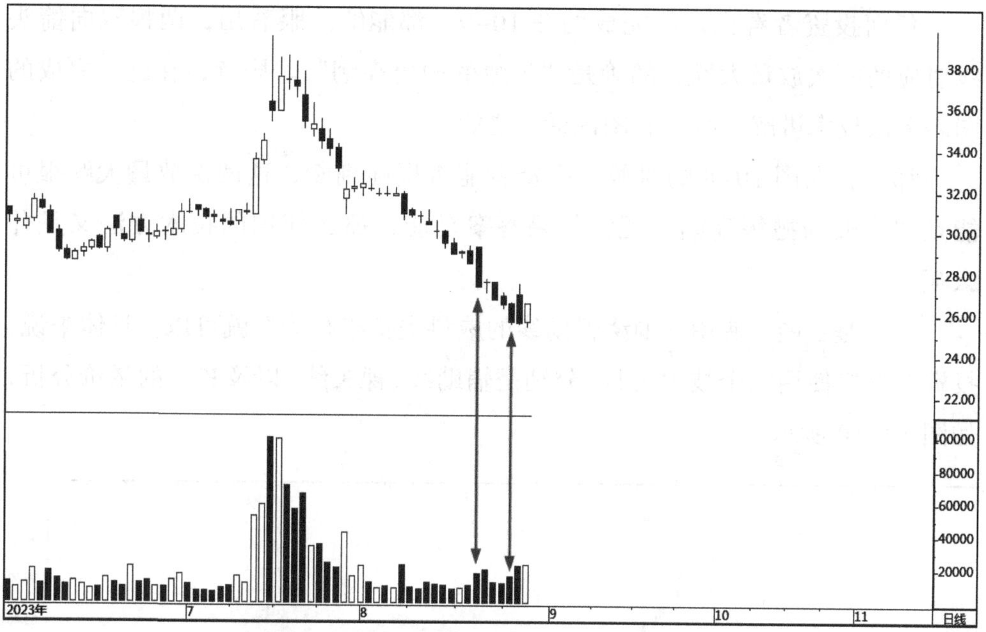

图 10-8　实战场景下可能的“抛售高潮”

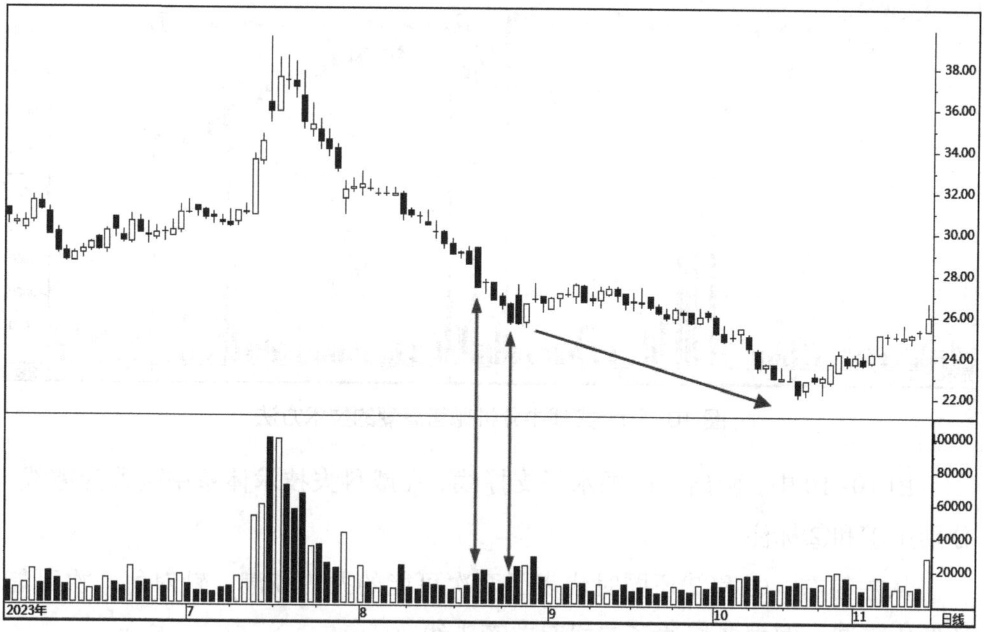

图 10-9　“失败的抛售高潮”后再跌一大段的走势

任何投资者看见走势完成的图 10-9，都能够一眼看出，两根双向箭头线对应的两次放量大跌，的确是“失败的抛售高潮”。毕竟，在已经完成的图表上做技术讲解，有“看图说话”之嫌。

那么，在图 10-8 的时候，投资者能否提前判断，这两次放量大跌很可能是“失败的抛售高潮”呢？如果答案是能，那么使用的技术方法又是什么呢？

答案是：能。使用“围绕辅助线的威科夫价格行为”就可以。具体来说，投资者需要使用三个技术工具，分别是辅助线、裸K线，以及K线的量价分析，如图 10-10 所示。

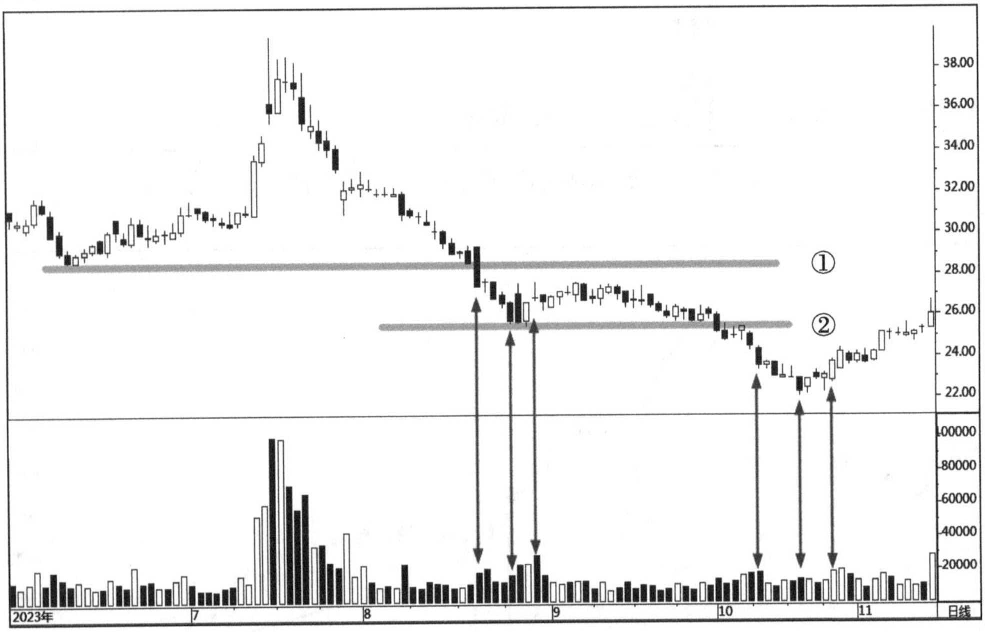

图 10-10　实战中分析抛售高潮的技术方法

图 10-10 中，画出了两根水平支撑线，在威科夫技术体系中也称为冰线，分别用①和②标注。

从左往右，①和②还同时代表了两次可能的抛售高潮。针对每一次可能的抛售高潮，图中各标注了三根双向箭头线。

图 10–10 的左侧第一根双向箭头线，对应了一根高开、放量、实体大阴线，并且突破了重要的①号支撑线。一般情况下，只有主力在支撑线附近抛出大量卖单，才有可能“画”出这样的 K 线。

主力画出这样的破位大 K 线，逻辑上只有两个可能，要么是假突破，要么是真突破。

有经验的投资者都知道，主力如果是假突破，当天收盘价一般会收在支撑线附近，K 线形成一根长下影线的 Pinbar，或是在随后 2 ～ 3 天内把价格拉回到支撑线上方。

很明显，随后的走势是真突破。这个时候，投资者就要站在主力的视角思考：主力操纵了一次重要的向下真突破，会在几天内结束下降趋势吗？

答案当然是否定的。因此，投资者可以认为，这个位置附近的放量大跌，不太可能是抛售高潮。

接下来的走势验证了投资者的预判，并得到了第三根双向箭头线对应的那根 K 线的验证。

这根 K 线收盘是一根放量的、向上跳空的小 K 线。投资者可以还原出当天的实际走势。

当天跳空高开，走势是承接前一天的阳线，试图走出强势的“底分型”，开启一段上涨趋势。但是该 K 线放量并没有强势上涨，对应“努力无结果”，意味着盘中出现了巨大的卖压，而巨大的卖压通常只能来源于主力。据此，投资者就能够读懂主力的真实意图——跌。

再来看放量下跌②号支撑线，投资者应仔细观察其中的关键 K 线，即三根双向箭头线对应的三根 K 线。第一根放量阴线，相对远离②号支撑线，是下降趋势的持续 K 线。第二根 K 线尽管放量，但是小于第一根 K 线的成交量，是下降趋势中的“价跌量缩”。随后几根小 K 线有明显的止跌信号。第三根 K 线是创反弹新高的中型 K 线，且形成强势的底部形态。

当第三根 K 线出现后，投资者能够得出结论——主力想涨。因此，②号支撑线对应的放量大跌，很可能是抛售高潮。

本书已经讨论了威科夫技术的主要理论、方法和工具，以及大量的实战技巧。最好的学习方法就是“用中学”，投资者可以尝试利用前面的知识做综合练习。

例如，图 10-10 使用的是水平辅助线，那么，能否使用其他类型的辅助线？

答案是：当然可以。投资者可以采用下降趋势线（威科夫供给线）做参考，如图 10-11 所示。

当图 10-10 中的②对应走出放量大跌后，价格小幅放量上涨，且突破下降趋势线（威科夫供给线）。投资者可以认为大概率是一次抛售高潮，价格运动很可能进入了威科夫吸筹区的阶段 A。在这个结论的基础上，再逐个标注特定的威科夫事件，参见图 10-11 右下侧。

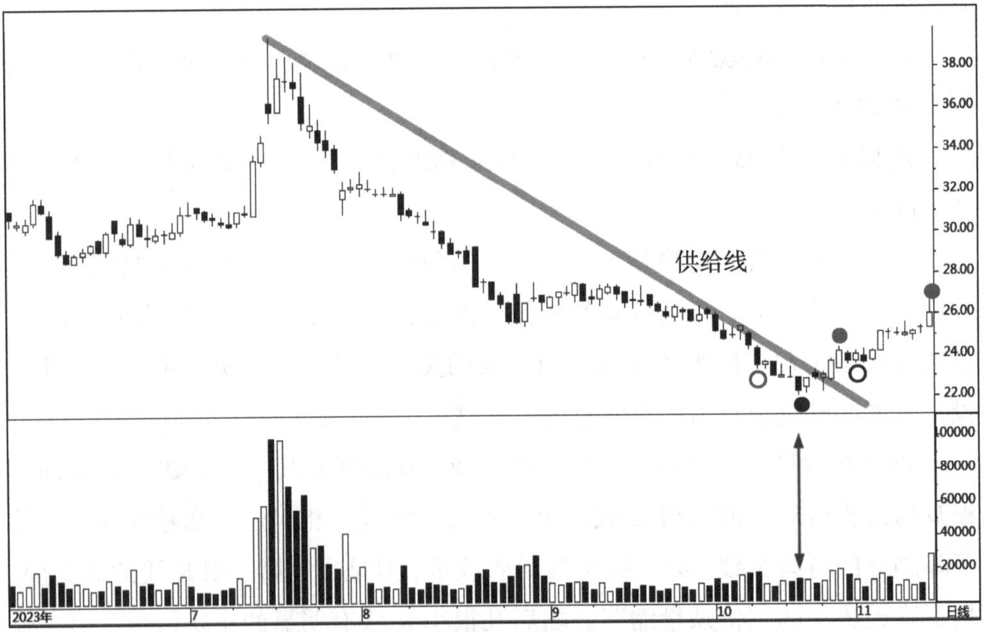

图 10-11　使用威科夫供给线分析抛售高潮

四、没有抛售高潮的威科夫吸筹区

如果投资者足够勤奋，可能会发现，一些个股可能会以缩量的方式结束下降趋势，即没有出现抛售高潮这个典型的威科夫事件。这是正常的现象，原因在于有些主力是“长庄”或“老庄”。

图10-1阐述的是主力初次进场的技术原理。站在主力的视角，拿下一定规模的筹码是操纵个股的第一步。主力需要根据当时的市场环境，拟定非常细致的进场计划，并小心翼翼地执行。在其他主力的窥视下，顺利完成吸筹并不是一件容易的事情。

为了回避初次进场的高风险，主力很可能还有另外一个选择，即当主力成功操作一只个股后，派发阶段并不是全部清仓，而是留下一部分筹码。这些留下的筹码，足够主力持续操控该个股的价格运动。换句话说，特定的主力可能长期操控特定的个股，也就是股市中传说的“长庄”或“老庄”，在本书中称为“老主力”。

由于市场存在一些老主力，那么就可以解释：在威科夫吸筹区的阶段A中，为什么有些个股在下跌结束的时候，并没有出现典型的抛售高潮。因为对于老主力来说，已经掌握了足够数量的筹码，没有必要用“抛售高潮”的操控方式，在短时间内获得更多的筹码。换句话说，老主力没有必要这样做。

如图10-12所示，下降趋势有两根明显的放量大阴线，参见图10-12中的两根双向箭头线。很明显，随后色块对应的下跌段，投资者以前面两根放量大阴线的成交量做参考，很难找出放量大阴线，可以认为是缩量下跌。

事实上，即使是老主力操控的缩量下跌，掌握了威科夫量价技术的投资者，依旧能够在图表上发现主力的痕迹。

为了方便讲解，笔者选取了一个上市初期的个股走势做案例，如图10-13所示。

该股上市后就一路下跌，成交量也逐渐萎缩。

假设该股有一个老主力，图10-13左上角的多根放量K线构成的区间，就是老主力的派发区。老主力阶段性成功派发后，留下了一定数量的筹码，

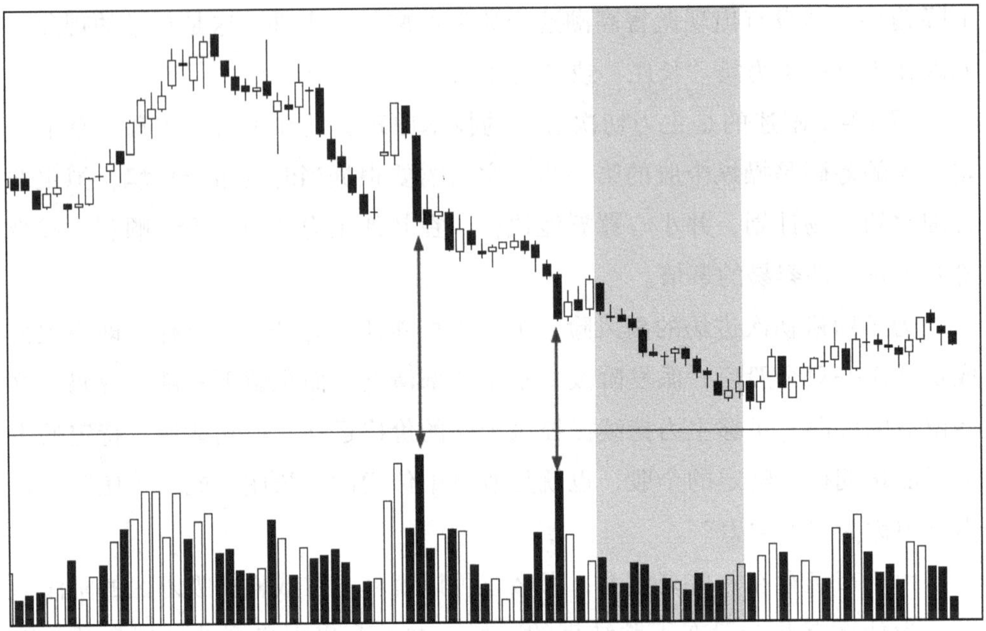

图 10-12　老主力操控下的缩量下跌

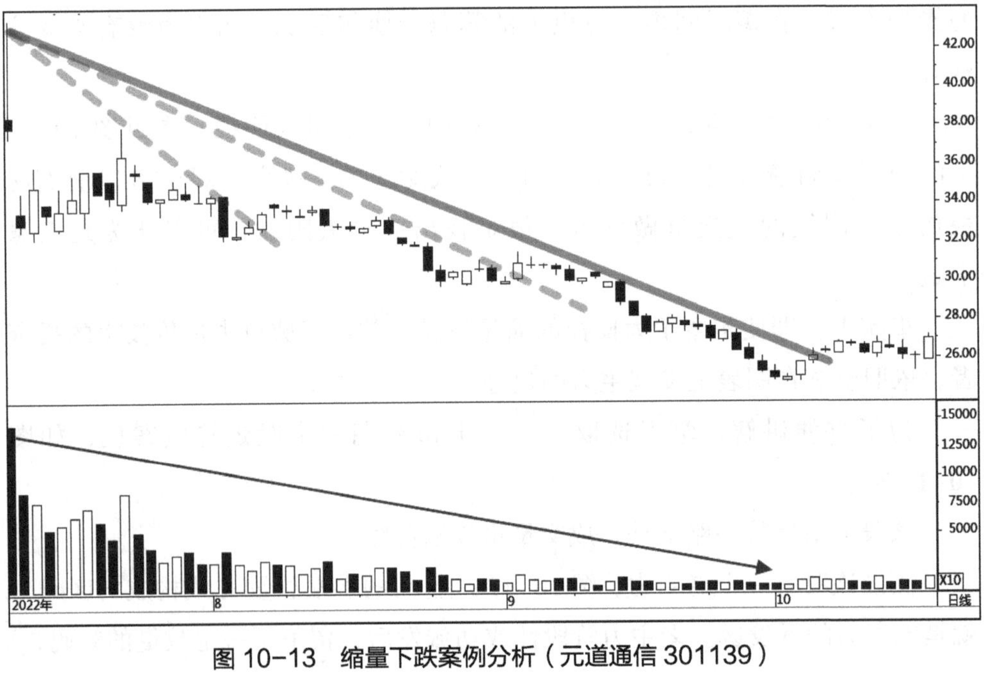

图 10-13　缩量下跌案例分析（元道通信 301139）

以便能够继续操控股价。按照威科夫价格循环原理，老主力接下来需要打压股价，直到下一个吸筹区。

由于图10-13的走势是缩量下跌，投资者很难使用抛售高潮的分析方法。我们先尝试一下倾斜辅助线技术。

投资者使用倾斜辅助线技术的时候，一般会根据实际走势进行修正，例如图10-13中有三根下降趋势线（威科夫供给线），呈现了修正的具体过程。

通常情况下，价格突破了现有的下降趋势线后，价格再次创出新低，投资者就要以最近的反弹高点为标准，重新画下降趋势线。

通过分析，投资者会发现，下降趋势线技术也并不好用。投资者根据三根下降趋势线，除了“正在下跌”，也难以得出更多的有效结论。实战中，这样的行情就可能属于投资者看不懂的行情，最好的策略是放弃。

但是，投资者学习威科夫的量价模式，需要一定程度上了解“没有抛售高潮的威科夫吸筹区的阶段A”，并掌握对应的分析方法。

怎么办呢？

笔者提醒投资者，“围绕辅助线的威科夫价格行为”是一种非常实用的技术分析方法，能够应对绝大多数的价格运动。“没有抛售高潮的威科夫吸筹区的阶段A”，同样可以采用这种方法，如图10-14所示。

投资者需要牢记一点，“发现主力”是使用威科夫技术的第一个目的。只有发现了主力，才有可能读懂主力的真实意图。

图10-14使用了三种技术，分别是支撑线、裸K线的量价分析，以及裸K线的反转K线。

图10-14中，支撑线共计四根，以临近的前低为标准。

通常情况下，下降趋势中的放量大阴线是主力操控的结果。因此，对图10-14做量价分析，共计八根双向箭头对应的K线，分为突破型K线和反转K线。

从左往右，第一根、第四根、第五根和第六根，是突破支撑线的放量大阴线，为突破型 K 线。第二根、第三根、第七根和第八根，是反转 K 线。其中，第二根和第三根是看跌反转 K 线，第七根和第八根是看多反转 K 线。

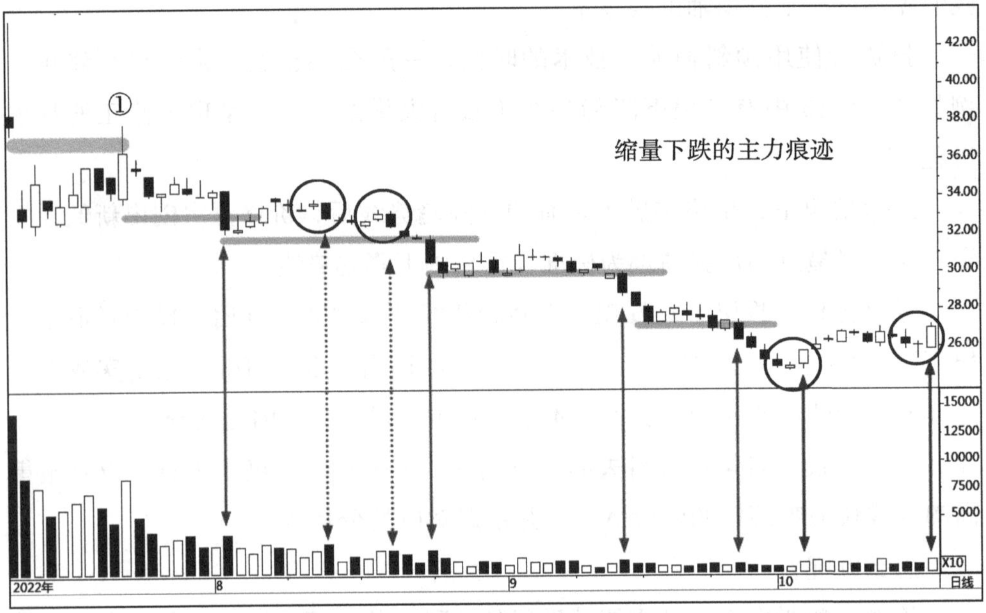

图 10-14　缩量下跌的主力痕迹（元道通信 301139）

投资者需要记住分析图 10-14 的目的——如何在缩量下跌中找到主力的痕迹。

投资者首先要在 K 线图上，按照自己使用的技术分析方法，识别并标注重要的技术信息，借此初步找到主力的痕迹。

接下来，投资者需要明确自己思考的逻辑框架。笔者多次强调，威科夫量价模式是主力视角的操控过程和分析方法。因此，投资者完成技术信息标注后，就要从主力操控的逻辑进行思考。

主力操控下降趋势有两个技术要点，分别是破位和反弹后的转折。

破位必然对应一条辅助线，图 10-14 中的四根支撑线对应四根放量突破大阴线。投资者可以锁定破位 K 线，先往前看，再往后看，尝试找出内在的逻辑性。

以第一根破位K线为例，往前看应该找到下跌的起点，即①对应的大阳线。这根大阳线回补了先前向下的跳空缺口，收盘价在缺口下方，且上影线有点长。这样的遇阻型大阳线，下一根K线就非常重要。图10-14中①对应的大阳线随后的第二根K线是低开十字星，这是弱势信号，表明主力并不想拉升股价。随后的盘整中，主力画出了两根小Pinbar，盘面呈现为短线有支撑，这是主力诱多的操作。第二根小Pinbar后，就是破位大阴线，主力直接表明了自己的真实意图——跌。破位阴线后的几根K线都是小K线，反弹十分乏力，表明主力在反弹中并没有主动买进。这次反弹，验证了主力的真实意图。

反弹后的转折，参考图7-12。在图10-14中，有两次顶分型K线组合，都是相对强势的顶分型，这是主力操控的结果。

在主力的操控下，股价持续下跌，下降趋势也逐渐接近尾声。这个时候，主力的目的是要结束下降趋势。即当股价跌到吸筹区附近的时候，主力就要做股价止跌企稳的操控。具体来说，就是要画出看多反转K线。

参考图7-10，在图10-14右下侧有两个看多反转K线组合，都是相对强势的底分型。尽管底分型信号K线对应的成交量不大，但也表明主力提供了适量的买单。投资者可以得出结论：缩量下跌的低点，很可能就是主力吸筹区的低点。

从图10-13开始讲解的案例，是A股中的元道通信（301139）。该股后期走势非常吻合威科夫的量价模式，如图10-15所示。

图10-15左侧标注的色块区间，大致对应案例中的时间段。投资者可以在行情软件上复盘前面的过程。

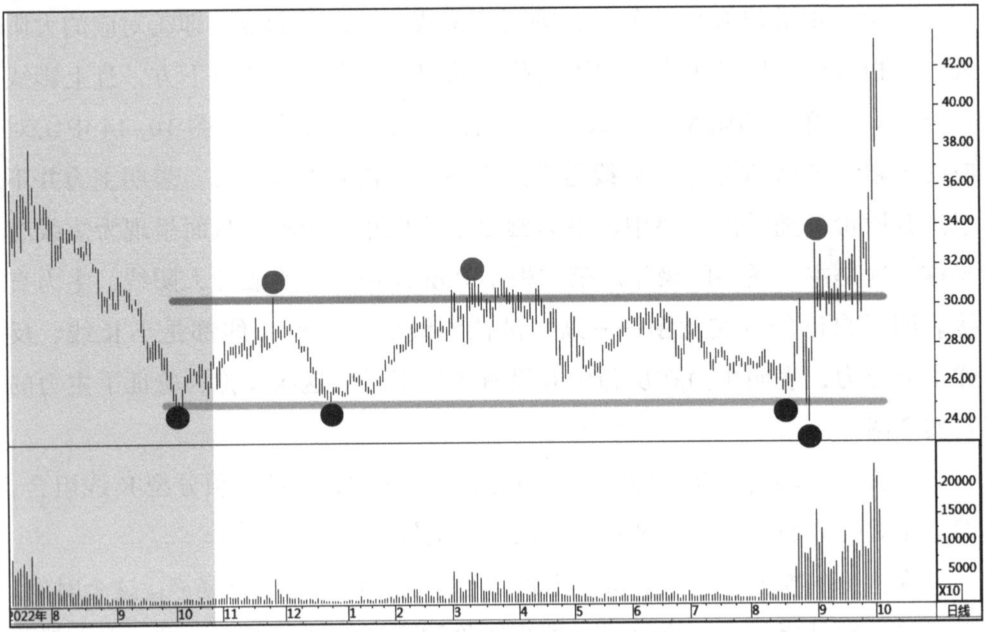

图 10-15　元道通信（301139）上市后的日线图

第 11 章　威科夫量价模式（二）：吸筹区

在威科夫价格循环中，威科夫吸筹区的阶段 A 是下跌阶段和吸筹阶段的衔接部分，价格运动从下降趋势结构转为区间结构。随后的吸筹阶段本质上是底部构造。

常见的形态学技术分析的底部构造，呈现为各种类型的底部形态。但是，威科夫量价模式则不一样，吸筹区一般是一个矩形形态。通常情况下，矩形形态的价格空间相对较大，且持续的时间很长。

普通投资者一般都会认为，主力在吸筹区的目的就是吸筹。很大程度上，这是错误的认知。站在主力的视角，吸筹区至少有两个目的，首先是控制筹码，其次是赚钱。

控制筹码并不是简单的吸筹，还包括洗筹。

吸筹的概念很简单，就是主力用资金换筹码，是现代威科夫技术讨论的主要内容之一。

洗筹的概念则相对复杂一些。

主力洗筹的第一个目的，是要把在抛售高潮后进场的短线客洗出去。这个任务不难，主力很容易完成。

事实上，主力洗筹的核心目的是“洗其他主力”。站在主力的视角，最大的风险是其他主力，原因在于普通投资者不可能对主力造成伤害，只有主力之间才能相互伤害。如果吸筹区有其他主力进场，主力就会非常被动。因此，主力必须通过测试行为，弄清楚是否存在其他主力。即使测试行为没有发现其他主力，为了保险起见，主力也会通过操控股价，把可能的其他主力挤出去。

通常情况下，威科夫量价模式中的吸筹区是一个长期的矩形形态，往往持续半年左右，甚至是几年。在这样长的时间内，主力一定需要用钱支付各类成本。因此，主力不可能不赚钱，也必须要赚钱。事实上，站在主力的视角，即使是操控股价做中型或大型区间的运动，也能够赚取相对丰厚的利润。这就是威科夫吸筹区的价格空间相对较大的本质原因。

一、如何确定威科夫吸筹区的价格区间

自动上涨结束后，主力就大致划定了威科夫吸筹区的价格区间，如图 11-1 所示。

通常情况下，主力以自动上涨的高点为标准，作为吸筹区的阻力线；以抛售高潮的低点为标准，作为吸筹区的支撑线。参考图 3-1，主力会在阻力线附近放置大量的卖单，阻止股价涨过阻力线；在支撑线附近放置大量的买单，防止股价跌破支撑线。因此，吸筹区的阻力线就是威科夫供给线，支撑线则是威科夫需求线。

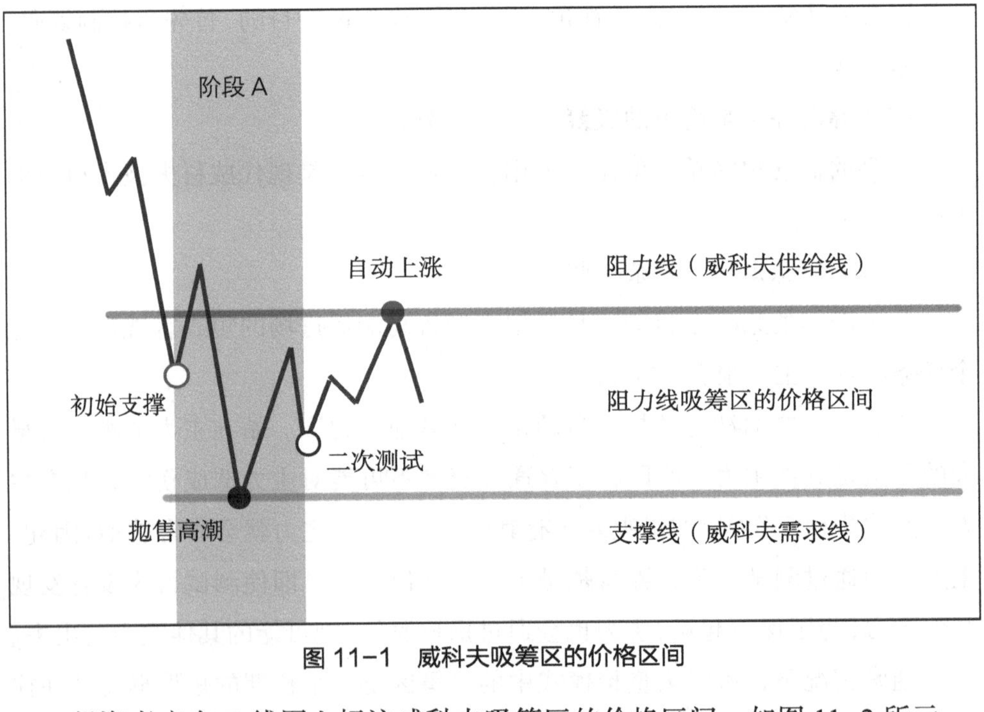

图 11-1　威科夫吸筹区的价格区间

投资者应在 K 线图上标注威科夫吸筹区的价格区间，如图 11-2 所示。

威科夫吸筹区价格区间的两条水平辅助线，具有极其重要的技术意义，怎么强调都不为过。具体来说，有以下三个重要的结论。

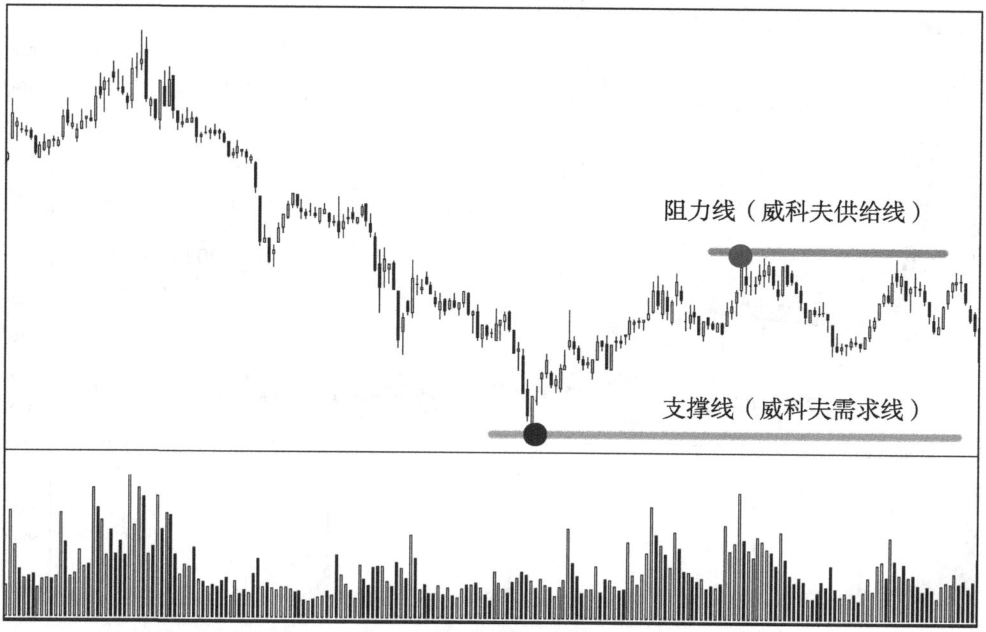

图 11-2　标注威科夫吸筹区的价格区间

第一，长时间发挥作用。通常情况下，这两条水平辅助线确定的价格区间会持续很长时间。

第二，牛熊分界点。通常情况下，股价向上突破并站稳上方的阻力线，投资者就可以视为牛市；股价向下突破下方的支撑线，投资者就可以视为熊市。

第三，交易优势区。在参考成交量的情况下，投资者在这两条水平辅助线附近拟定交易计划，胜率和盈亏比都较高。

掌握威科夫吸筹区两条水平辅助线的三个结论，投资者需要在 K 线图上多做练习。

图 11-3 是 A 股大东方（600327）的日线图。

首先，投资者按照图 10-3 到图 10-7 的方法，通过确定抛售高潮和自动上涨，完成在威科夫吸筹区的阶段 A 中主要威科夫事件的识别和标注。

该股的走势为“派发—下跌—再派发—下跌—吸筹”。图 11-3 中的吸筹区已经持续了一年半的时间，呈现为一个相对窄幅的矩形形态。

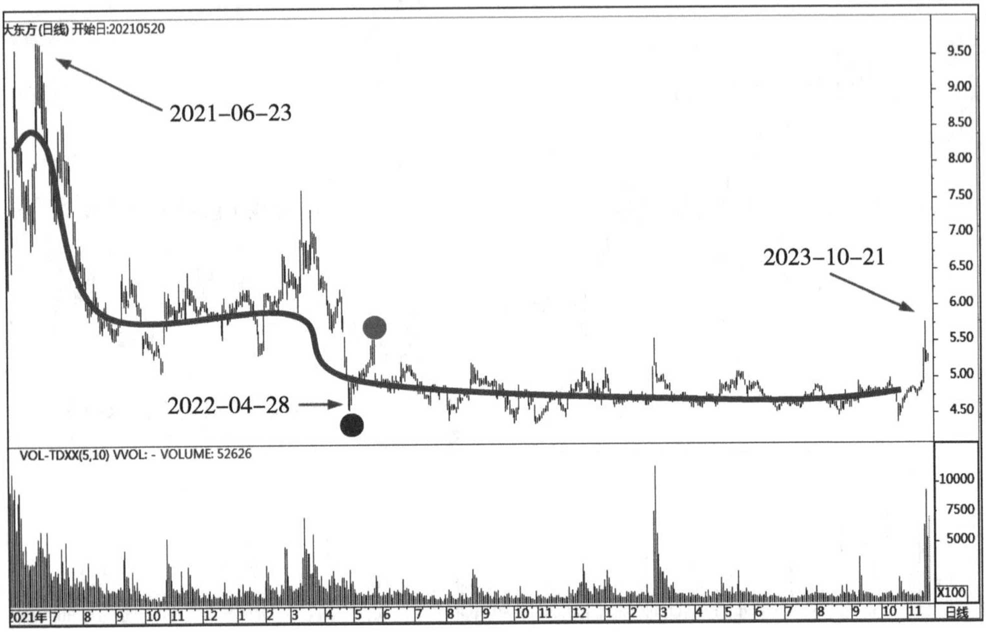

图 11-3　大东方（600327）日线图

接下来，投资者按照图 11-1，以自动上涨的高点画出阻力线，以抛售高潮的低点画出支撑线，如图 11-4 所示。

在图 11-4 中，抛售高潮的低点是 4.55 元，自动上涨的高点是 5.55 元，大致是一个 20% 左右的价格区间。图 11-4 中的价格区间运动，投资者至少能够验证前面提到的第一个结论和第三个结论。

投资者除了多做验证练习之外，还需要将上述三个结论与实战联系起来。以第三个结论为例，投资者可以这样理解：即使股价长期维持在吸筹区内，主力也会每年操控几次大型的区间运动，满足自身的赚钱目的。很多聪明钱知晓主力这个秘密，一般会采用区间交易策略，跟随主力的节奏，每年做 2～3 次的短、中线行情。

二、吸筹区的威科夫事件（阶段 B 和阶段 C）

现代威科夫技术，吸筹区从初始支撑开始，分为了阶段 A、阶段 B、阶段 C、阶段 D、阶段 E 这五个威科夫阶段；每一个威科夫阶段都有特定

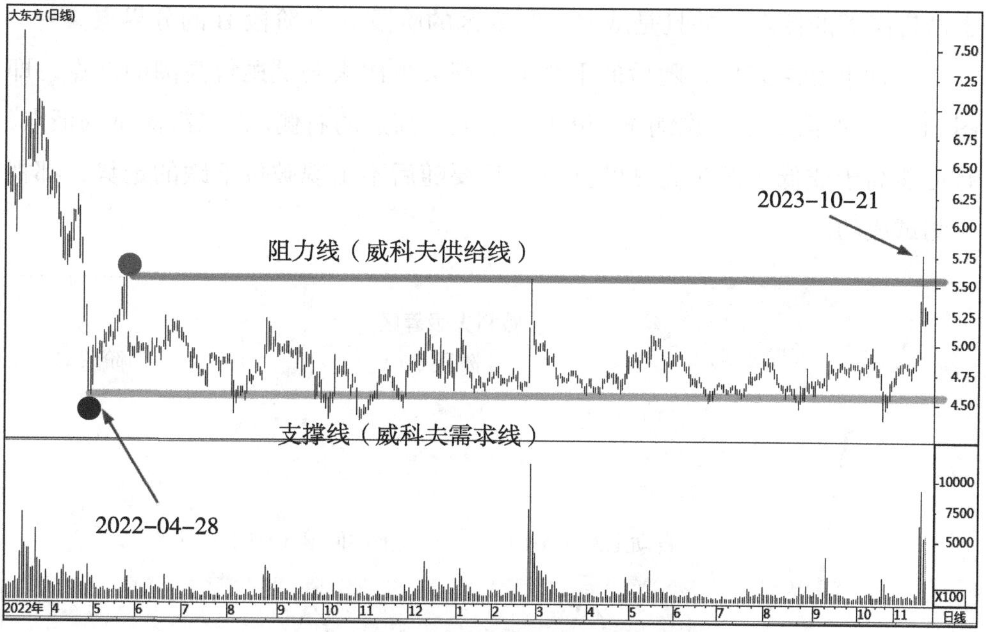

图 11-4　验证阻力线和支撑线的技术意义

的威科夫事件；每一个威科夫事件，投资者都可以视为“特殊”的“围绕辅助线的威科夫价格行为”。

如图 11-5 所示，在威科夫吸筹区的阶段 B，有两个重要的威科夫事件，分别是二次测试和上冲回落；在威科夫吸筹区的阶段 C，重要的威科夫事件是弹簧。

二次测试（ST）。在技术分析中，测试一般是指价格再次运行到特定的技术位置，以验证其技术意义的有效性，例如高点、低点，以及各种类型的辅助线。由于特定的技术位置是 K 线图上的历史走势，测试行为在逻辑上是对先前左侧抛售高潮的低点进行测试。因此，至少都算第二次。实际走势中，存在多次测试的可能性。

投资者需要注意的是，图 11-5 中有两个二次测试。

第一个在抛售高潮的低点和自动上涨的高点之间，位于自动上涨高点的左侧。这是对抛售高潮低点的快速测试，一般在几天内完成。测试成功后，股价继续上涨，直到自动上涨的高点。通常情况下，该二次测试的低点会高于抛售高潮的低点，并且是威科夫吸筹区的阶段 A 和阶段 B 的分界点。

自动上涨结束后，随后的下跌通常都会再次去测试抛售高潮的低点，即图 11-5 中的第二个二次测试，位于自动上涨高点的右侧。该二次测试的低点，有可能高于或低于抛售高潮的低点。只要随后不出现破位下跌的走势，都视为测试成功。

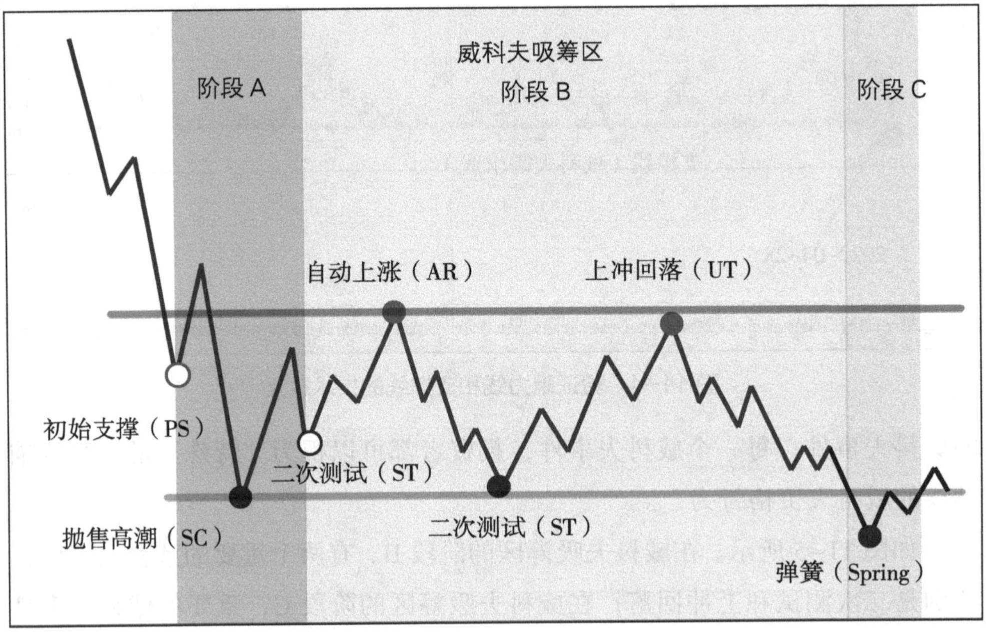

图 11-5　威科夫吸筹区的阶段 B 和阶段 C

上冲回落（Upthrust，UT）。在威科夫吸筹区的阶段 B，当价格二次测试抛售高潮成功后，掉头向上，形成一段上涨趋势。该段上涨趋势结束，称为上冲回落。

上冲回落在技术上是对自动上涨高点的二次测试，因此一般会在该阻力线附近逆转。

总的来说，威科夫吸筹区阶段 B 中的二次测试确定了吸筹区的支撑线；上冲回落确定了吸筹区的阻力线，从而明确了吸筹区的价格区间。

弹簧（Spring）。弹簧也称为震仓（Shakeout），技术上等同于针对支撑线的假突破。但是，在现代威科夫技术中，弹簧是最重要的概念之一，是典型的主力操控行为。

威科夫认为，当主力吸筹结束后，在真正拉升之前，一定会对市场做一次终极测试，以明确市场真实的卖压。这次测试行为，是主力操控计划的关键环节。换句话说，在威科夫价格循环中，弹簧既是吸筹阶段的结束点，也是拉升阶段的起始点，参见图 6-11 中的①反转点。

三、主力究竟是如何吸筹的

要弄清楚主力究竟是如何吸筹的，首先要弄清楚市场究竟发生了什么。所谓“市场究竟发生了什么”，这里是指不同市场参与主体的实际交易行为。

图 11-6 是主力操控吸筹区的主要买卖点。

单从吸筹的角度来说，主力在吸筹区的买卖行为有两个目的，首先是要控制价格，其次是要买够筹码。

简单来说，主力在两条线附近的买或卖，主要目的是控制价格；在吸筹区中线下方，主要是买，目的是吸筹。

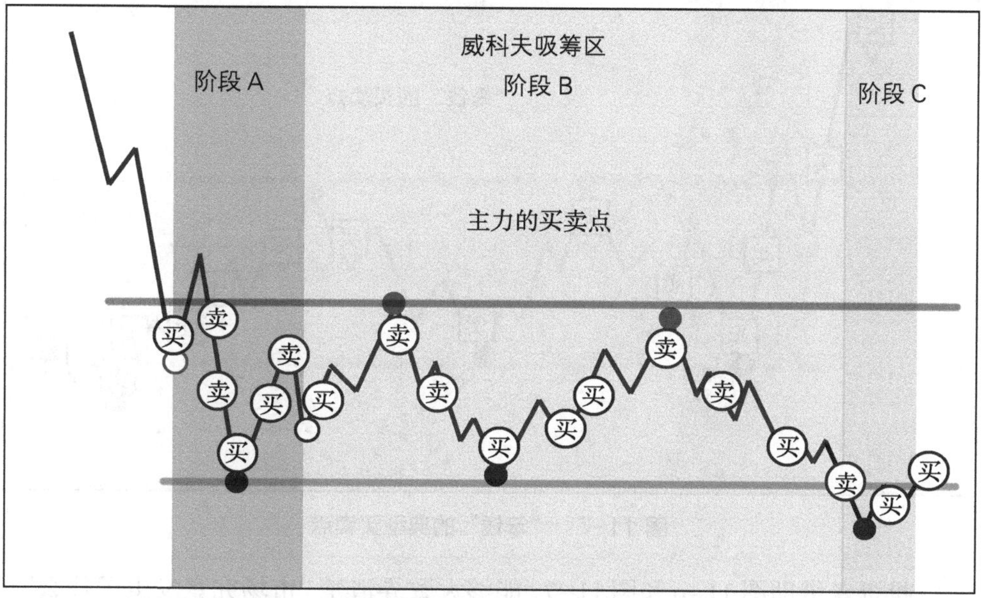

图 11-6　主力操控吸筹区的主要买卖点

通常情况下，主力买到的筹码就是“笨钱”卖出的筹码，“笨钱”一般是割肉卖出。“笨钱”的典型买卖点如图 11–7 所示。

很明显，“笨钱”主要是情绪交易者，是贪婪和恐惧的奴隶。

从左往右看，前三次都是在下降趋势中买进，买进理由要么是摊平成本，要么是抄底买便宜货，可以归为贪婪。

第一次卖，是抛售高潮的低点附近，可以归为恐惧。第二次卖在自动上涨左侧的二次测试，也是恐惧。

第四次买，是追涨，贪婪。

第三次卖在自动上涨右侧的二次测试，还是恐惧。

第五次和第六次买，还是追涨，贪婪。

随后的几次卖，是在吸筹区的尾声。很多人把“笨钱”在这个阶段的卖出行为归因为没有耐心。其实“笨钱”在弹簧附近的卖出，还是恐惧。

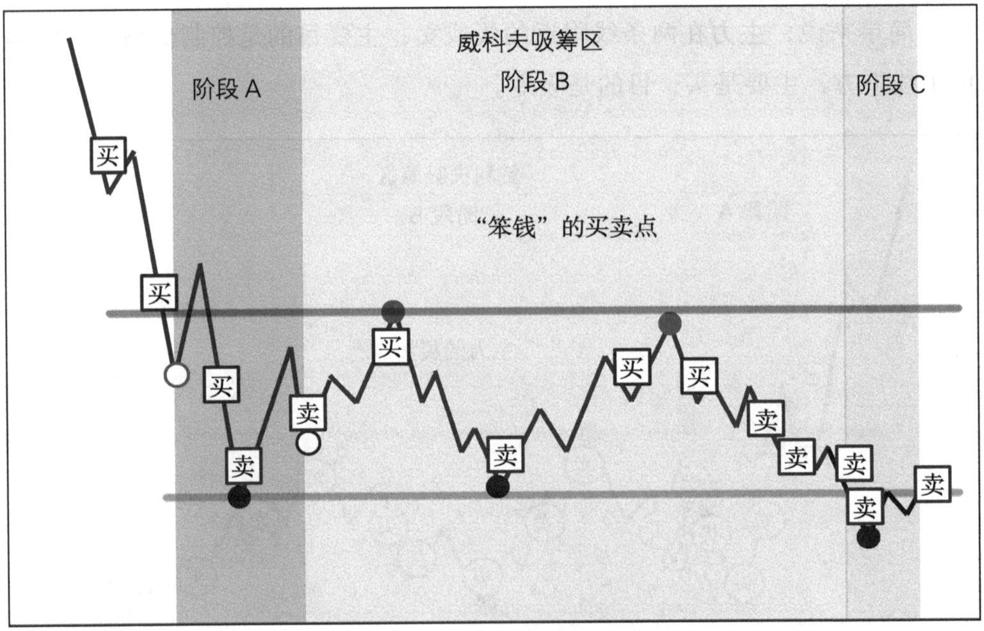

图 11–7　“笨钱”的典型买卖点

投资者借助图 11–6 和图 11–7，能够大致弄清楚“市场究竟发生了什么”。

在此基础上，“主力究竟是如何吸筹的”这个问题，也就有了非常接近事实真相的答案。

主力作为综合人的项目经理人，拥有大量的资金、正确的交易知识和更准确的信息，相对个体属性的普通投资者，具备全方位的碾压优势。在很大程度上，他们真的能够操控股价，手法就是简简单单的供需法则，一点也不复杂。

普通投资者必须像“聪明钱”一样，直面股市的真相，并且坦然接受。接下来，我们看看“聪明钱”的典型买卖点。如图 11-8 所示，“聪明钱”完成了四次买卖交易和一次买进操作。

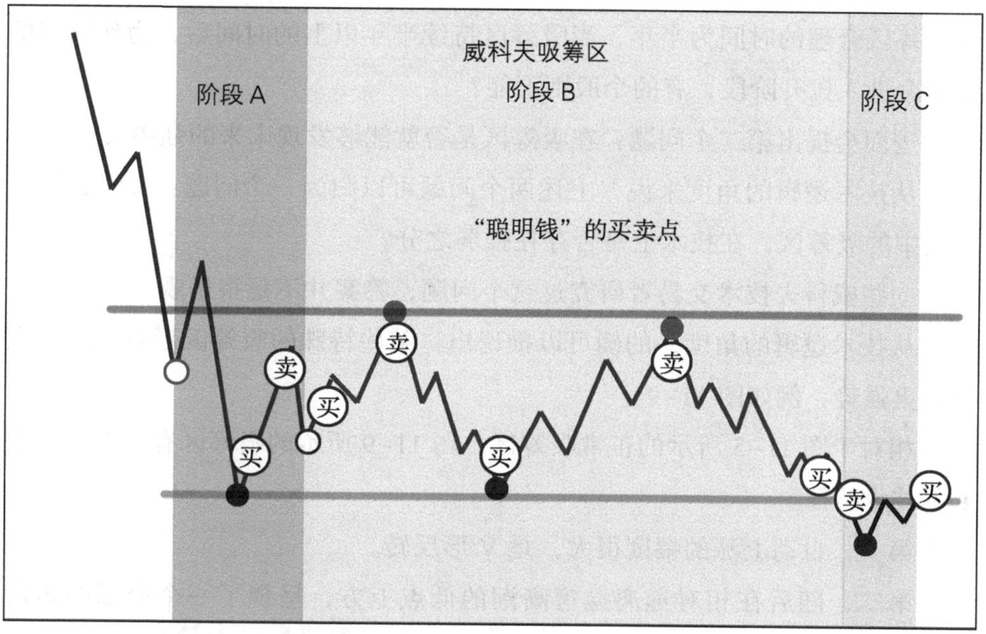

图 11-8　“聪明钱”的典型买卖点

第一次交易，主要是做短线的“聪明钱”，进场的理由是市场出现了抛售高潮。这些聪明的短线客都知道，随后大概率会出现短线反弹。

第二次交易，主要还是做短线的“聪明钱”，做的还是自动上涨这段短线行情。

第三次交易，是典型的区间交易机会，绝大多数“聪明钱”都会参与。

第四次交易，“聪明钱”试图重复第三次交易，止损价被主力操纵的弹簧触及，小亏离场。

第五次的买进操作，主要是熟悉威科夫技术的“聪明钱”，他们试图把握拉升阶段的起涨点。

四、是否存在强势吸筹区

投资者学习威科夫价格循环，需要从“行情分析”跨越到“实战交易”；学习威科夫量价模式也是同样的道理,需要从“行情分析”跨越到“实战交易”。

狼行千里吃肉。试图成长为聪明钱的投资者，一定会提出一个问题：假设吸筹区合理的时间为半年，当吸筹区持续半年以上的时间后，为什么有的个股会进入拉升阶段，有的个股则不能?

进而会提出第二个问题：在吸筹区是否就能够发现未来的强势股?

从技术逻辑的角度来说，上述两个问题可以归为一个问题：威科夫量价模式中的吸筹区，在技术上是否存在强弱之分?

一些威科夫技术交易者研究过这个问题，答案并不是很乐观。

从技术逻辑的角度，的确可以推论出：某些特殊的吸筹区形态，理论上可能更强势，例如图 11-9。

相对于图 11-5 所示的正常吸筹区，图 11-9 所示的吸筹区有以下两个重要的技术特征。

第一，自动上涨的幅度很大，是 V 形反转。

第二，随后在相对远离抛售高潮的低点上方，呈现了一个窄幅的矩形形态。

上述两个技术特征，一般在技术逻辑上可以视为强势。图 11-10 的 K 线图大致符合图 11-9 的两个技术特征。抛售高潮后的自动上涨是一段相对强势的上涨趋势，回落后呈现一个相对窄幅的矩形形态，技术逻辑上可以视为强势。随后的走势属于威科夫中线行情。

总的来说，图 11-10 是图 11-9 相对完美的案例。但是投资者如果按图

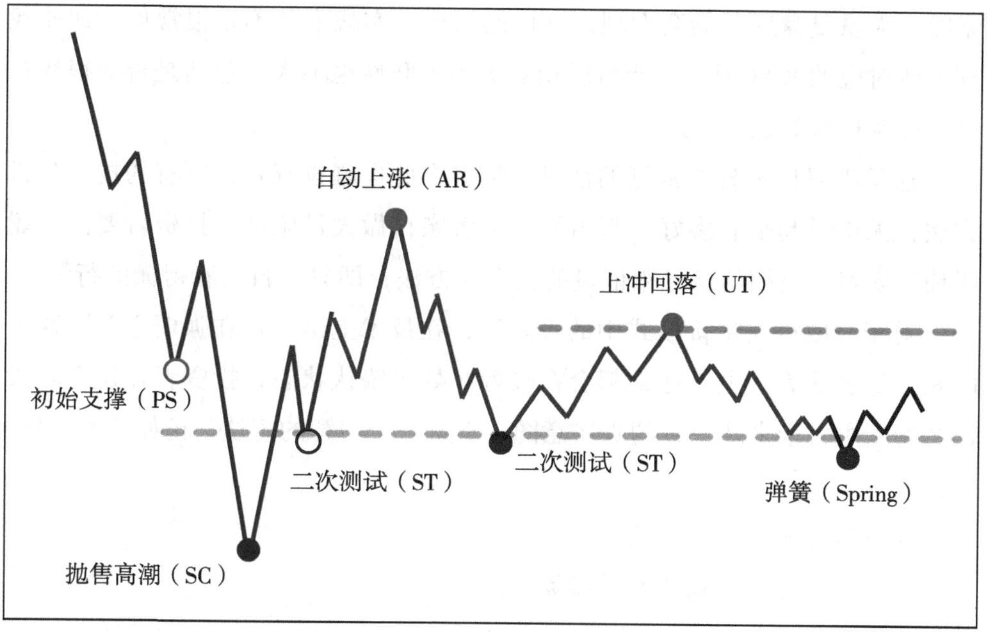

图 11-9　技术逻辑上的强势吸筹区

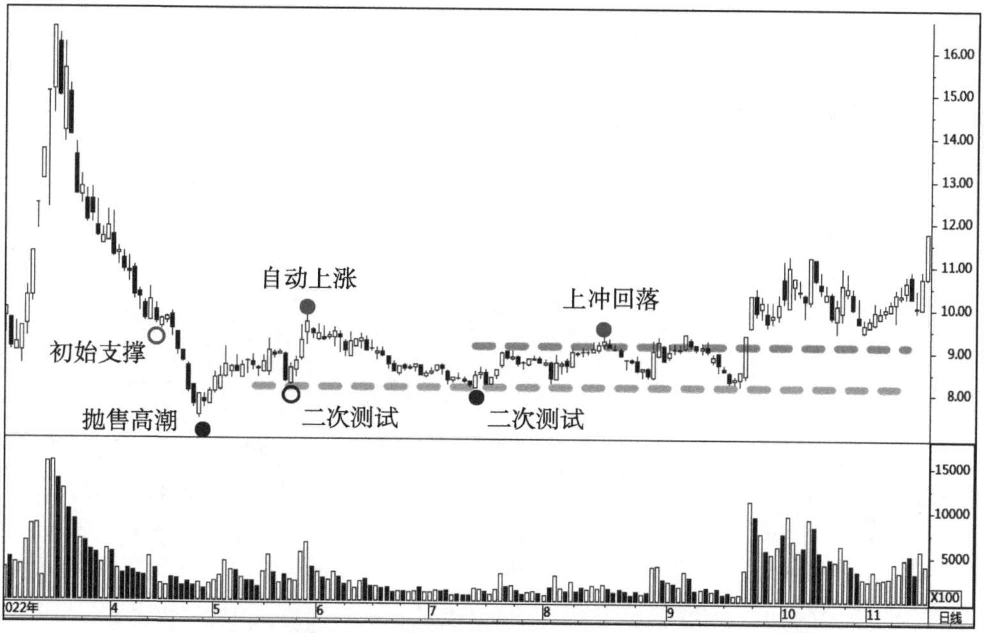

图 11-10　技术逻辑上强势吸筹区案例

索骥，大量复盘后可能会发现，这样的图形在实战中并不是很常见。即使找到大致对应的 K 线图，可能与后期的走势关联性也不大，包括是否会很快拉升，以及拉升的强度。

这是学习技术分析常见的情形。笔者在此提醒投资者，所有的技术分析方法，无论看起来有多好，都需要投资者亲自做大量验证。投资者要向“聪明钱”学习，只相信自己验证过的技术和方法，即只做自己看得懂的行情。

对于“威科夫量价模式中的吸筹区，在技术上是否存在强弱之分”这个问题，笔者认为，主力通常都会在吸筹区处于蛰伏状态，投资者在这个阶段试图判断主力未来几个月的真实意图，不是一个明智的想法。正如《木兰辞》所言：

雄兔脚扑朔，雌兔眼迷离；

双兔傍地走，安能辨我是雄雌？

第 12 章　威科夫量价模式（三）：吸筹区转牛市

现代威科夫技术，把脱离吸筹区称为威科夫吸筹区的阶段 D，是吸筹阶段和拉升阶段的衔接部分。主力拉升股价的第一步是脱离吸筹区。通常情况下，威科夫量价模式中的吸筹区会持续半年以上，股价本身长时间的区间运动，会形成强大的横向惯性。换句话说，即使是在主力的操控下，股价成功突破吸筹区阻力线的技术难度也很大。

熟悉威科夫价格循环的投资者都知道，吸筹阶段是筑底阶段，吸筹区是重要的底部区间。既然是底部区间，股价必然是低成交量的小幅波动。在几千只股票的股市中，这样的个股就是毫无人气的边缘股，几乎没有人关注。而在随后的拉升阶段和派发阶段，股价一般会放量大涨或大幅波动。这样的个股很大程度上是阶段性的强势股、热门股，甚至是能够短线左右大盘的人气股。

因此，当主力决定拉升股价的时候，核心任务是把一只边缘股“变成”强势股，这是一个乌鸡变凤凰的过程。

一、脱离吸筹区的威科夫事件（阶段 D）

现代威科夫技术中，把股价脱离吸筹区称为阶段 D。笔者认为，阶段 D 是威科夫技术中最重要的精华，具有非常高的实战价值。投资者需要站在主力的视角，作为自己学习和思考的出发点，这样才有可能真正掌握阶段 D 的技术要点。

投资者必须注意一点，由于价格运动的惯性，失败的阶段 D 在实战中更常见。所谓失败的阶段 D，是指弹簧后的向上运动没有能够有效突破吸筹区的阻力线。这样的走势在技术上等同于阶段 B 中自动上涨右侧的二次测试到上冲回落，是阶段 B 的延展。

只有成功突破吸筹区阻力线的走势才能称为阶段 D。因此，投资者学习阶段 D 中的威科夫事件，重点是要体会和掌握“由弱转强”的技术要领。

在威科夫吸筹区的阶段 D 中，威科夫事件相对较多，共同的技术特征是“强势”。具体来说，弹簧后，价格运动在图表上要出现上涨趋势的典型特征：标志性的放量大阳线，或是明显的放量上涨接缩量下跌。

需要说明的是，由于吸筹区是一个明显的矩形形态，价格空间一般在 20% ～ 40% 之间。通常情况下，从支撑线开始的强势上涨，并不需要太多的 K 线，就能够涨到阻力线附近。

该阶段重要的威科夫事件包括：强势初现、最后支撑点、小溪，以及最重要的跳跃小溪，如图 12–1 所示。

强势初现（Sign of Strength，SOS）。主力在吸筹区的后期，主要用“磨”的手法逼迫投资者交出筹码，图表上很少会出现放量大阳线。强势初现是指在吸筹区出现了久违的放量大阳线，这是主力发出的第一个明确的拉升信号。在 A 股中，放量大阳线一般采用 5% 的上涨幅度作为参考标准。

最后支撑点（Last Point of Support，LPS）。当强势初现后，随后技术上会有回调。与以往吸筹区的回调不一样，放量大阳线的回调同样是强势回调，回调的幅度小，一般在 50% 左右，并且明显缩量。回调的低点就是最后支撑点。

小溪（Creek）。强势初现后，该段上涨一般会把价格拉回到阻力线附近。由于受到阻力线的压制，通常情况下，价格会出现相对长时间的调整运动。如果调整运动呈现为窄幅的矩形形态，就称为小溪。

需要说明的是，在现代威科夫技术中，典型的小溪一般出现在阻力线附近。但是，在吸筹区的中、上半部分出现的窄幅矩形形态，也可以视为小溪。

跳跃小溪（Jump Over the Creek，JOC）。跳跃小溪特指突破小溪时的突破型放量大阳线。通常情况下，这是股价脱离吸筹区的关键一跳。在威科夫价格循环中，是吸筹阶段转拉升阶段最明确的信号。

需要说明的是，吸筹区的放量大阳线均可以视为强势初现。其中有突破性质的强势初现，通常视为跳跃小溪。

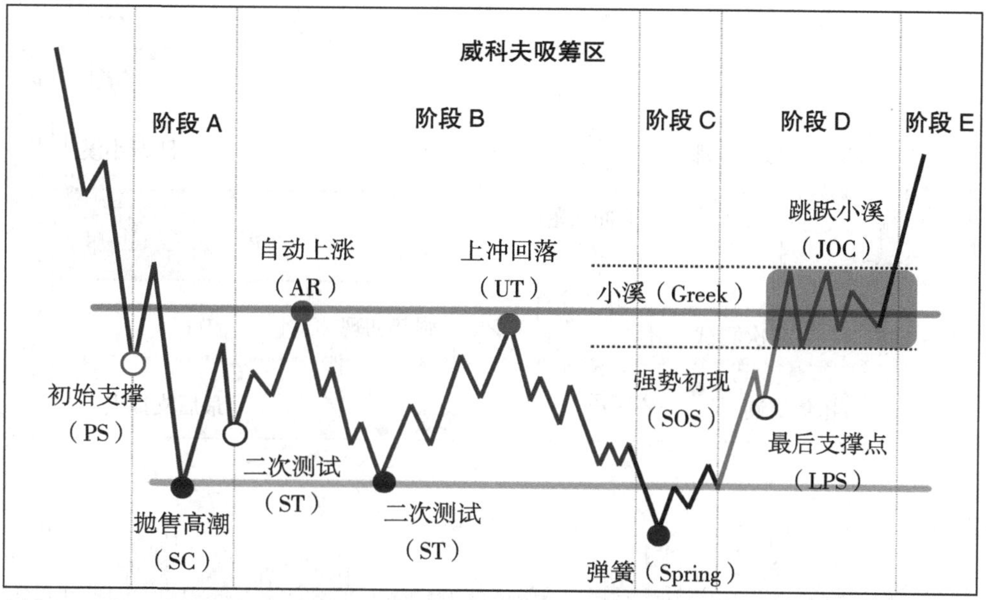

图 12-1　威科夫吸筹区的阶段 D

投资者借助弹簧、强势初现，以及两条水平辅助线，一般都能在 K 线图上找到阶段 D，如图 12-2 所示。

图 12-2 的案例，在 K 线图上是相对典型的吸筹区。吸筹区重要的威科夫事件在图中均已标注。

二、技术分析的多解性

一些投资者看见图 12-2 的标注，可能会有疑问：标注都是对的吗？

投资者在学习技术分析的过程中，如果能够提出这样的疑问，表明投资者已经掌握了正确的学习方法。

交易领域没有圣杯。这句话也意味着技术分析不存在唯一的、标准的正确答案。因此，即使是同一个人，采用相同的技术方法，在同一张 K 线图上，也可能画出不同的辅助线，以及标注不同的价格行为。

图 12-3 是图 12-2 的另外一种标注形式。两张图最根本的差异在于，图 12-3 下移了吸筹区的支撑线。图 12-3 中有两条支撑线，虚线支撑线的位置与图 12-2 中的支撑线相同，实线支撑线是下移了的支撑线。

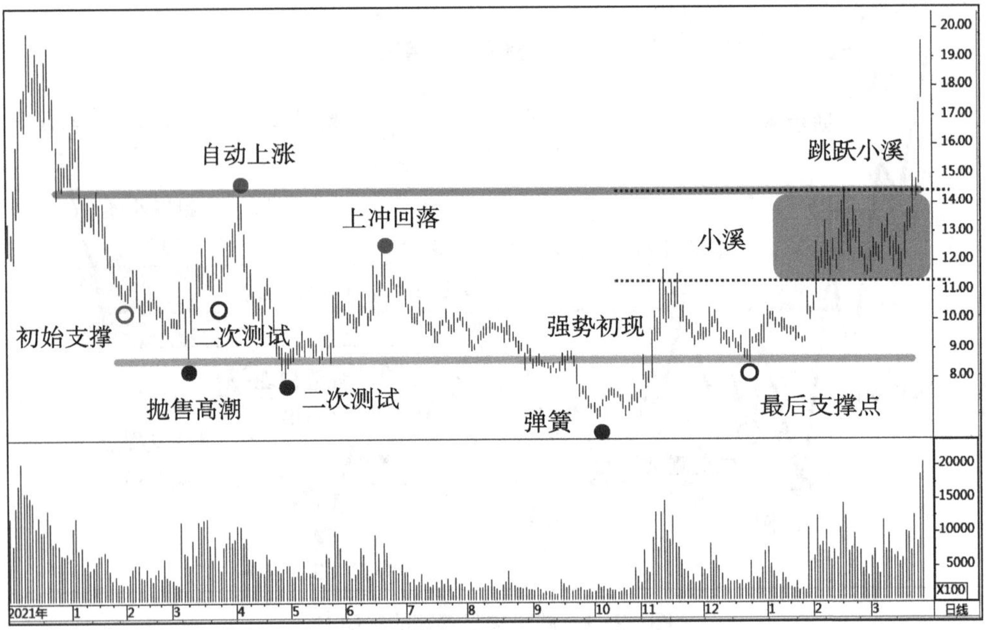

图 12-2　吸筹区阶段 D 的威科夫事件

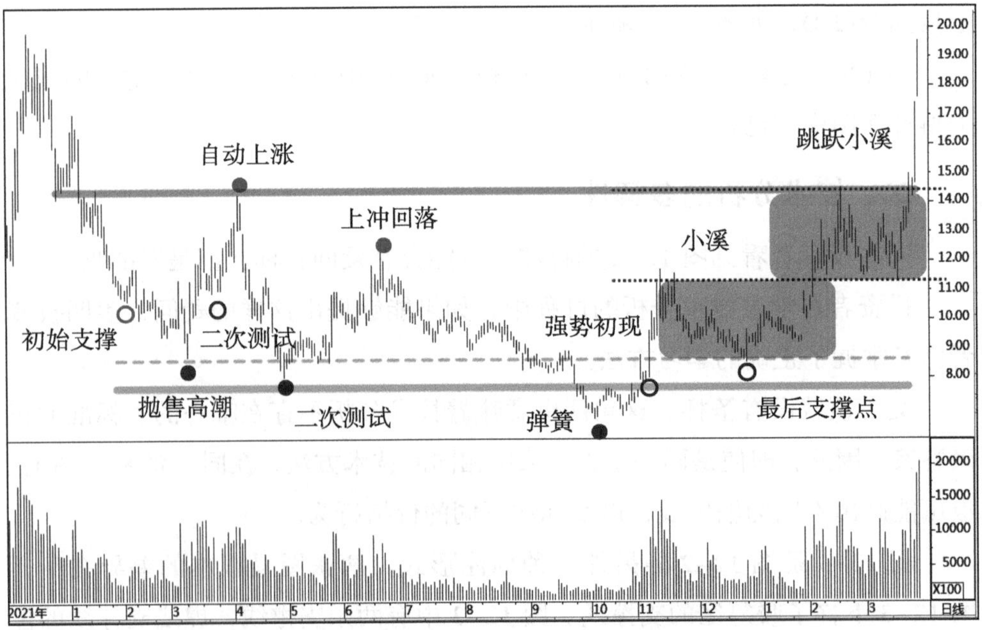

图 12-3　技术分析的多解性

在图12–3中做出下移支撑线，有两个技术理由。

第一，自动上涨后，其右侧的二次测试低点，低于抛售高潮的低点，随后到上冲回落的上涨段也弱于自动上涨段。

第二，弹簧出现的位置，相对于虚线支撑线偏远。以实线支撑线为参考，更符合弹簧的技术定义。

投资者如果决定下移支撑线，随后的威科夫事件中，就会有两次小溪。

尽管现代威科夫技术一般在参考抛售高潮的低点画吸筹区的支撑线，但是实战中可以灵活变通。因此，图12–2和图12–3的两种标注，笔者认为并无对错之分。

三、除权的个股怎么办

股市中，股票除权会在K线图上留下一个巨幅的向下跳空缺口。技术分析中，个股是否需要复权处理，也是众说纷纭，没有定论。一定程度上，除权也会导致技术分析的多解性。

通常情况下，投资者可以在除权的早期复权；日线级别的几十根K线后，可复权也可不复权；更多数量的K线后，不复权。这样的处理方式参见图12–4。

案例中的个股，除权的时间足够长。除权后，K线图上已经呈现明显的威科夫吸筹区。这样的情形下，不复权可能更合理一些。

四、强势股是如何诞生的

投资者在K线图上熟悉了阶段D中重要的威科夫事件后，接下来需要重点了解主力的操控逻辑和手法。

图12–5揭示了阶段D最重要的技术细节：至少两根放量大阳线，以及一个在特定辅助线附近的小溪——一个窄幅的矩形形态。

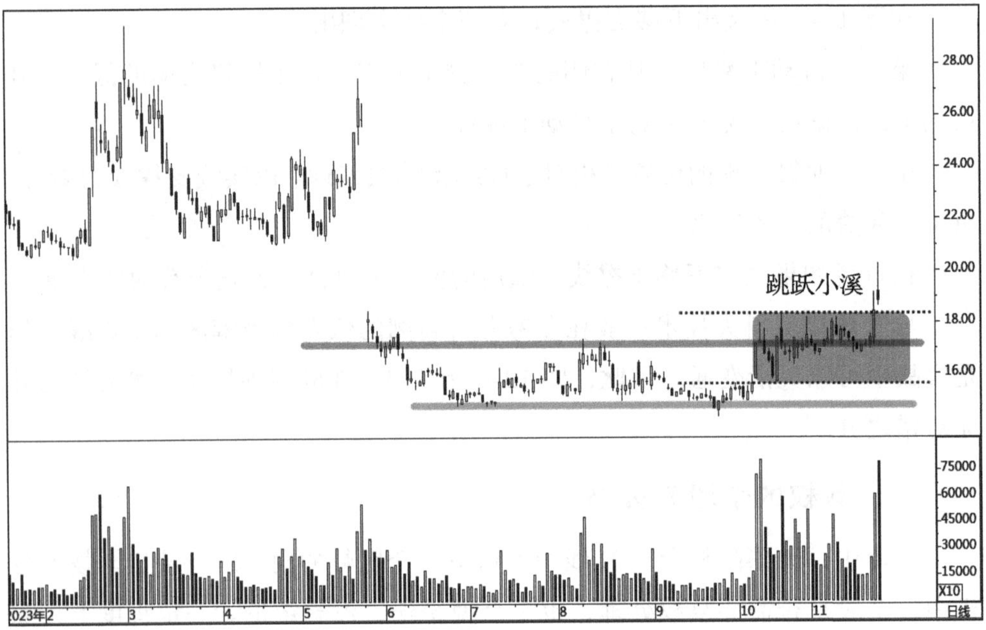

图 12-4　除权后的处理方式

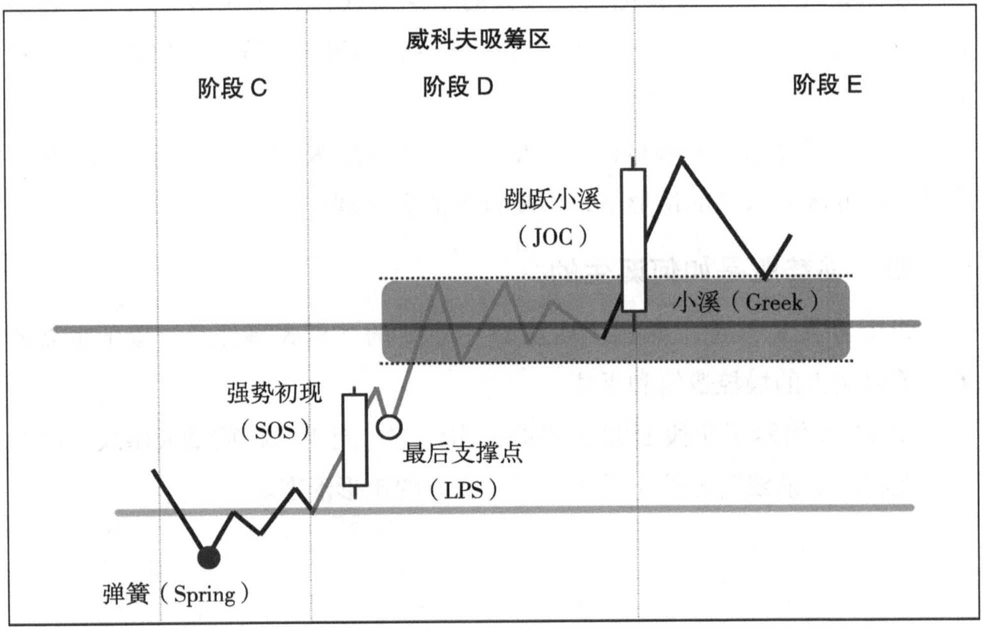

图 12-5　阶段 D 的强势特征

阶段 D 在 K 线图上的强势特征，如图 12-6 所示。

图 12-6 是威科夫吸筹区的局部 K 线图，主要展示了阶段 D 的技术细节。图中的两根水平辅助线，分别是吸筹区的阻力线和支撑线。

图 12-6 中标注了两根大阳线，一根是强势初现对应的大阳线，是一个小幅高开的涨停板；另外一根是跳跃小溪对应的放量大阳线。后一根大阳线有很长的上影线，是否为成功的跳跃小溪，需要后续走势验证。图 12-6 中，最后的两根 K 线验证了该大阳线是突破型大阳线，即成功的跳跃小溪。

强势初现后，股价在阻力线附近遇阻回落，后续 K 线围绕阻力线形成识别度极高的小溪。

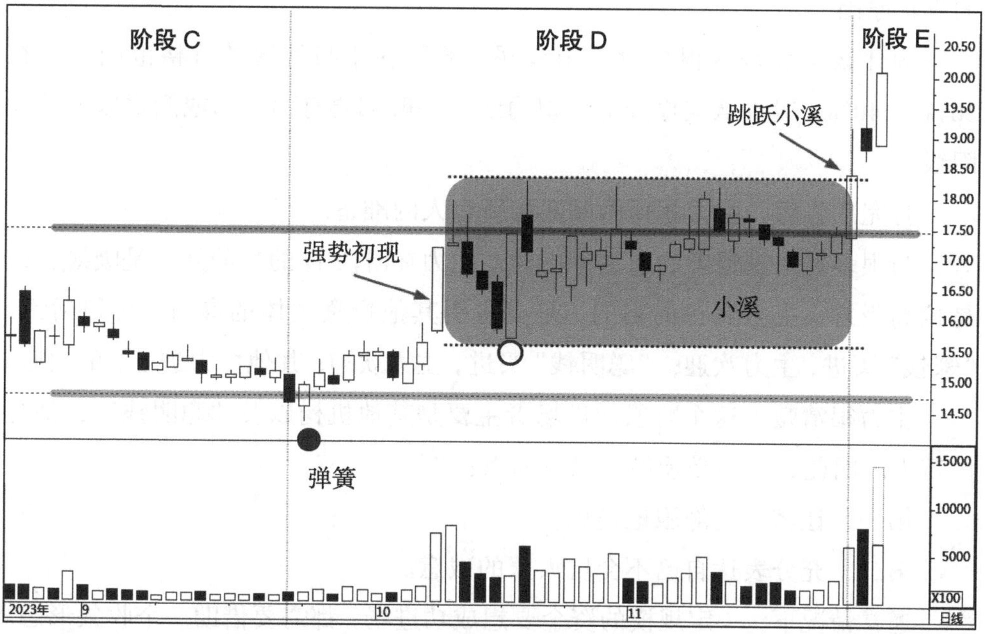

图 12-6　阶段 D 强势特征案例

很明显，阶段 D 中的特征——两根放量大阳线和窄幅矩形形态，一定是主力操控的结果。接下来的问题是：主力这样“画 K 线”的目的是什么？

站在主力的视角，必须这样画 K 线。在主力的操纵计划中，威科夫吸筹区的阶段 D 是承前启后的关节点。

“前”是指漫长的吸筹区。主力通过“吓、挤、磨”的手法，赶走了绝大多数投资者和短线客。结果是主力收集了足够的筹码，股票也成为了一只边缘股。

“后”是指吸筹阶段后的拉升阶段。主力需要吸引和集聚市场的其他做多力量，在K线图上画出完美的上涨趋势。

因此，主力在阶段D有两个目的：广告和迎新。

股市中，放量大阳线是最直接的广告。在有几千只个股的股市中，只有强势股，通常还必须是足够强势，才有可能被关注。

强势是什么？放量大阳线，最好是涨停板。这就是阶段D出放量大阳线的真正原因。

为什么至少是两根放量大阳线呢？原因在于吸筹区的价格范围一般在20%～40%。股价从支撑线涨到阻力线，一般都要有两根，或两根以上的大阳线。

打完广告后，主力就得做好迎接新客人的准备。

与很多普通投资者的想法不一样，主力在阶段D的目的并不是吸筹，或是拉高吸筹。主力真正的目的，是要吸引其他投资主体的参与。换句话说，“笨钱”买进，主力欢迎；“聪明钱”买进，主力欢迎；其他主力进场，更欢迎。

主力很清楚，这个阶段的进场者主要是其他机构以及“聪明钱”，都是内行人。因此，主力必须做到以下两点：

第一，让客人们舒服地进场；

第二，充分表达自己不会坑大家的诚意。

通常情况下，一定规模的资金要想成功进场，都需要借助一个收敛形态。其中，窄幅的矩形形态最为理想。

矩形形态有两条辅助线：水平的阻力线和支撑线，在技术上确定性相对较高。窄幅矩形形态意味着股价波动空间不大，新进场的参与者很容易设置止损价，并且试错的风险较低。时间上，窄幅矩形形态可长可短，方便各种规模的资金建仓。

因此，主力真诚地迎新，一般都会在K线图上画一个窄幅的矩形形态，即小溪。

通常情况下，小溪一般持续1～3周左右。在这个阶段，主要有四类市场主体参与，分别是主力、新来的主力、“聪明钱”，以及阻力线上方的套牢盘。

主力画完两根放量大阳线后，还有两个任务。首要任务是在小溪的支撑线提供买方支持，守住这个关键的技术点。次要任务是维持一定的成交量，让价格运动处于相对活跃的状态。

新来的主力小心翼翼地进场后，会在小溪的支撑线附近砸盘，测试老主力的真实意图。如果老主力提供买方支持，坚决守住支撑线，双方或者多方就能够达成默契。之后，新来的主力就会建仓。由于是搭便车，新主力的仓位相对老主力都不算大。

多数“聪明钱”一般会选择在跳跃小溪的时候进场，这个时点在技术上的确定性更高一些。

这个阶段的供给主要来自阻力线上方的套牢盘。他们担心股价再次下跌到吸筹区的底部，甚至创出新低，纷纷在小溪卖出。

当新来的主力完成建仓，意味着市场已经充分释放了阻力线附近的卖压，表明该股已经做好了大幅上涨的准备。

一只强势股诞生了！

五、操控视角的筹码分布（阶段D）

技术分析中的筹码分布，一般以价格为标准。主力操控视角的筹码分布，则更重视筹码的稳定性。

举例来说，假设有甲、乙、丙三个投资者。

甲是一个短线投资者，持仓200股，成本是13.00元，计划离场价是14.50元。

乙是一个中线投资者，持仓1000股，成本也是13.00元，计划离场价是20.00元。

丙是一个套牢盘，持仓500股，成本是17.00元，计划解套离场，即

17.00 元离场。

现在，主力操控一小段上涨趋势，把价格从 12.50 元拉升到 15.00 元。这个过程中，只有甲会在 14.50 元卖出筹码，乙和丙则会持股不动。换句话说，在拉升中，主力只需要买进甲的筹码。因此，站在主力的视角，在 12.50 元～ 15.00 元的价格区间内，甲的筹码是高流动性筹码，乙和丙是低流动性筹码。通常情况下，高流动性筹码稳定性差，称为浮动筹码，简称浮筹。

威科夫认为，主力和“聪明钱”是理性交易者，买或卖都有规则，他们手中筹码的稳定性相对较高；“笨钱”几乎都是情绪交易者，很容易临时改变主意，筹码的稳定性很差。

主力在吸筹区长时间操控的目的，是要有效控制吸筹区的筹码分布。具体来说，把吸筹区对应的价格区间四等分，上 1/4 的空间内，一般还存在一定数量的浮动筹码；下 3/4 的空间内，则几乎没有什么浮动筹码。

吸筹区的尾声，主力需要掌握吸筹区筹码分布的真实情况。通常情况下，弹簧是主力拉升前对吸筹区筹码分布的终极测试，主要测试下 3/4 空间内的筹码分布。

如果弹簧测试成功，主力接下来的任务是要把价格拉升到阻力线附近，通过小溪，把阻力线附近的浮动筹码变成稳定筹码。具体来说，就是让新来的主力接手吸筹区上 1/4 空间内的浮动筹码，以及阻力线上方的套牢盘。

以吸筹区的阻力线做标准，如果小溪构筑成功了，主力就把该股的筹码调整到了相对稳定的状态。在随后的拉升阶段初期，阻力线上方基本上没有太多的卖压。

现在投资者需要回到图 12–6，从主力视角理解其在阶段 D 的操控过程，如图 12–7 所示。

我们以主图中的弹簧作为拉升阶段的起始点，对应图 6–11 中的①反转。在其左侧是吸筹区中的一次向下摆动，可以视为一小段下降趋势，右侧是拉升阶段对应的大型上涨趋势。

主图中的支撑线和阻力线是吸筹区的价格区间。

副图中的成交量标注了两条参考线。第一条是下面的长参考线，以图 12–7 中吸筹区的最大成交量做参考；第二条是上面的短参考线，以强势初现后的最大成交量为参考。

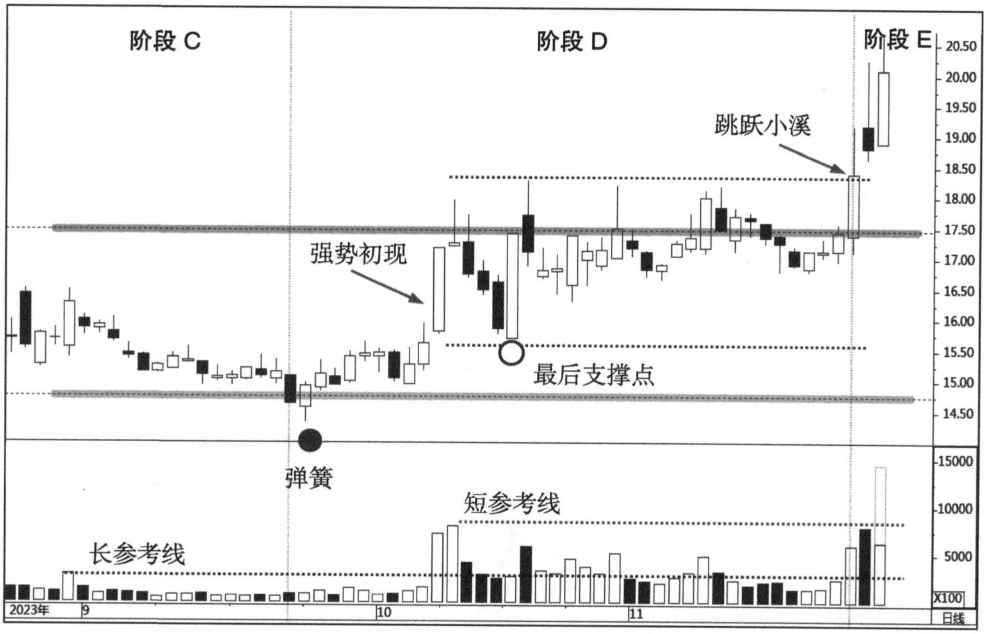

图 12–7　主力在阶段 D 的操控思路

投资者借助第一条成交量参考线，能够明显看出，极度缩量的弹簧是成功的测试行为，表明吸筹区下 3/4 空间内浮动筹码很少。

弹簧之后，在支撑线附近的几根小 K 线，是主力最后的吸筹行为。强势初现是放量大阳线，是一个涨停板。相对于第一条成交量参考线，强势初现的成交量明显放大，目测大于倍量。

强势初现后的第二天，收长上影线的 Pinbar，裸 K 线技术看跌。随后三根阴线的回落调整，成交量相对强势初现是缩量，但是相对于吸筹区的最大量则是放量，表明股价开始处于活跃状态。

强势初现后的第五天，主力强势封板，画出了小溪的支撑线，向市场其他主力以及“聪明钱”发出了明确的邀请。

在随后的小溪中，多次出现看跌的 K 线，但是股价该跌不跌，表明新来的主力正在吸纳阻力线附近的浮动筹码。大约三周后，主力画出跳跃小溪，股价明确进入拉升阶段，即威科夫吸筹区的阶段 E。

第 13 章　威科夫量价模式（四）：牛市阶段

现代威科夫技术中，基于威科夫三大原理中的因果原理，认为价格突破吸筹区的阻力线后，大概率会是一段自然出现的上涨趋势。内在逻辑是主力吸筹后，必然会拉升股价，完成威科夫的价格循环。因此，现代威科夫技术在威科夫量价模式中对拉升阶段的趋势运动，并没有集中的阐述。

笔者认为，主力在趋势阶段的操控计划和目的是明牌，投资者并不需要过分揣测主力在拉升阶段的真实意图，更重要的是学习和掌握趋势阶段的实战交易。威科夫吸筹区的阶段 E 主要是趋势运动的初期，趋势阶段的整体阐述参见本书第 1 部分和第 2 部分。

一、牛市初期的威科夫事件（阶段 E）

现代威科夫技术把价格成功脱离吸筹区后的阶段，视为威科夫吸筹区的阶段 E，参见图 12–1 的最右侧。

通常情况下，一般采用阻力线附近的小溪做参考，随后的跳跃小溪明确突破阻力线后，跳跃小溪对应的放量大阳线就是阶段 D 和阶段 E 的分界点，如图 13–1 所示。

在阶段 E 中，有两个重要的威科夫事件，分别是跳跃小溪和回踩溪岸。

跳跃小溪（JOC）。不再赘述。投资者需要注意的是，实际走势中可能是中阳线，也可能是跳空，并不总是大阳线。

回踩溪岸（Back–Up，BU）。价格运动中，绝大多数首次突破一般会有回测的价格行为，用来测试突破的有效性。跳跃小溪后的回踩溪岸，具有如下两种测试意义。

第一，对小溪的测试，回测的低点应获得小溪支撑线的支持。

第二，是对吸筹区阻力线的测试。根据小溪位置的不同，低点可能会跌破吸筹区的阻力线。是否为强势突破吸筹区阻力线，一般采用接近、触及但不跌破为标准。投资者需要注意的是，这里的强势与否，与随后上涨趋势的强弱并无逻辑上的因果关系。换句话说，强势的回踩溪岸不代表后续一定大涨；弱势的回踩溪岸也不能排除后期大涨的可能性。

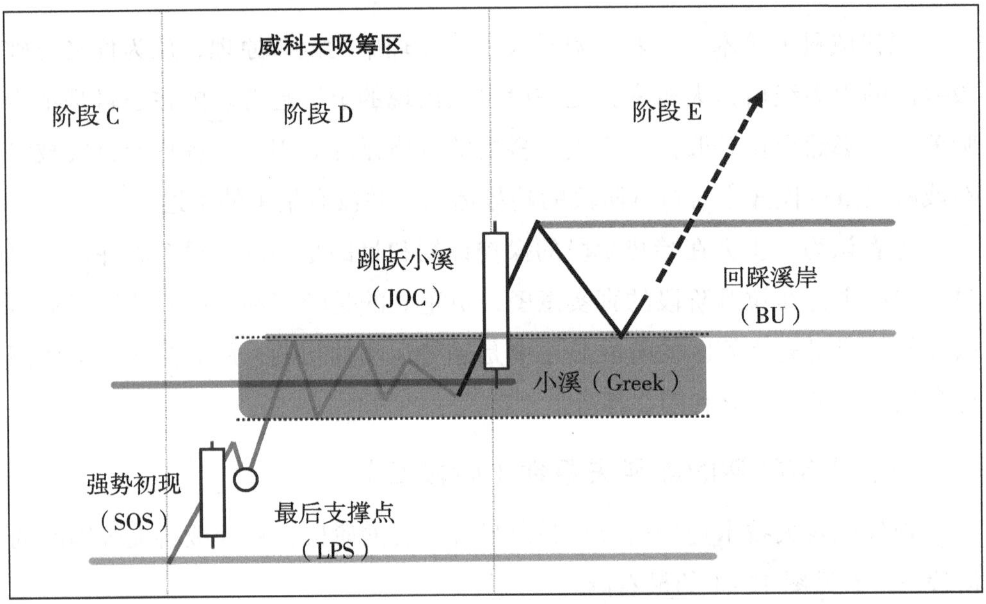

图 13-1　威科夫吸筹区的阶段 E

参考图 13-1，投资者可以在 K 线图上标注阶段 E 的威科夫事件，如图 13-2 所示。

从左往右，强势初现是一根涨停板的放量大阳线，触及吸筹区的阻力线，第二天是遇阻回落的放量大阴线。之后，一组小 K 线在吸筹区阻力线下方形成小溪，接下来是跳跃小溪，上涨结束后回踩溪岸。

回踩溪岸是双重测试行为。针对小溪的测试没有触及小溪的支撑线。由于小溪的位置在吸筹区阻力线的下方，对吸筹区阻力线的测试跌破了阻力线。

投资者需要重视的是，强势初现放量后，个股的成交量相对较大，表明个股进入了活跃期。

图 13-3 是比图 13-2 更长时间跨度的同一张 K 线图。投资者可以借助两张图中的竖线进行定位，该竖线是强势初现对应的涨停板放量大阳线。

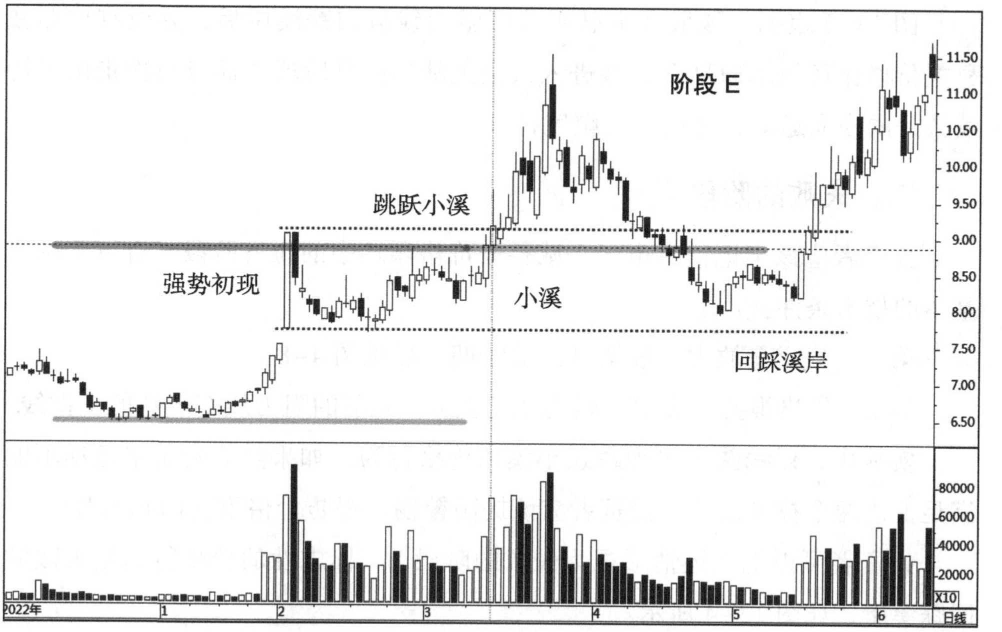

图 13-2　阶段 E 的威科夫事件

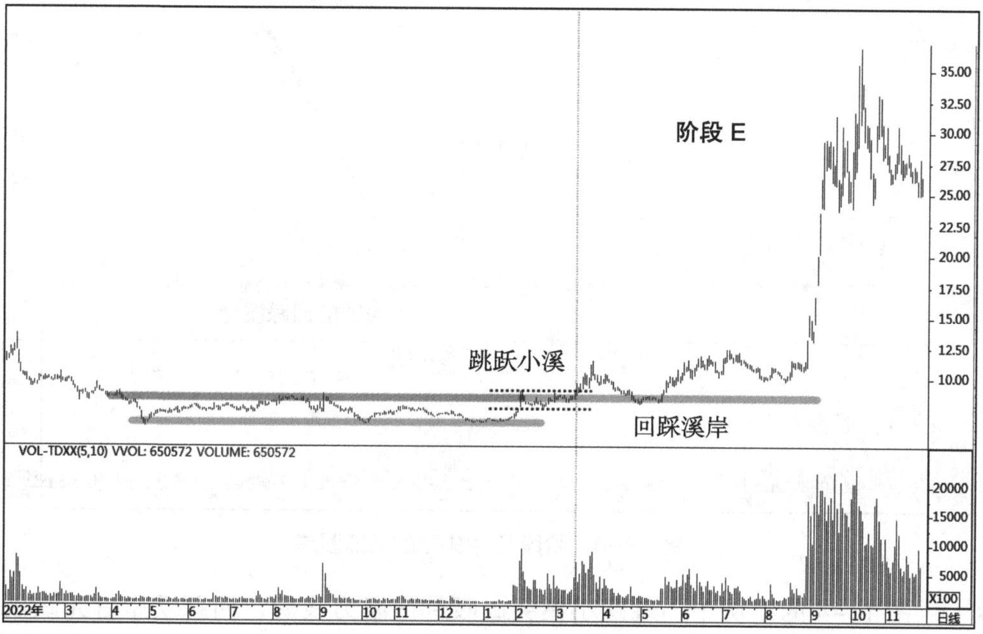

图 13-3　回踩溪岸后的可能走势

图 13-3 表明，该股在突破吸筹区阻力线且回踩溪岸后，并没有按照威科夫价格循环技术原理图直接进入大幅上涨的拉升阶段，而是再次走出了持续数月的横向运动，之后才大幅度拉升。

二、失败的阶段 E

投资者应该牢记：牛市——威科夫价格循环中的拉升阶段，有以下两个基本的技术条件。

第一，成交量放大，股票进入活跃期，参见图 4-8。

第二，价格维持在吸筹区阻力线的上方，先前的阻力线变成新的支撑线。

实战中，K 线图上出现跳跃小溪的价格行为，如果随后的价格运动不能满足上述两个技术条件，投资者应该提高警惕，提防价格重新回到吸筹区。

投资者可以把上述情形视为失败的阶段 E，标志性的价格行为是失败的回踩溪岸，如图 13-4 所示。

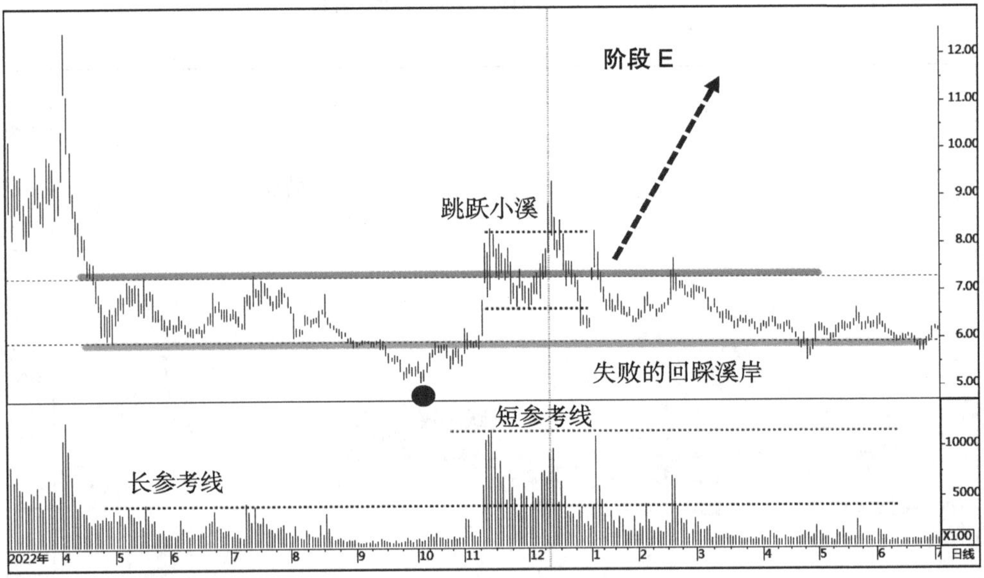

图 13-4　阶段 E 中失败的回踩溪岸

图 13-4 的案例中，跳跃小溪突破吸筹区阻力线后，回踩溪岸首先跌破了小溪的支撑线，随后受阻于小溪的阻力线，是失败的回踩溪岸。

通常情况下，失败的回踩溪岸一般会把价格拉回到吸筹区，后续不会出现大幅度的拉升走势。

投资者需要注意的是，副图中的两条成交量参考线，在一定程度上预示了后续的真实走势。

更重要的是，从图 13–4 中的低点，即弹簧开始的上涨趋势，到跳跃小溪后的高点，实际的涨幅约为 80%，已经满足了威科夫中线行情的涨幅标准。通常情况下，股价短期大幅上涨后，很容易出现巨大的卖压。

三、进入阶段 E 后的牛市分类

现代威科夫技术把威科夫价格循环中的拉升阶段视为牛市，下跌阶段视为熊市。因此，现代威科夫技术一般把威科夫吸筹区的阶段 E 作为牛市。但是，由于走势的不确定性和多样性，即使股价突破吸筹区的阻力线，威科夫量价模式中的牛市也存在多种可能性。投资者需要了解牛市的分类，即不同类型的牛市在图表上的呈现形式。

从投资者的实战交易出发，可以对牛市进行两个维度的分类：一是相同时间周期 K 线图上的牛市分类，本书采用日线图为例；二是大型的威科夫量价模式，即更大时间周期的牛市类型，例如周线图、月线图，甚至季线图。

通常情况下，相同时间周期的牛市分为三种类型，分别是正常的牛市、更大的吸筹区，以及脉冲拉升。以下案例中，“相同时间周期”默认为日线图。

正常的牛市。参考图 5–2，威科夫价格循环中的拉升阶段，一般分为三小段上涨趋势。第一段脱离吸筹区，第二段是脱离吸筹区的上涨，第三段的末尾进入了派发区。因此，在威科夫模式中，正常的牛市通常也是三个小段，如图 13–5 所示。

实战中，正常的牛市可能存在多种变形。投资者识别正常的牛市需要把握以下三个技术要点。

第一，由于吸筹区可能持续很长时间，投资者需要借助行情软件的某些功能，进行吸筹区阻力线和支撑线的标注。图 13–5 使用了行情软件中的“设置价格预警”功能，上破价为阻力线，下破价为支撑线。

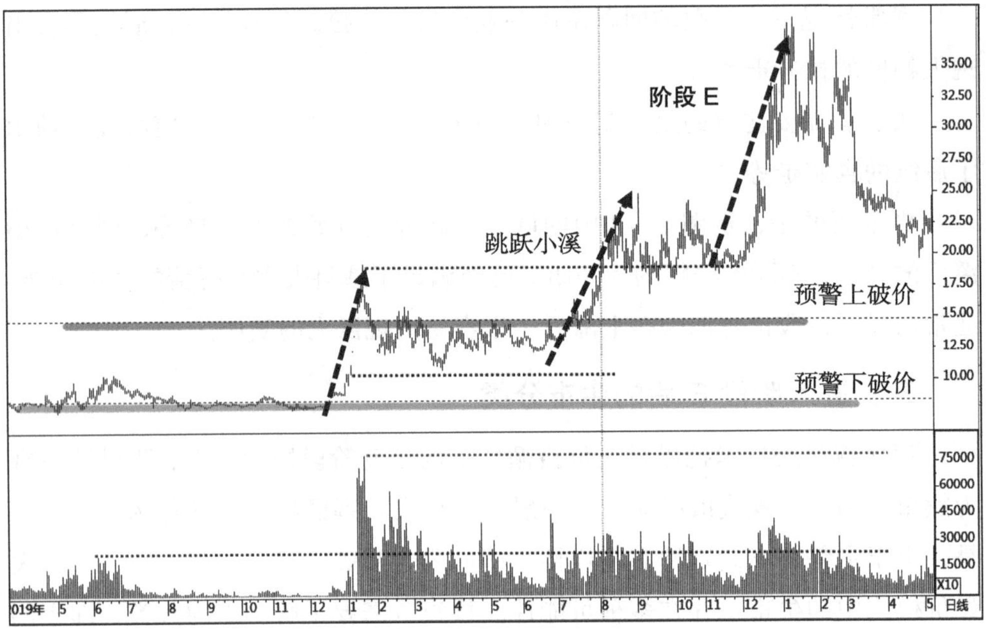

图 13-5　阶段 E 后的正常牛市

第二，利用弹簧、小溪，以及跳跃小溪等容易识别的威科夫事件，进行识别和标注。

第三，利用三小段上涨趋势的空间位置，进行分段识别和标注。

更大的吸筹区。一些股票价格运动的大型区间，从支撑线的低点涨到阻力线的高点，可能会上涨 50% ～ 100% 甚至更多。由于涨幅满足了威科夫的中线行情，通常会是阶段性高点，从而在 K 线图上呈现为更大的吸筹区。

图 13–6 中，跳跃小溪后，价格在接近阻力线上方的老顶时遇阻回落。随后价格主要在吸筹区阻力线上方运动，从而在 K 线图上呈现为一个更大的区间结构，即更大的吸筹区。

“更大的吸筹区”类型的牛市，一般只能识别出一小段或是两小段上涨趋势，很少出现第三个小段上涨趋势。更重要的是，拉升阶段后，往往不会有明显的派发区。

投资者识别和标注这类牛市，需要注意以下两个技术要点。

第一，吸筹区阻力线上方，出现明显的、新的阻力线。

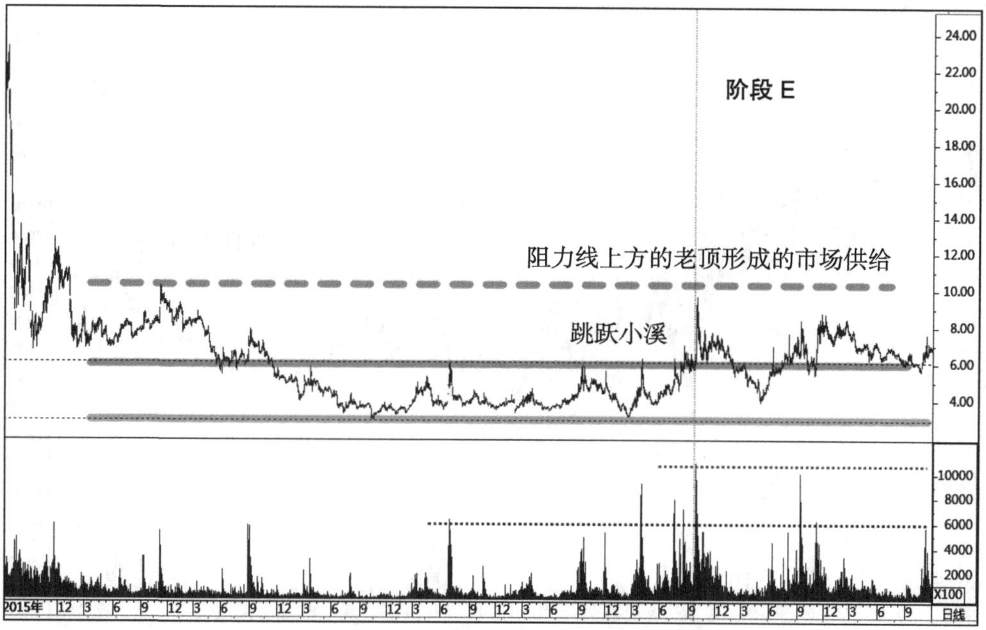

图 13-6　阶段 E 后的更大吸筹区

第二，跳跃小溪后，股价主要在吸筹区阻力线上方运动。

脉冲拉升。股价以跳跃小溪的方式急速上涨，冲高后 V 形反转，股价快速回落到吸筹区阻力线下方，如图 13-7 所示。

“脉冲拉升”型牛市最主要的技术特征，是股价急速上涨后 V 形反转，随后快速回落到吸筹区阻力线下方。

四、长周期的超级牛市

股市中，有些个股在基本面的支持下，能够走出很长时间的牛市，上涨幅度可能有几十倍之多。这些个股的走势很多也符合威科夫的量价模式，通常会在更大时间周期的 K 线图上呈现出来。

图 13-8 是新能源汽车龙头股比亚迪（002594）上市后的周线图。该股上市后，大致在 40.00 元～ 80.00 元的价格区间，构建了一个持续时间长达 6 年左右的超大型吸筹区。在周线图上，能够明显看出三小段上涨趋势，之后股价开始横向运动，是相对典型的正常牛市。

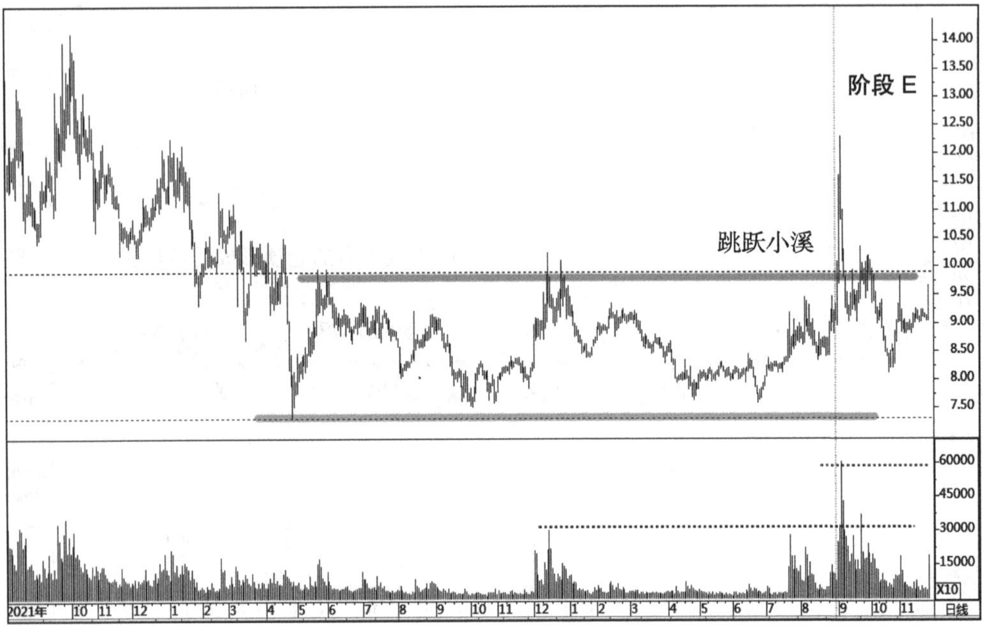

图 13-7 阶段 E 后的脉冲拉升

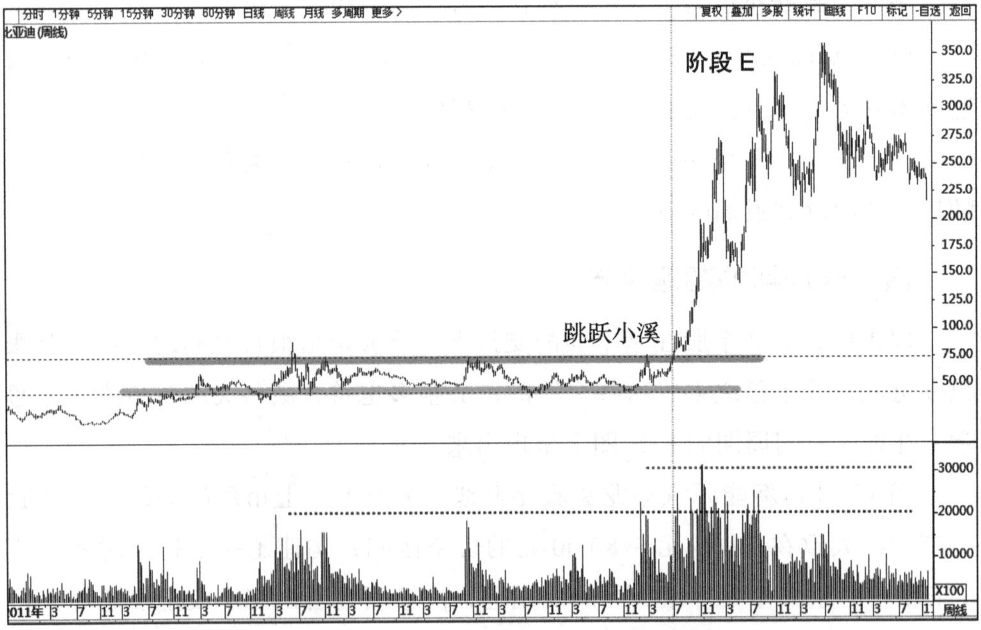

图 13-8 威科夫量价模式拉升阶段的周线图

图 13-9 是 A 股中的超级绩优股——贵州茅台（600519）上市后的季线图。由于该股牛市持续时间长达 7 ～ 8 年，以至于在季线图上能够清晰地呈现威科夫的量价模式。

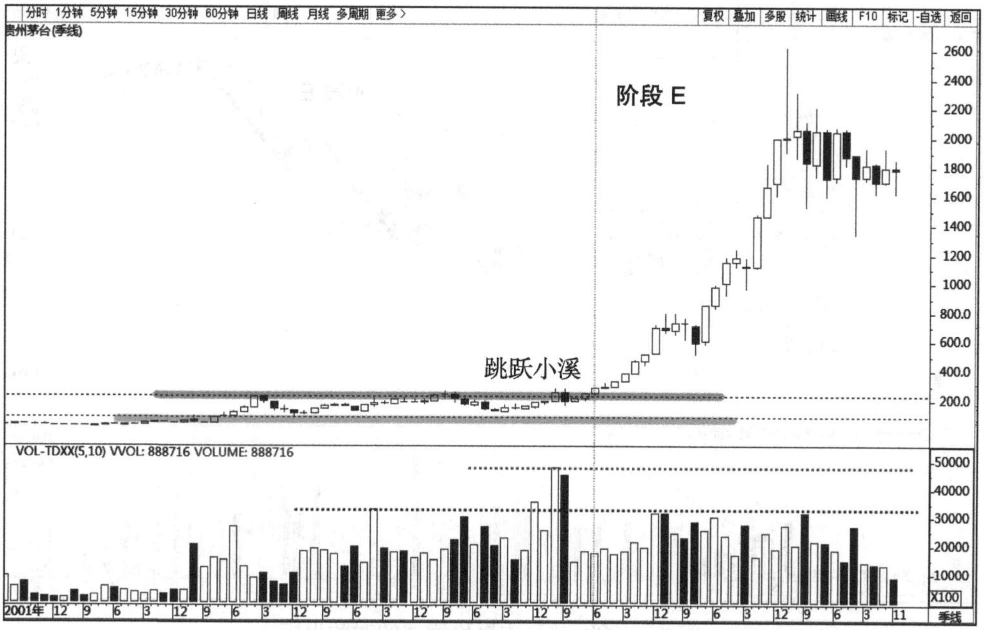

图 13-9　威科夫量价模式拉升阶段的季线图

对于贵州茅台（600519）这类上涨几十倍甚至百倍的个股，投资者可以使用对数坐标查看和研究。

图 13-10 是贵州茅台（600519）采用对数坐标的季线图。通常情况下，对超级大牛股采用对数坐标，能够在 K 线图上更好地识别价格运动的技术特征。

相对于图 13-9，投资者能够发现，图 13-10 中的吸筹区更有可能是“再吸筹区”，参见本书第 17 章。市场从脱离再吸筹区开始，投资者在 K 线图上能够识别出三小段上涨趋势，表明该股在季线图上有可能正在走横向运动。

威科夫所处的时代，受制于当时记录数据的技术限制，技术分析中几乎没有技术指标。交易进入计算机时代后，技术指标在技术分析中得到了广泛的发展和应用。因此，当代投资者在学习和使用威科夫技术的时候，可以尝试把一些个人熟悉的技术指标作为辅助工具。

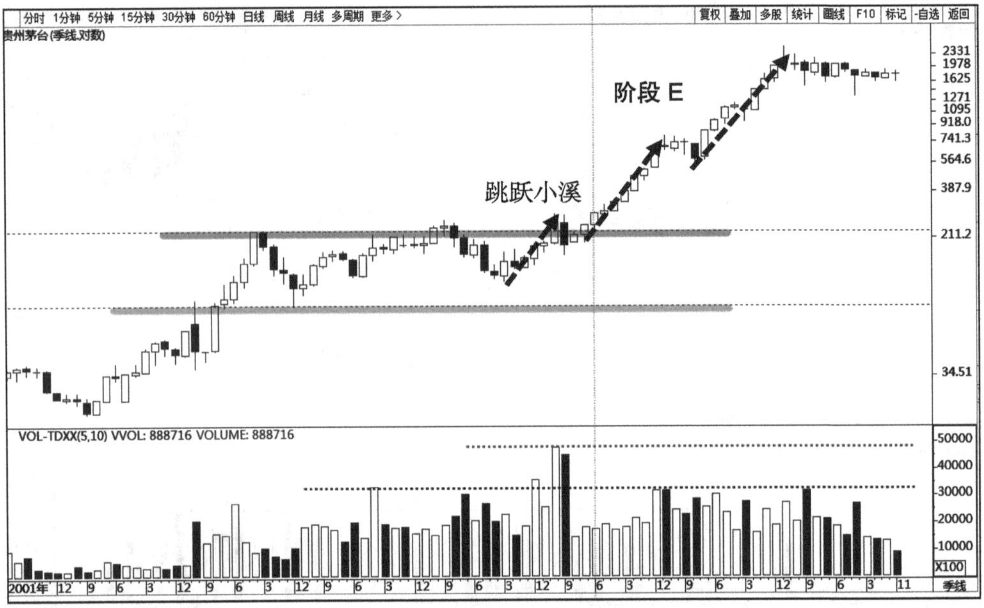

图 13-10　威科夫量价模式的对数坐标

图 13-11 是新能源龙头股宁德时代（300750）指数坐标的周线图，叠加了“双趋势均线”技术指标。

从图中的走势可以看出，投资者在该技术指标的辅助下，能够很好地跟踪该股在周线级别上的大型拉升阶段。

最后，笔者还需说明以下三点。

第一，现代威科夫技术中的威科夫量价模式，主要阐述了吸筹区和派发区的内容。

第二，本章“阶段 E 的牛市分类”这一内容，现代威科夫技术中并没有直接的阐述。

第三，在实战中，特定技术分析理论的技术原理图，尤其是折线图形式的技术原理图，通常会存在大量的失败走势，也存在各种变形。投资者需要

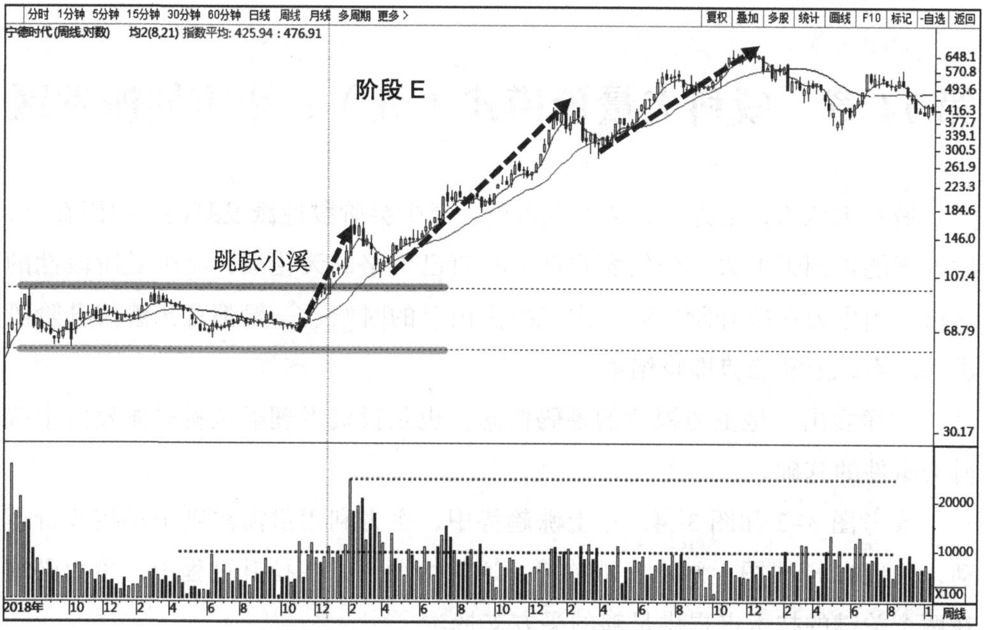

图 13-11　威科夫量价模式与均线

认识并接受这个基础事实，才有可能真正学会、用好特定的技术分析理论和方法。因此，本章“阶段 E 的牛市分类”这部分内容，并不是什么标准答案，或是什么技术秘籍。其主要目的是帮助投资者开拓学习思维，从而更好地掌握威科夫技术。

第 14 章　威科夫量价模式（五）：牛市转派发区

威科夫认为，主力一定会派发筹码，至少会阶段性派发筹码。原因在于，树木不能长到天上去，任何股票都会有自己价格的天花板，至少是阶段性的顶点。当主力在拉升阶段第一次“净卖出”的时候，一般都意味着拉升阶段进入尾声，上涨趋势即将结束。

“净卖出”是主力视角的筹码概念，也是投资者理解威科夫派发区中威科夫事件的基础。

参考图 3–3 和图 3–4，在上涨趋势中，主力利用供需法则来操控股价运动，从而在 K 线图上画出上涨趋势。通常情况下，在拉升过程中，主力必须在两个关键的技术点提供足够的买方支持。

按照上涨趋势的技术要求，K 线图上必须呈现为“头头高、底底高”，因此，第一个关键点在**前高**的上方。当股价上涨的时候，主力需要在前高附近主动买进，让股价创出新高，画出“头头高”。第二个关键点是在**前低**的上方。当股价回调的时候，主力需要在前低上方主动买进，画出“底底高”。这个过程中，主力也会进行卖出操作，主要是为了保持资金与筹码的平衡。

很明显，主力在拉升阶段，一般都会增持一定数量的筹码，表现为“净买入”。“净买入”意味着主力手中资金减少。当资金减少到一定程度的时候，主力即使有再多的筹码，也可能丧失对股价的操控能力。站在主力视角，在拉升阶段，股价操控能力主要体现为阻止股价下跌的能力。如果主力丧失了这个能力，后果将是灾难性的，大概率会成为其他主力围猎的牺牲品。

因此，在拉升阶段，主力随着“净买入”的持续增加，自身的风险也在急剧加大。当资金与筹码有可能丧失平衡的时候，主力必须卖出筹码，至少是阶段性卖出筹码。当主力主动卖出一定数量筹码的时候，就会从“净买入”变成“净卖出”。

主力“净卖出”必然会在 K 线图上留下明显的痕迹，是牛市转派发区的信号。

一、用吸筹区知识推演派发区的轮廓

孔子曰：学而不思则罔。孔子的意思是，学习而不思考，人会被知识的表象所蒙蔽。投资者学习威科夫技术，可以采用孔子倡导的学习方法——边学边想，边想边学。

对称法则是价格运动的基本规律之一。威科夫量价模式的主要内容是“吸筹区”和“派发区”。通常情况下，投资者可以把二者视为对称。也就是说，学完威科夫吸筹区知识的投资者，根据对称法则，应该能够推演出派发区的大致轮廓。投资者的推演过程，既复习了吸筹区的知识，又能够形成主力派发过程的整体观，还能够为后面的学习打下良好基础，是一举三得的学习方法。

我们还是选择走势清晰的次新股做案例。图 14-1 是中科磁业（301141）上市后的日线图。图中，投资者能够看到一次明显的威科夫价格循环。

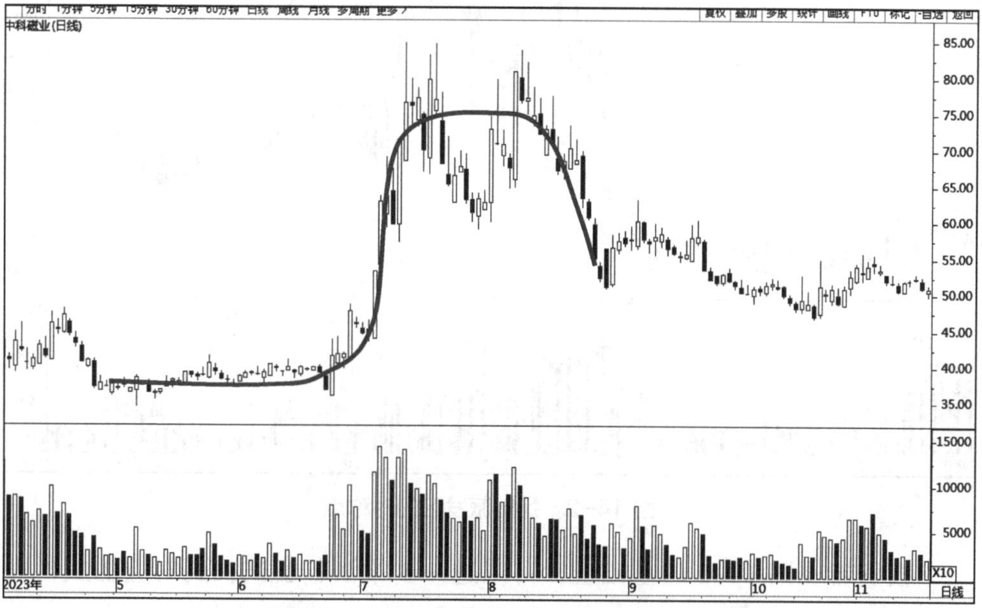

图 14-1　中科磁业（301141）上市后的日线图

图 12-1 是威科夫吸筹区的全景图，我们以此作为参考，采用对称法则，推演威科夫派发区的大致轮廓。

图 12-1 中，最左侧是连续三小段下降趋势。初始支撑是第二小段的低点。根据这个起始线索，投资者在图 14-1 上逐步找到重要的对称点，如图 14-2 所示。

投资者首先找出三小段上涨趋势，并以第二小段上涨趋势的顶点作为初始支撑的对称点，参见图 14-2 里左侧的圆圈。

接下来，找到抛售高潮的对称点，即第三小段上涨趋势的顶点，参见图 14-2 里上面的圆圈。

第三步，找出自动上涨对应的下降趋势段，并标注为自动上涨高点的对称点，参见图 14-2 里右侧的圆圈。

这个时候，投资者就已经确定了派发区大致的价格区间。

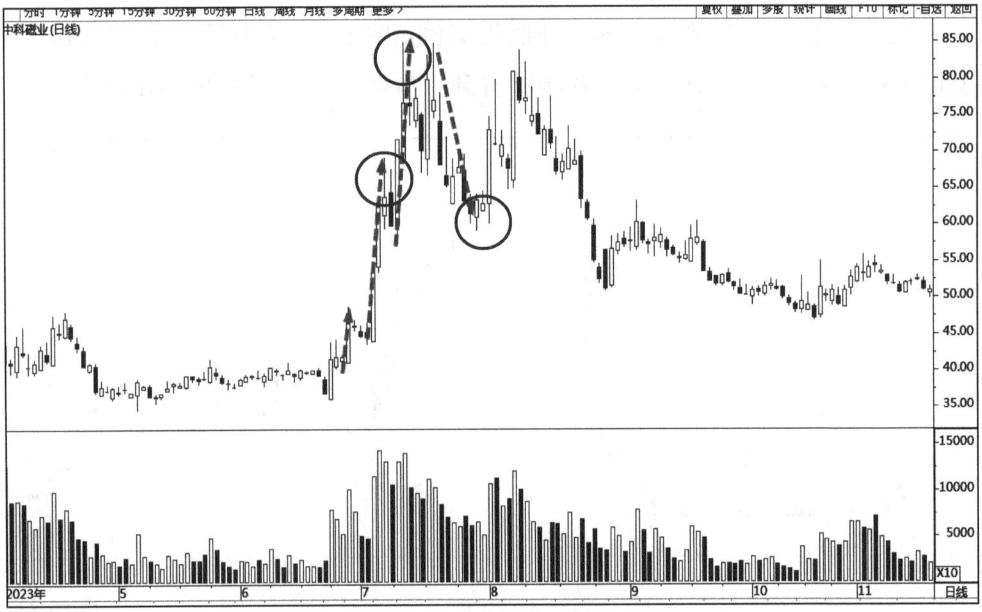

图 14-2 找出派发区的对称点

投资者在图 14-2 的基础上，可以进一步推演，尝试找到对应的威科夫事件，如图 14-3 所示。

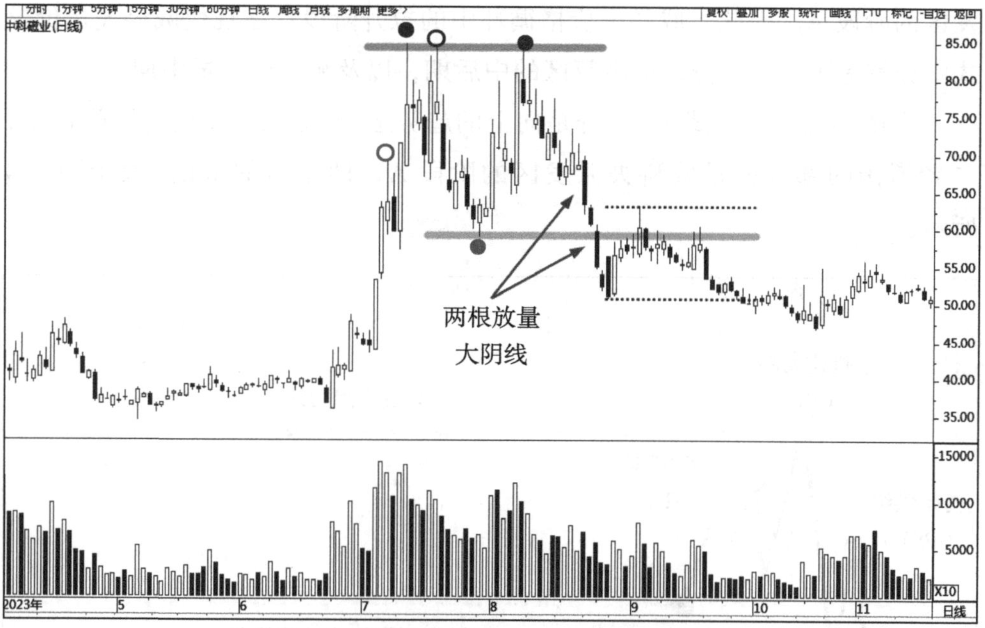

图 14-3　找出派发区对应的威科夫事件

在图 14-3 中，除了弹簧外，其他重要的威科夫事件，大致都能一一对应。投资者据此可以得出结论：威科夫量价模式中的吸筹区和派发区，很大可能存在对称性。

需要说明的是，投资者通过图 14-1、图 14-2 和图 14-3 进行推演后，得出了自己的结论。这个结论是否正确并不重要，重要的是推演过程中的逻辑和方法。投资者采用这样的学习方法，能够大大提高学习的效率。

二、牛市末期的威科夫事件（派发区阶段 A）

现代威科夫技术中，威科夫量价模式主要分为吸筹区和派发区，主要阐述了威科夫价格循环的吸筹阶段和派发阶段。对于衔接吸筹阶段和派发阶段的两段趋势运动，即拉升阶段和下跌阶段，现代威科夫技术处理成了吸筹区和派发区的组成部分。

以拉升阶段为例，底是吸筹区阶段 C 的弹簧；脱离吸筹区的阶段 D 是第一段上涨；阶段 E 是牛市的早期。一般情况下，吸筹区的阶段 E，下接派发区的阶段 A。因此，威科夫价格循环中的拉升阶段，在现代威科夫量价模式中分解为了两个部分，即吸筹区的中后期，以及派发区的早中期。

在威科夫量价模式中，拉升是向上的趋势运动，派发是横向的区间运动，二者衔接的部分就是威科夫派发区的阶段 A，即牛市的末期，如图 14-4 所示。

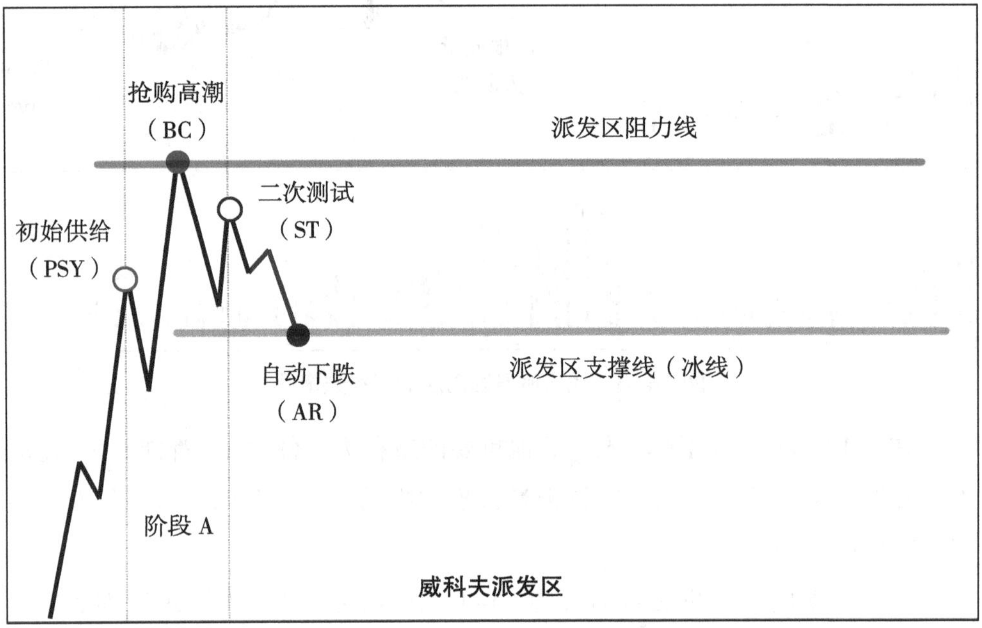

图 14-4　威科夫派发区的阶段 A

阶段 A 的威科夫事件包括初始供给、抢购高潮、二次测试和自动下跌。

初始供给（Preliminary Supply，PSY）。通常情况下，初始供给是主力的首次“净卖出”，其目的是调整资金和筹码的比例。主力卖出筹码获得的资金，将在未来派发区的支撑线提供买方支持。因此，初始供给一般与吸筹区的支撑线相距不远，甚至重叠。

抢购高潮（Buying Climax，BC）。如同吸筹区的抛售高潮一样，派发区的抢购高潮同样是“笨钱”情绪交易的结果，只是情绪从恐惧变成了贪婪。抢购高潮看起来是赚大钱的末班车，市场的观望者纷纷涌入，形成了巨量的买方需求。主力也顺势而为，大量卖出筹码，最大限度地满足了市场罕见的买方需求。当“笨钱”的买方需求充分满足后，也就没有了后续的买方需求。股价没有了买方需求，上涨也就停滞了。图表上呈现为放量滞涨，即威科夫“努力与结果”原理中的“努力无结果”。

二次测试（ST）。抢购高潮的顶点出现后，股价在供需法则的作用下回落。市场中仅存的买方需求会推动股价反弹。通常情况下，反弹会在抢购高潮的顶点附近结束，从而确定了抢购高潮的有效性。

自动下跌（Automatic Reacion，AR）。二次测试后，主力一般会放任股价下跌，也可能继续少量卖出，从而形成自动下跌。通常情况下，主力会主动控制自动下跌的低点，即在低点附近提供买方支持。站在主力的视角，派发区必须构建一个横向的区间结构，不能让自动下跌演变为 V 形反转。由于主力提前在初始供给位置卖出了部分筹码，一般拥有足够的资金能够为自动下跌的低点提供买方支持。

当自动下跌结束后，主力也就在 K 线图上画出了派发区的阻力线和支撑线。

现代威科夫技术把派发区的支撑线称为**冰线**（Ice Line）。冰线是一个很有意思的术语，冰在低温的时候坚硬无比，高于零度后就是水。相对于吸筹区，派发区处于价格高位。高位派发区支撑线的属性，的确与冰类似，既坚硬无比，又毫无力量。

投资者在 K 线图上识别和标注派发区阶段 A 的威科夫事件，如图 14-5 所示。

图 14-5 的案例，主力派发筹码的行为非常明显。投资者在识别和标注后，应该用心揣摩主力视角的操控行为。例如，从初始供给到抢购高潮，总计有 11 根 K 线，投资者可以利用裸 K 线技术进行量价分析，尽可能弄清楚主力具体的操控细节：什么时候在派发筹码？什么时候又在支撑股价？

上面提到的 11 根 K 线，应该加上初始供给前一根放量大十字阴线，总计 12 根。投资者在复盘分析的时候，可以把这 12 根 K 线简单分为两组，分组的标准是初始供给后回调的低点。

很明显，第一组K线中，多数K线都有较长的上影线。根据裸K线技术，长上影线代表了卖压。因此，投资者可以认为第一组K线，主力在卖出筹码。

第二组K线是初始供给回调低点的再次拉升。这次拉升，主力充分利用了涨停板制度，两根涨停K线均是早盘涨停。这样的操控手法既制造了热络的赚钱效应，主力实际买进的筹码又不多，参看图14-5中两根涨停板对应的成交量。抢购高潮当天，高开、冲高、下砸，主力当天成功卖出大量的筹码。

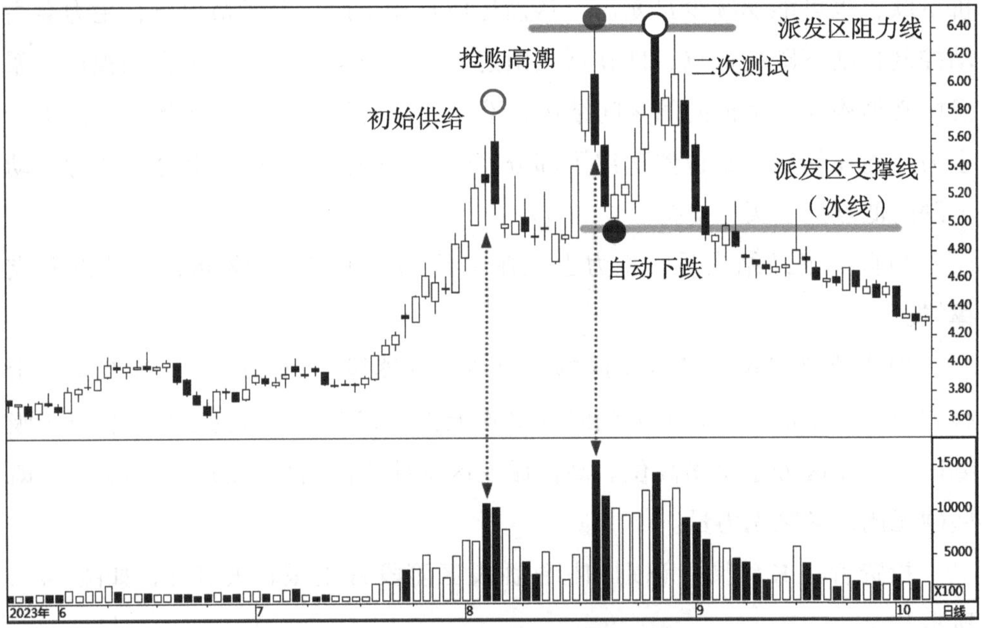

图14-5　派发区阶段A的威科夫事件

一些使用现代威科夫技术的投资者，经常采用逐K分析的方法解读盘势。逐K分析的方法相对复杂，在有涨跌停制度的股市中，可能并不合适多数投资者，尤其是日线级别的投资者。

事实上，日线投资者学习威科夫技术，主要目的是理解主力在一段时间内的操控逻辑和手法。例如，主力开始拉升股价后，投资者在K线图上发现了初始供给对应的第一次“净卖出”。基于威科夫的量价模式，只要短期没有出现大幅上涨，投资者就可以认为随后有较大概率会出现创新高的抢购高潮。这样的思辨逻辑才是投资者学习的要点。

需要说明的是，实际走势中，很多个股在派发区的技术特征并不总是一目了然，尤其是初始供给。

第 15 章　威科夫量价模式（六）：派发区

在吸筹区，如果说主力主要是按照计划操控股价，那么在派发区，主力更多的则是相机而动，二者的差异在图表上一目了然。

吸筹区多是小 K 线，伴随着小成交量，走势十分沉闷。这个阶段，主力往往能够精确地控制股价，甚至达到“分”的精确度。

派发区多是中、大型 K 线，每天的价差（K 线高点和低点之间绝对数值）都很大。通常情况下，派发区的成交量较大，走势非常活跃。这个阶段主力尽管还能操控股价，但是难以精确控制股价。主力必须借助大盘和板块的走势，灵活地进行操控行为。

原因其实很简单：在吸筹区的阶段 D 和阶段 E，主力已经把股票变成了活跃股，甚至是强势股，更重要的是，还有其他主力和“聪明钱”进场。在这样的情形下，主力操控股价的能力一般会相对变弱，很难像吸筹区那样完全按计划操作。

通常情况下，派发区阶段 A 的威科夫事件出现后，威科夫量价模式就明确进入了派发区。

主力在派发区的唯一目的就是派发，即卖出手中大量的筹码，实现“筹码—资金”的再次互换，兑现自己的利润。在这个阶段，主力为了成功派发，往往会发布各种利好，进行各种类型的信息炒作。与此同时，在主力的操纵下，该股每天都在放大量，每天都是大幅波动。在 K 线图和分时图上，该股看起来“真的”就是一只热门股和强势股，极具赚钱效应。

但是，投资者必须牢记一点：当个股奏响“牛股欢乐颂”的时候，主力真的在派发。

一、派发区的威科夫事件（阶段 B 和阶段 C）

在威科夫量价模式中，一般以抢购高潮后的二次测试为标准，即自动下跌左侧的二次测试，作为派发区阶段 B 的起点。派发后上冲回落是阶段 C，上冲回落后即为阶段 D。阶段 C 和阶段 D 的分界点以派发区阻力线为参考，阶段 C 和阶段 D 合起来看，等同于常见技术分析中的假突破走势，如图 15-1 所示。

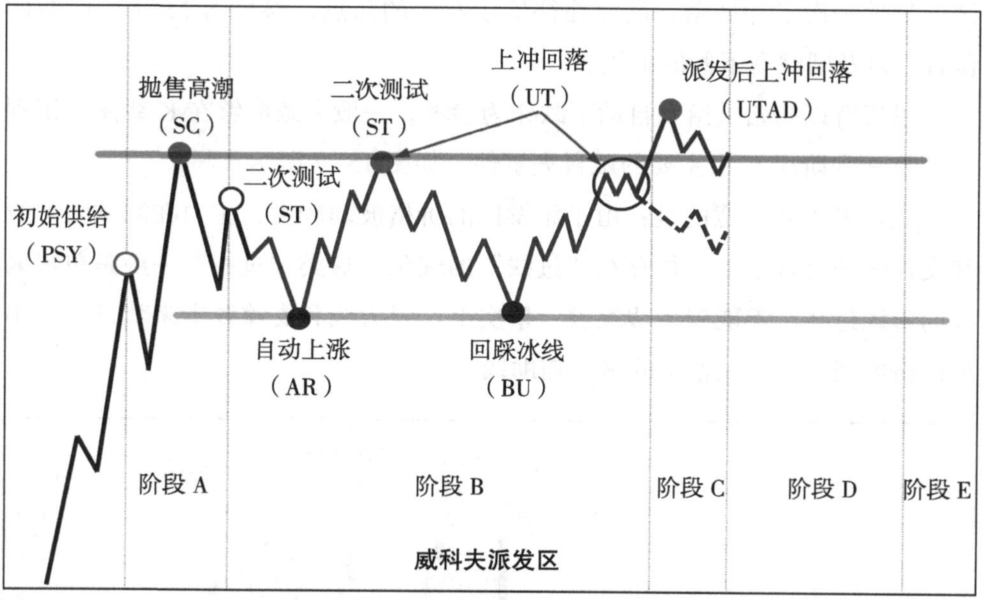

图 15-1　威科夫派发区的阶段 B 和阶段 C

通常情况下，派发区持续的时间比吸筹区要短。实际走势中，特定的威科夫事件往往在 K 线图上距离较近，一些个股可能没有明显的阶段 C。因此，现代威科夫技术一般把阶段 B 和阶段 C 合在一起阐述。

派发区的阶段 B 和阶段 C 中，主要的威科夫事件包括二次测试、回踩冰线，以及派发后的上冲回落。

二次测试（ST）。自动下跌后，股价再次上涨到抢购高潮高点附近，一般会遇阻回落，从而形成对派发区阻力线的二次测试，该二次测试位于自动下跌的右侧。由于这次价格运动的方向是向上，符合吸筹区中上冲回落的定义，因此也可以称为**上冲回落**。换句话说，派发区中，价格向上触及阻力线，均可说成是上冲回落。

回踩冰线（Back-Up，BU）。现代威科夫技术一般把派发区的支撑线称为冰线。因此，价格回测自动下跌的低点称为回踩冰线。

派发后的上冲回落（Upthrust After Distribution，UTAD）。与吸筹区弹簧对应，派发区向上的假突破称为派发后的上冲回落。在实际走势中，派发区的最后一次上冲回落，高点往往低于左侧的高点，参见图 15-1 中圆圈的位置，以及圆圈右下侧的虚线。

投资者以初始供给和自动下跌作为参考，一般大致能够在 K 线图上识别出阶段 B 和阶段 C 中主要的威科夫事件，如图 15-2 所示。

投资者需要注意的是：由于派发区的价格波动较大，主力在测试阻力线和支撑线的过程中，往往存在“过线”的现象。这类“过线”一般是单根 K 线的影线过线，不能视为假突破。事实上，阻力线和支撑线本来就是一个小型价格区间，不存在精确的水平辅助线。

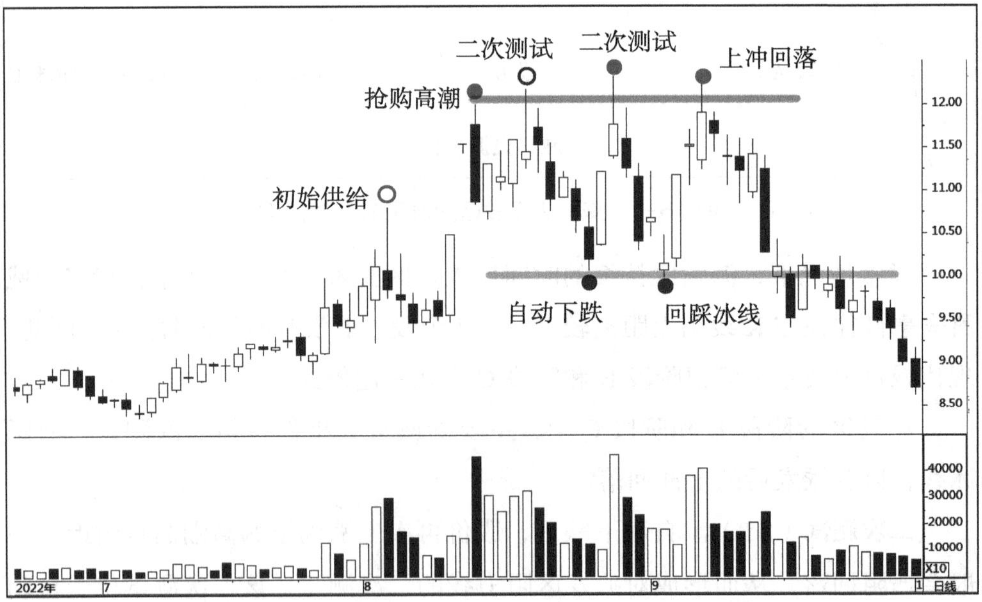

图 15-2　派发区阶段 B 和阶段 C 中的威科夫事件

图 15-3 是吸筹区的阶段 B 和阶段 C 相对典型案例，有明显的派发后的上冲回落走势。

图 15-3 与图 15-2 不一样，该案例初始供给的特征并不明显，很难作为识别派发区威科夫事件的参考点。投资者进一步揣摩，有可能发现两图之间真正的差异。参看两图最下面的时间轴，以初始供给为起点，最后一个高点为终点，图 15-2 大致持续了一个月的时间，图 15-3 则持续了近两个月的时间。很明显，图 15-2 的派发区走势更为剧烈，图 15-3 的派发区走势相对温和。

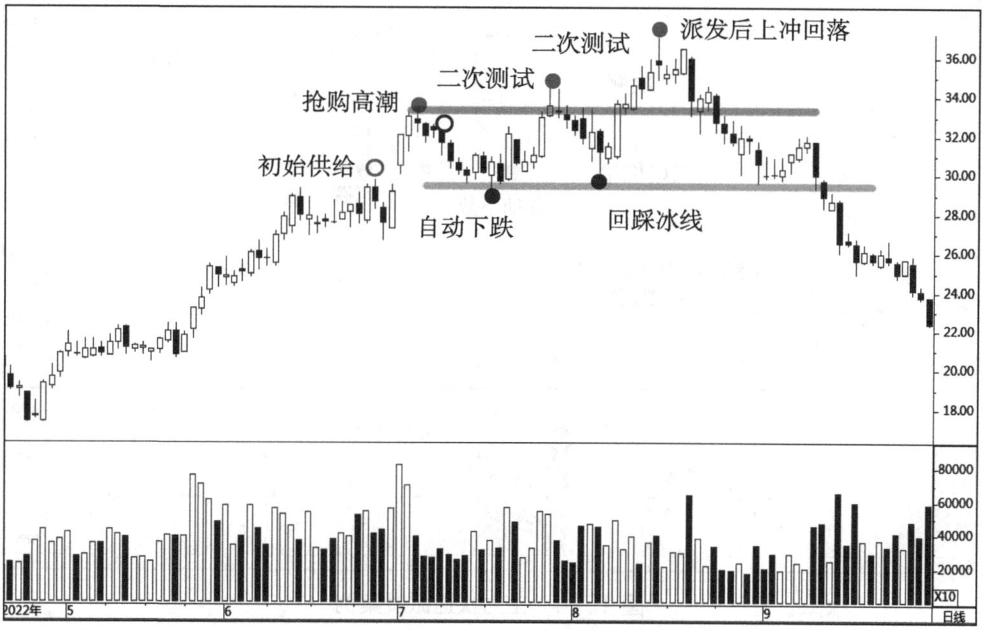

图 15-3　典型的派发区阶段 B 和阶段 C

通常情况下，主力往往借助相对温和的走势，隐藏自己的真实意图，以完成更大规模的派发行为。对于图 15-3 这类走势，初学者可以先画出明显的阻力线和支撑线，然后通过这两条水平辅助线，帮助识别和标注威科夫事件。

二、短线强势股的快速派发

一些主力在操纵短线强势股的时候，往往会快速派发，如图 15-4 所示。案例中的主力在拉升阶段采用了连续涨停板快速拉升的手法。蘑菇长得快烂得也快，这样的手法往往伴随着快速派发。

图 15-4 中，副图的成交量标注了两条成交量参考线，下面的长参考线是吸筹区的最大量，上面的短参考线是派发区的最大量。副图中标注的色块区间，分别以主图中的初始供给和上冲回落为参考，这是主力可能的派发区。

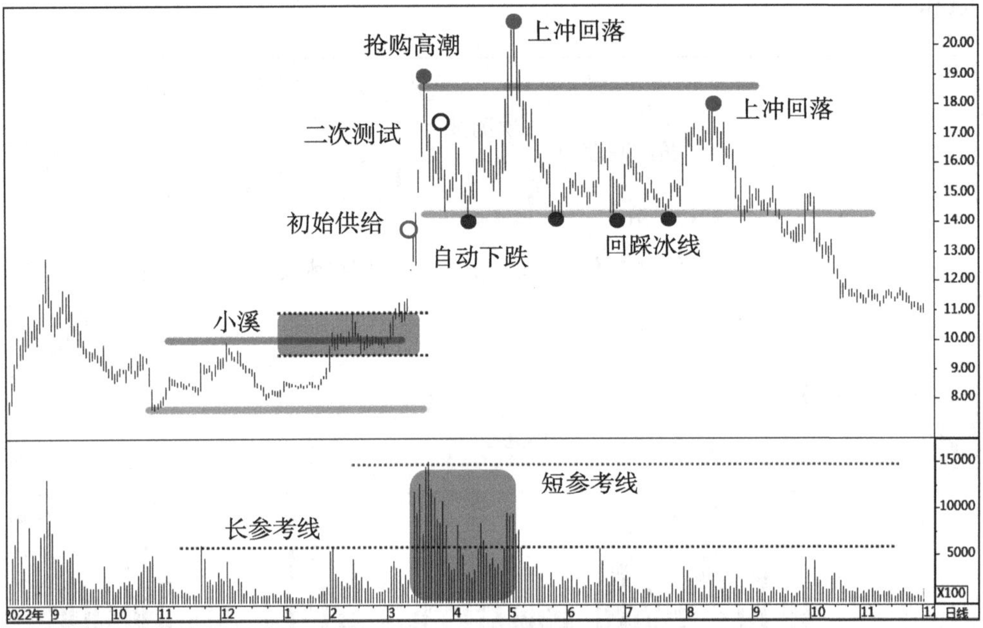

图 15-4　主力快速派发案例

案例中的成交量有如下三个特征。

第一，拉升阶段的集中放量只有一次，即色块标注的区间。

第二，抢购高潮和上冲回落各自对应的两小段上涨趋势对比，是价涨量缩。

第三，上冲回落后，成交量快速萎缩，低于成交量长参考线，即派发区的成交量萎缩到了吸筹区的水平。

有经验的投资者根据上述三点可以得出结论：主力在初始供给和上冲回落之间就完成了派发。正是因为完成了派发，站在主力视角，也就没有必要操控出“大”成交量，让该股继续扮演“活跃股”。换句话说，主力阶段性处于观望状态，并等待开启下跌阶段的时机。

三、派发区的量价特征

通常情况下，投资者能够通过成交量发现主力的操控痕迹。初学者做读图训练的时候，应重点关注威科夫阶段和威科夫事件的量价关系。

“大量出大线”，即大 K 线通常会伴随大成交量。一般情况下，以初始供给作为分界点，其右侧的 K 线，无论阴阳，往往会是大 K 线。

图 15-5 所示的 K 线图是在图 15-2 的基础上，对大阳线和大阴线进行了突出标示。很明显，派发区的大 K 线都是主力操控的结果。实战中，如果股价在一个横向区间以大 K 线的形式急涨急跌，投资者可以认为是派发区，至少是阶段性的派发区。

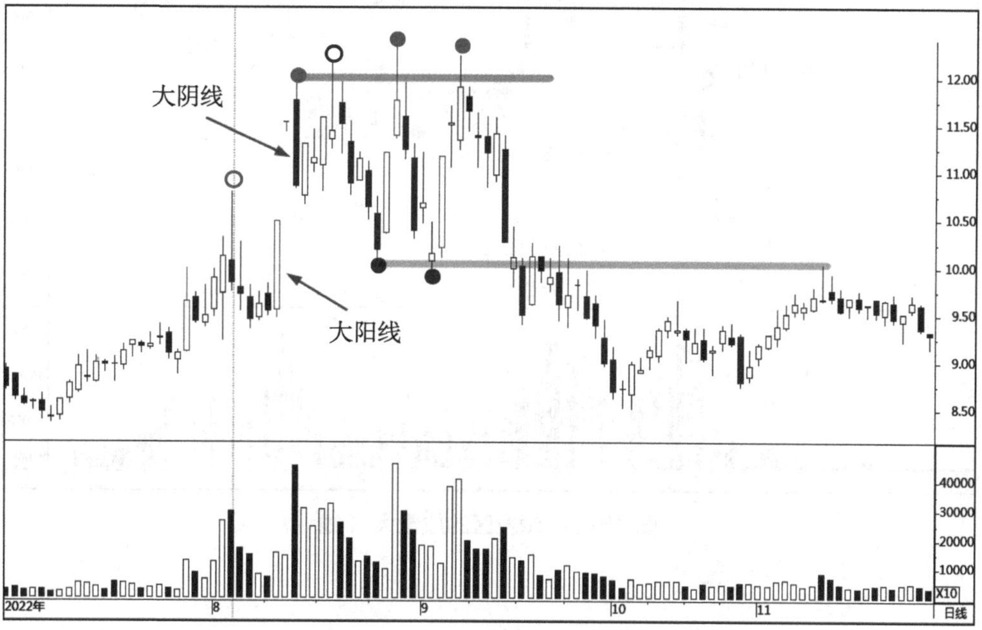

图 15-5　派发区的大 K 线

初学者如果把大 K 线对应的成交量也做突出标示，可以更好地理解主力在派发区的操控行为。

如图 15-6 所示，这是一只创业板个股。由于涨停板的幅度是 20%，该股自初始供给之后，日均换手率在 30% 以上，进入了超级活跃期，图表上出现了大量的放量大阴线。

即使是这样“极端”的个股走势，投资者也能够惊奇地发现：在很大程度上，该股的价格运动遵循了威科夫的量价模式。

第一，投资者以初始供给为参考点，能够识别和标注派发区各个主要的威科夫事件。

第二，以自动下跌的低点作为派发区的支撑线，在技术上有很强的确定性。

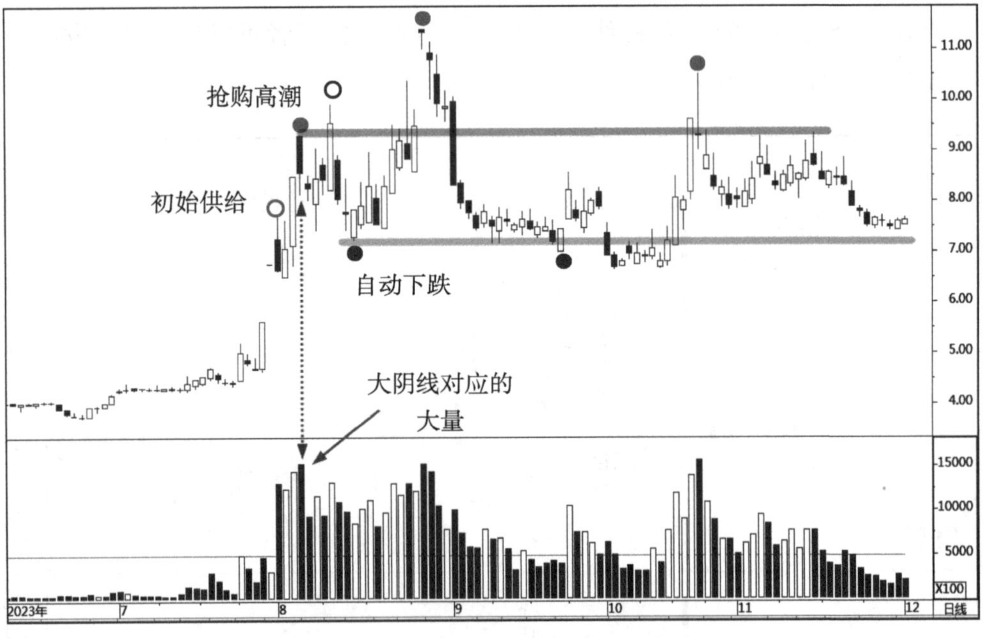

图 15-6　派发区的放量大 K 线

第 16 章　威科夫量价模式（七）：派发区转熊市

现代威科夫技术把股价脱离派发区称为威科夫派发区的阶段 D，是派发阶段和下跌阶段的衔接部分。随后有两种走势，第一种开启一段大型的下降趋势，派发区的阶段 D 是该大型下降趋势的第一小段；第二种是在吸筹区阻力线上方，构建一个大型的横向区间。无论是哪一种走势，短期的下跌幅度都相对较大，这是投资者最容易亏钱的阶段之一。

在正常的威科夫量价模式中，站在主力的视角，派发区的阶段 D 是最重要的操控环节之一，目的是要“套”住一大批“笨钱”。

相对于未来大幅下跌后新的吸筹区，派发区阶段 D 的套牢者是高位被套的深度套牢盘。这些套牢盘往往是毫无经验，并且自以为是的“笨钱”。在随后阶段 E 的熊市中，他们往往还会“逢低买进”，摊平自己的持仓成本。因此，站在主力的视角，这类“笨钱”持有的筹码稳定性极高，在整个下跌阶段的早期和中期，一般不会轻易割肉，事实上帮助主力锁定了筹码。这些稳定性极高的“笨钱”筹码，将是未来抛售高潮的主要来源。

基于上述主力派发后的操控逻辑，站在主力视角，派发区的阶段 D 和阶段 E 其实是一个阶段，即针对“笨钱”的“养—套—杀”。因此，本章把派发区的阶段 D 和阶段 E 合在一起阐述。

一、派发区的威科夫事件（阶段 D 和阶段 E）

现代威科夫技术中，派发区的阶段 D 和阶段 E，如图 16-1 所示。

其中，重要的威科夫事件包括弱势初现、最后供给点、冰层，以及跌破冰层。

弱势初现（Sign of Weakness，SOW）。无论是派发后的上冲回落（UTAD），还是一般的上冲回落（UT），当派发区最后一次向上冲击后，通常都会出现相对放量的大阴线。这样的放量大阴线称为弱势初现，是下降趋势的初始信号。

最后供给点（Last Point of Supply，LPSY）。弱势初现后的弱势反弹高点，称为最后供给点。通常情况下，派发区可能出现两次或两次以上的弱势初现，因此对应有 1 ～ 3 个最后供给点。这些弱势初现和最后供给点，往往会在 K 线图上形成一段清晰的小型下降趋势，低点会在冰线附近。

冰层（Ice）。股价回落到冰线附近时，往往会围绕冰线形成一个小型整理区间，称为冰层。派发区的冰层与吸筹区的小溪，可以视为对称的威科夫事件。

跌破冰层（Falling Through the Ice，FTI）。派发区的冰层一般是主力依托冰线的诱多行为。诱多结束后，再次出现放量大阴线，并且跌破冰层的支撑线，称为跌破冰层。跌破冰层的放量大阴线宣告派发阶段结束，也是派发区阶段 D 和阶段 E 的分界点。

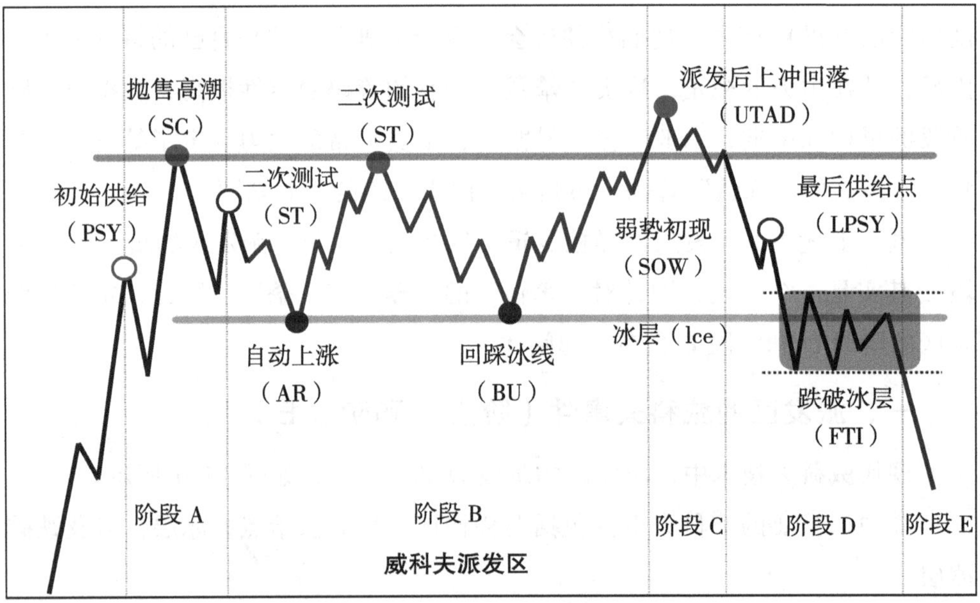

图 16-1　威科夫派发区的阶段 D 和阶段 E

投资者可以借助派发区的阻力线和支撑线（冰线），以及最后一次向上冲击的高点，在 K 线图上识别和标注阶段 D 和阶段 E 的威科夫事件，如图

16–2 所示。

图 16–2 的案例是一只次新股，K 线图上的走势相对简单和清晰，初学者更容易识别和标注。

投资者需要注意的是，图 16–2 中的最后供给点并不是典型的最后供给点。通常情况下，典型的最后供给点类似于图 16–1，先有放量大阴线来示意弱势初现。而图 16–2 中的最后供给点位于弱势初现之前，但我们仍应视其为最后供给点。原因是在最后供给点后出现了一小段明显的下降趋势，触及了冰线。这样的处理方式，符合阶段 D 的技术逻辑。

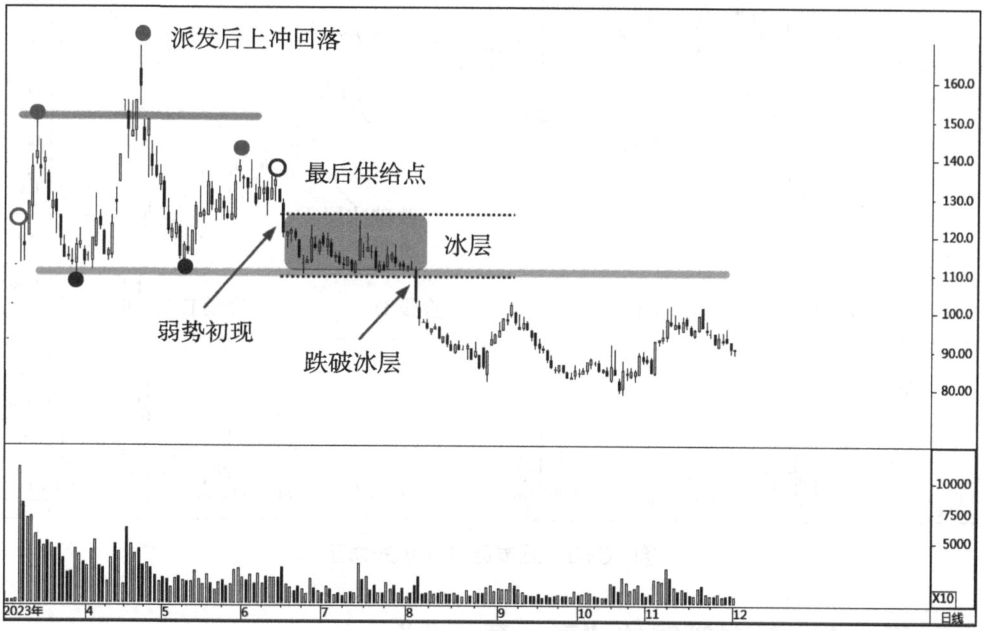

图 16–2　阶段 D 和阶段 E 中的威科夫事件

二、派发区辅助线的修正

通常情况下，投资者在确定派发区的阻力线和支撑线时，应遵循现代威科夫技术的定义，以抢购高潮的高点作为阻力线，自动下跌的低点作为支撑线（冰线）。但是，如果自动下跌后，实际走势与两条辅助线存在较大的差异，投资者应该修正辅助线。

图 16-3 中，投资者先标注抢购高潮和自动下跌的威科夫事件，然后画出派发区的阻力线和支撑线，即图中的两条水平虚线。随后派发区的价格运动向上突破了阻力线，向下跌破了支撑线，且向下的低点到达了初始供给附近。基于这样的走势，投资者可以修正派发区的阻力线和支撑线（冰线），参见图中的两条水平实线。

很明显，后期的价格运动更符合修正后的辅助线。

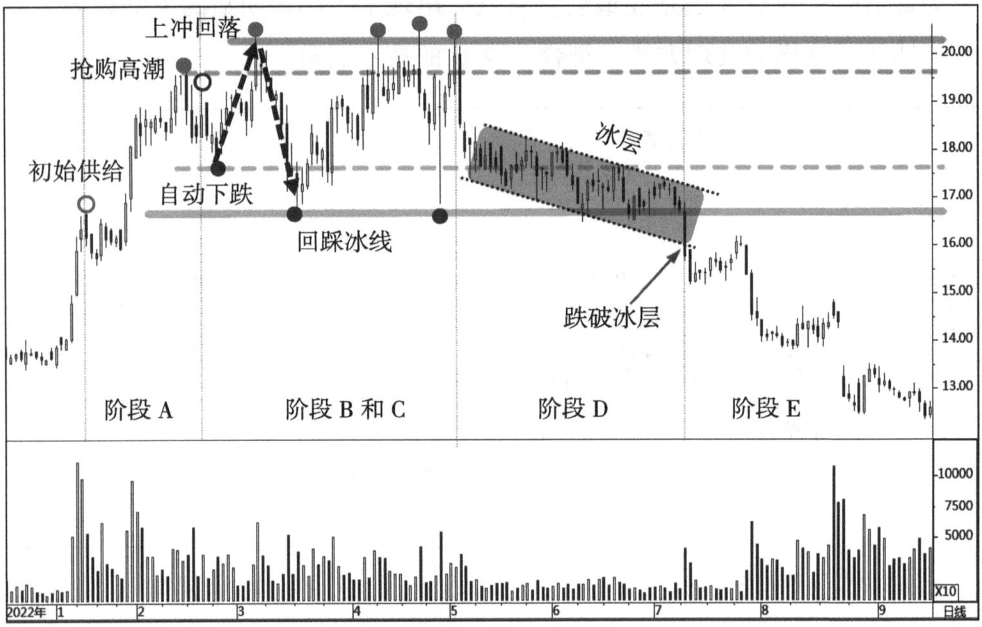

图 16-3 派发区辅助线的修正

三、主力针对笨钱的“养—套—杀”

投资者学习派发区的阶段 D 和阶段 E，不能忘记个股当前所处的市场背景——经过主力先前的炒作，很多投资者已经把该股视为一只潜力巨大的强势股。换句话说，该股依旧散发着牛股的味道，很多投资者试图“逢低买入”。

除此之外，主力也试图对笨钱实施“养—套—杀”的操控计划。

“养”。“笨钱”受到主力炒作的蛊惑后，认定该股会大幅上涨。随后，

“笨钱”一般会在派发区的下2/3空间内进场，并且“笨钱”上冲不卖，下跌不怕，信心满满地承受着派发区的大幅振荡。在这个阶段，“笨钱”的账户资金时赚时亏。但是他们中的多数人会开始收集该股的各种利好信息，并且心理上也逐渐熟悉和接受了该股。

“套”。当弱势初现后，多数“笨钱”快速被套。由于只是一根大阴线，“笨钱”仅仅是小套。“笨钱”通常会把第一次弱势初现视为是主力拉升前的洗盘，有些人会逢低买进。随后，主力在冰线附近构建冰层，给了“笨钱”极大的安全感，同时也适应了小套的状态。

“杀”。站在主力的视角，“杀”是指跌破冰层的大阴线让笨钱出现大幅度的亏损。通常情况下，大幅度的亏损会击穿普通投资者的心理防线，并丧失主动操作的意志。他们一般会采用鸵鸟策略，在虚幻的希望支撑下，麻木地看着股价下跌。换句话说，主力“杀死了‘笨钱’的心”，让先前信心满满的投资者变成了待宰的羔羊。

参照图16-1，在K线图上标注派发区主要的威科夫事件后，可以揣摩主力的“养—套—杀”。

图16-4所示的案例，主力把派发区画成了一个上涨三角形，技术上诱多。

最后一次上冲回落触及派发区的阻力线，价格遇阻回落。随后两根大阴线是弱势初现，直接套住了在派发区上半部进场的“笨钱”。由于冰线的存在，很多“笨钱”心存侥幸，认为还有上冲回落解套的机会。

主力接下来在冰线的上方画出了第一个冰层，坚定了这些“笨钱”等待解套的信心。但是主力没有画上冲回落，而是画出了跌破冰层，并再次依托冰线画出了第二个冰层。这个时候，多数“笨钱”已经逐渐适应阶段性被套了。

后期，主力耐心地操控下降趋势的幅度和节奏，彻底套住渐渐麻木的“笨钱”。

需要说明的是，图16-4中的主力依托冰线画出了两个冰层，投资者可以视为是威科夫派发区的双冰层结构。

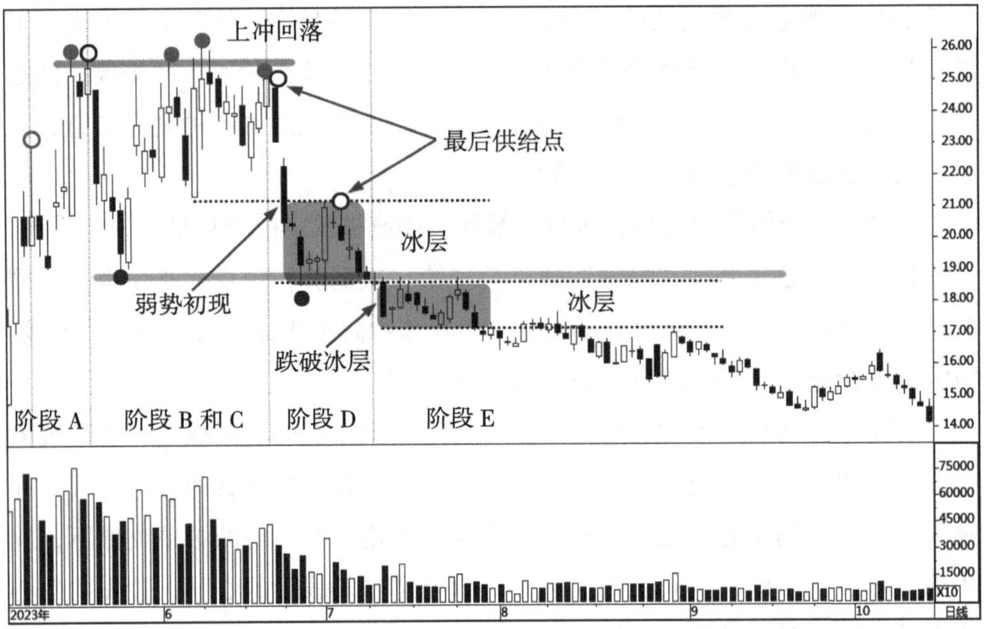

图 16-4　威科夫派发区的双冰层结构

下面我们来看一个单冰层结构的案例。

如图 16-5 所示，K 线图呈现为明显的单冰层结构。在主力的诱导下，多数“笨钱”会在冰层进场，并逐渐成为该股的中线持有者。

主力为了麻痹“笨钱”的风险意识，第一次跌破冰层是假突破，第二次跌破冰层才是真突破。即使在真跌破后，主力还是画出了阴跌的小 K 线，耐心地“帮助”“笨钱”逐渐接受套牢的事实。整个过程类似温水煮青蛙。

总的来说，派发区的阶段 D 和阶段 E 中的冰层，有很大可能是主力的诱多行为。稳健的投资者应谨慎对待，并加强风险意识。

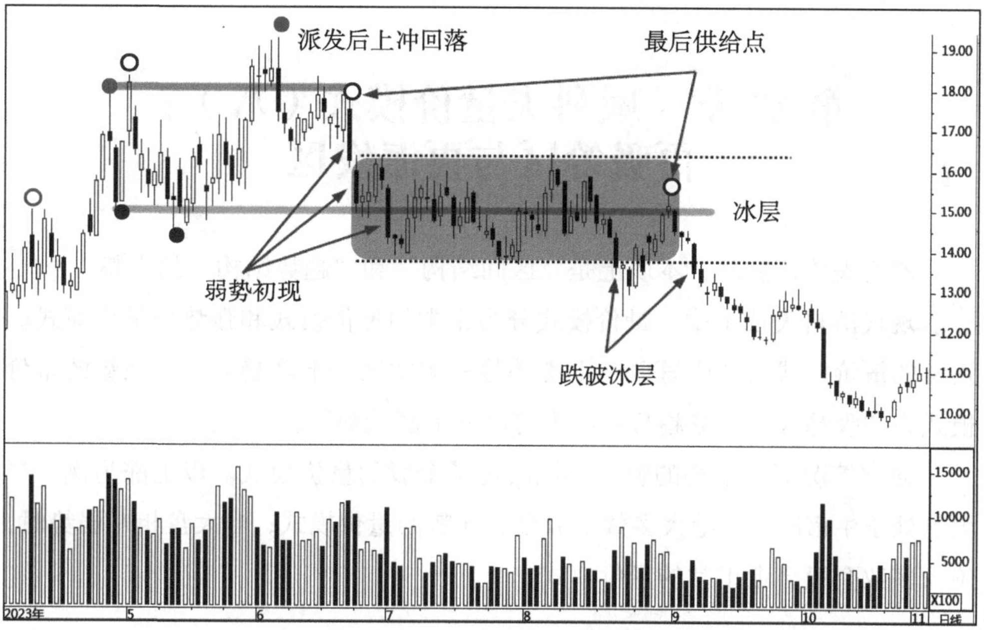

图 16-5 威科夫派发区的单冰层结构

第 17 章　威科夫量价模式（八）：再吸筹区与再派发区

威科夫价格循环，本质上是“区间结构”和“趋势结构”的交替。

现代威科夫技术中，量价模式分为正常的量价模式和强势的量价模式。正常的量价模式为“吸筹区—上涨趋势—派发区—下降趋势”，强势的量价模式为“吸筹区—上涨趋势—再吸筹区—上涨趋势”。

通常情况下，市场的整体环境决定了个股的量价模式。以上涨为例，当大盘处于牛市阶段，绝大多数个股会走强势的量价模式；当大盘相对弱势时，绝大多数个股会走正常的量价模式。

一、派发区转再吸筹区

一些强势个股在上涨的中途，于吸筹区上方再次构建一个横向的区间结构后，继续强势上涨，第二个横向的区间结构称为再吸筹区，也称为脚踏石，如图 17-1 所示。

再吸筹区在 K 线图上是一个生长和演变的过程。

K 线图上，首先是派发区的威科夫事件：初始供给—抢购高潮—自动下跌—上冲回落—回踩冰线。这个时候，投资者会认为正在构建派发区。

但是，当派发后上冲回落（UTAD）的低点获得了派发区阻力线的支撑时，行情的性质就可能发生了重大变化。派发后的上冲回落可能是新的吸筹区的强势初现；如果随后出现小溪，以及跳跃小溪，投资者就可以认为派发区演变成为了再吸筹区。

因此，在技术逻辑上，派发后上冲回落是派发区和再吸筹区的技术关节点，假突破是派发区，真突破则是再吸筹区。

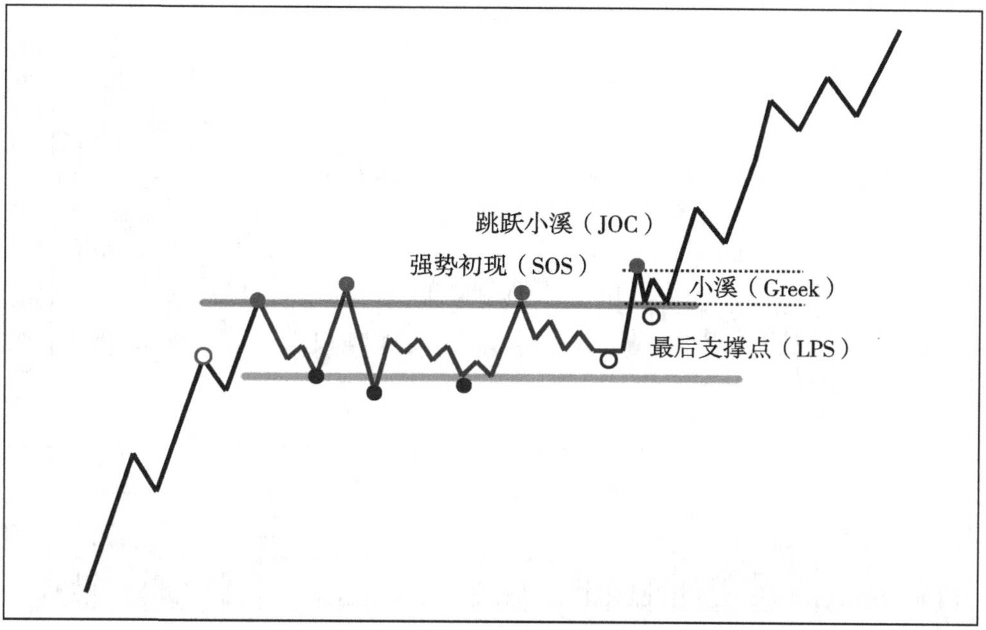

图 17-1　威科夫再吸筹区

实际走势中，一些个股并没有出现相对典型的派发后上冲回落，而是以吸筹区阶段 D 和阶段 E 的方式，开启了第二大段的上涨趋势。

图 17-2 的案例，股价在冰线上方构建了一个大型横向区间，持续时间超过了半年。在区间的中后期，股价的低点逐渐抬高，成交量也恢复到活跃期的标准。这个时候，投资者就要意识到，该股的派发区可能是再吸筹区。随后在阻力线下方出现了小溪，紧接着是跳跃小溪，再吸筹区得以确认。

图 17-2 的案例表明，再吸筹区如同吸筹区一样，小溪和跳跃小溪是实战中重要的技术形态。

有时候，一些个股的再吸筹区可能会持续一年以上，如图 17-3 所示。

初学者在复盘这类走势的时候，要掌握一个诀窍：区间结构的前半截是派发区，先在图上找派发区的威科夫事件；区间结构的后半截是吸筹区，然后在图上找吸筹区的威科夫事件。

图 17-3 的案例，再吸筹区持续的时间很长，K 线数量也很多。对于这样的走势，初学者识别和标注特定的威科夫事件不需要精确到具体某一根 K

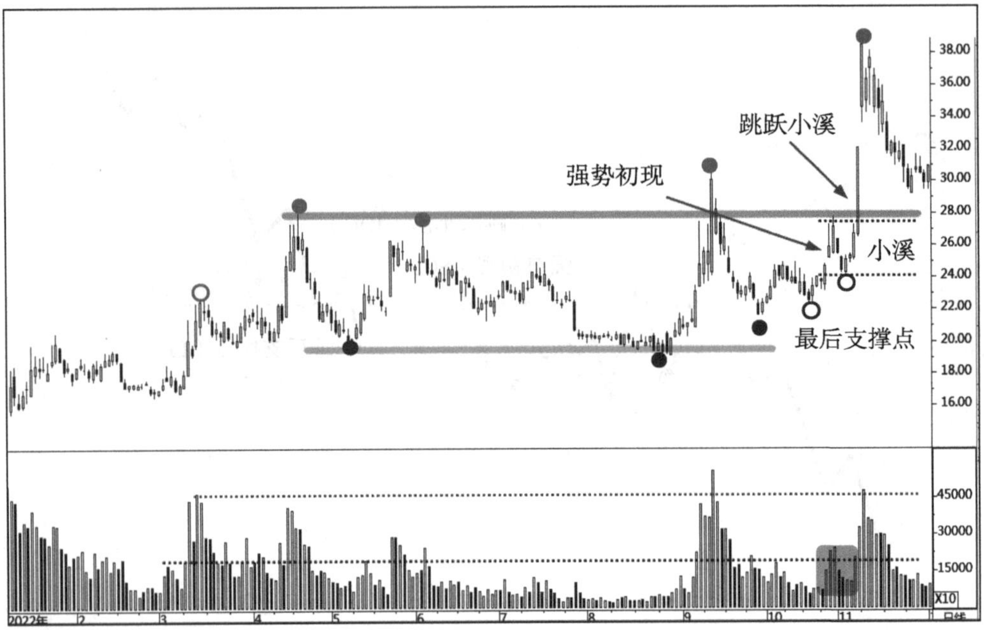

图 17-2　再吸筹区的重要技术形态

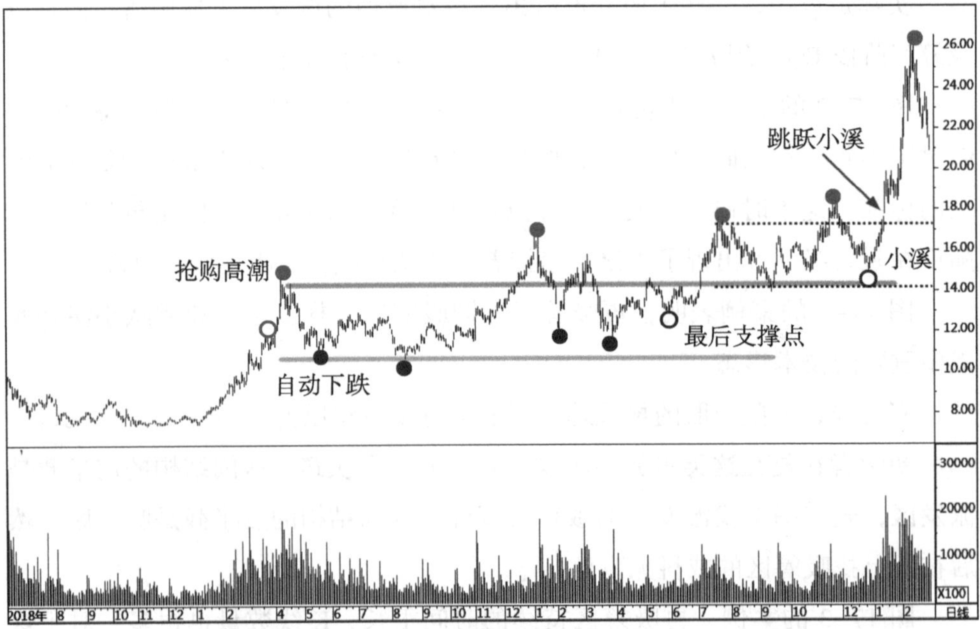

图 17-3　再吸筹区的水平辅助线

线，重点是搞清楚派发区朝着再吸筹区演变的逻辑过程。

图 17–3 的案例表明，由第一次抢购高潮形成的水平辅助线，可能会是再吸筹区的重要水平辅助线。参看图 17–3 右侧，股价在该水平辅助线上方构建了一个大型的小溪，小溪的低点就是先前的阻力线。

二、吸筹区转再派发区

一些弱势的个股从派发区大幅下跌后，构建了一个横向的区间结构，随后价格再次大幅下跌，该横向区间结构就是再派发区，如图 17–4 所示。

再派发区也是同样的道理，前半截是吸筹区的威科夫事件，后半截是派发区的威科夫事件。技术逻辑如下：

上冲回落（吸筹区）—弹簧（吸筹区）—冰层（再派发区）—跌破冰层（再派发区）。

吸筹区转再派发区的技术关节点是弹簧。当本应作为吸筹区假突破的弹簧变成真突破后，吸筹区也就变成了再派发区。

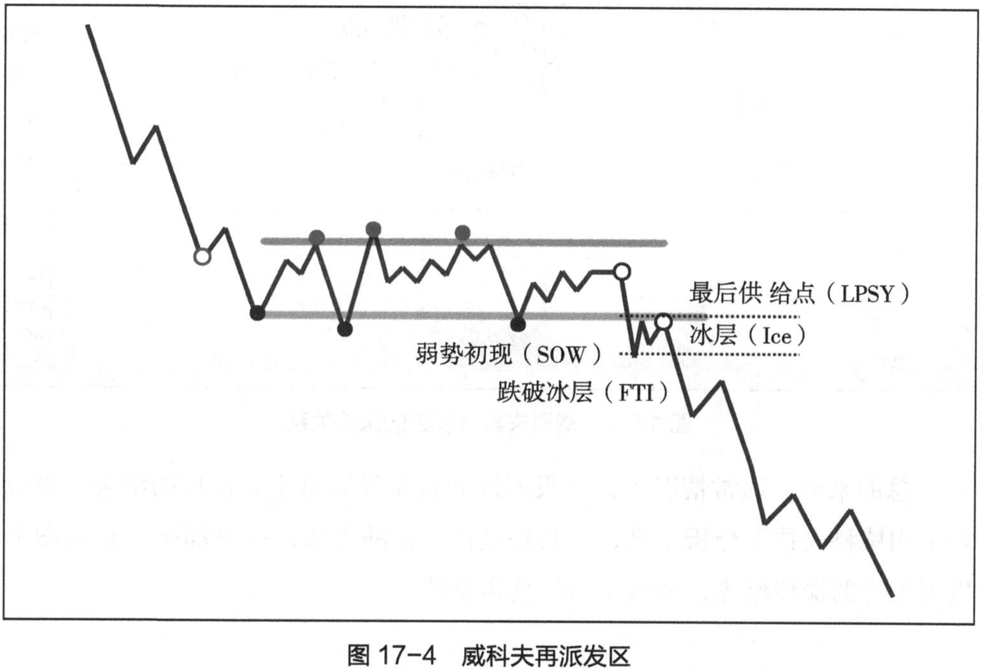

图 17–4　威科夫再派发区

初学者学习再派发区的时候，除了理解重要的威科夫事件外，还应关注演变过程的量价关系。

图 17-5 是相对典型的再派发区案例。初学者在标注重要的威科夫事件后，应重点观察成交量。图 17-5 中的成交量有两处异常。

第一，吸筹区阶段，最后一次上冲阻力线，成交量过于巨大，随后快速萎缩。这样的走势有可能是主力在快拉快出。

第二，吸筹区的弹簧是主力对浮动筹码的重要测试行为，应该是缩量。但是图 17-5 中从上冲回落到弹簧的这段下降趋势，相对于区间结构的前半截是放量。

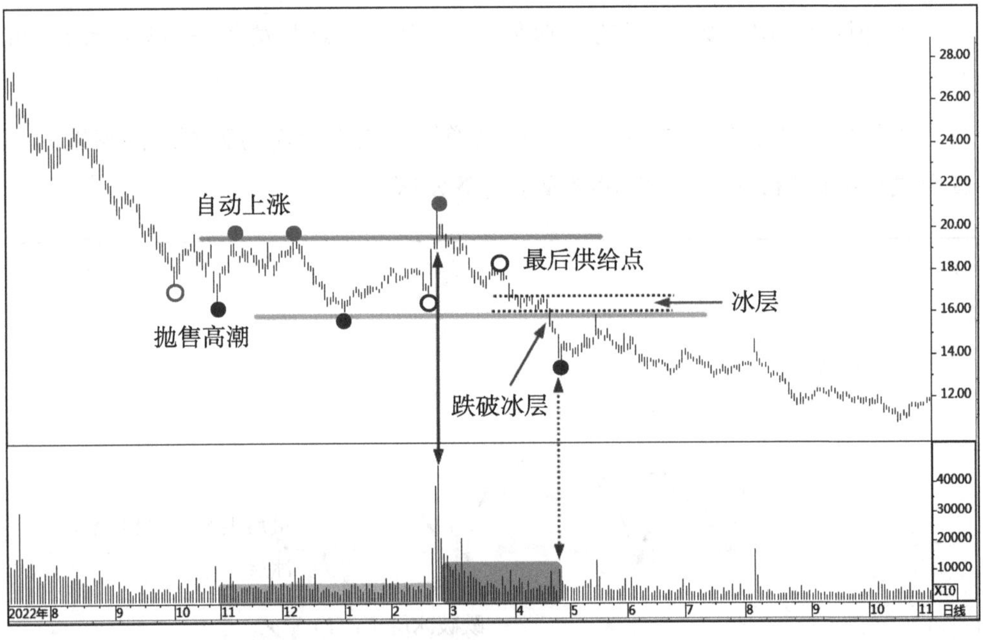

图 17-5　威科夫再派发区的量价关系

总的来说，通常情况下，再吸筹区和再派发区是主力操控的结果。投资者采用威科夫技术分析工具，尤其是量价分析的方法，一般都能在 K 线图上发现主力的操控痕迹，读懂主力的真实意图。

第4部分

威科夫股市实战操盘术

威科夫曾说："投资者要想在股市中获得成功，有两个至关重要的因素：（1）掌握股市交易的正确知识；（2）正确运用这些知识。"

任何人在股市获得成功的标准只有一个——赚钱了，即投资者的资金账户是正增长。由于交易领域不存在圣杯，任何交易者都不可能"每一笔交易都赚钱"，一定会存在亏钱的交易。所谓"资金账户正增长"，一般是指特定时间内一系列交易后的总结果。只要总的盈利大于总的亏损，就是正增长。

威科夫认为，投资者通过多次重复交易，能够让自己的资金账户实现正增长，就是成功的投资者。这些投资者既掌握了股市交易的正确知识，又能够正确运用这些知识。在当代交易领域，威科夫的这个观点通常表述为：投资者拥有一套经过市场检验的交易系统。

任何一个股市交易系统都必须解决以下三个实战层面的难题。

市场感知与选股。与期货、外汇等市场不一样，股市的独特性在于个股数量众多，且走势分化。因此，股市交易系统的核心难题就是“选股”，也必须具备“选股”功能。所谓“选股”功能，一般包括选股逻辑、选股工具和选股程序。

买卖规则与风险控制。有经验的投资者都知道，股票的买卖规则除了技术面的要求外，更重要的是仓位控制和订单管理，三者本质上都属于风险控制。

交易策略。在技术分析领域，所有的交易策略都是基于“历史会重复”的假设。所谓“历史会重复”，是指价格运动一般是模式化的，并且会在特定的时空重复特定的模式，例如威科夫价格循环。当投资者主观预判并相信，随后的价格运动将会重复特定的模式，就等同于拥有了一张未来股价运动的导航图。投资者依据导航图，选择特定的进场点和离场点，就是交易策略。

古典的威科夫技术，即威科夫本人的论述，主要围绕上述三个实战难题展开。因此，古典的威科夫技术本质上是一套完整的股市交易系统。

本书的“威科夫股市实战操盘术”，特指A股普通投资者采用威科夫的技术原理和分析方法，构建的**“单向做多策略—日线—交易系统”**。

笔者建议投资者带着上述三个问题学习下面的内容，并在学习过程中尝试构建适合个人风格的股市交易系统。

第 18 章　威科夫如何选出强势股

威科夫毕其一生，主要都在为股市投资者提供帮助和服务。在他的技术体系中，选股占据了非常重要的地位。

威科夫反复告诫投资者，要持续不断地在市场中找到适合交易的个股。通常情况下，这些适合交易的个股都处于活跃期，技术特征呈现为放量和价差大（大 K 线）。投资者需要及时选出变化最早、最快，且变化幅度最大的个股。

威科夫的观点总结起来就是一句话——投资者只有交易强势股，才能在股市中赚钱。事实上，威科夫的观点与华尔街其他大师的观点并无二致。无论是早期的利弗莫尔，还是当代的马克·米勒维尼（Mark Minervini），他们技术的核心都是识别和交易强势股。

投资者需要注意的是，威科夫是最彻底的技术流大师。他的选股方法是最纯粹的技术分析选股法——只与市场价格运动中的价格行为有关。换句话说，威科夫选股法几乎不涉及任何其他因素，例如宏观经济、个股相关信息等。

威科夫选股法的逻辑有两点。

第一，在综合人的操控下，市场整体（大盘指数）、板块指数和个股的价格运动，一般都会遵循威科夫价格循环的原理，并且走势在图表上呈现出相对清晰和完整的威科夫量价模式。即威科夫技术既适用于个股，也适用于板块指数和大盘指数。

第二，大盘指数的走势由当下的主流板块，即市场热门板块的走势所左右；而特定板块的强弱，主要由该板块内的重要个股所影响。

通常情况下，威科夫选股法是“由上到下”——投资者先找出比大盘指数强的板块，再找出比板块强的个股。因此，走势之间相对强弱的判断方法，就是威科夫的选股秘诀。

一、如何研判市场环境

威科夫认为，无论是大盘指数，还是板块指数抑或是个股，价格运动一般都会遵循威科夫价格循环。这句话在此处的意思是，威科夫价格循环中的任何一个阶段，都不可能由一根日K线或者几根K线就走完了。通常情况下，威科夫价格循环中的任何一个阶段都会持续一段时间，即价格运动具有惯性。

因此，在威科夫看来，研判市场环境分为两种情况：一种是价格运动处于某个特定阶段；一种是两个阶段的转折点或是衔接部分。

在第一种情况下，投资者不需要疑神疑鬼，要相信惯性法则的巨大力量，例如个股的底部吸筹区一般都会持续半年以上。第二种情况，往往会对投资者的资金账户造成重大影响，投资者需要谨慎应对。

图18-1是上证指数2021年12月13日到2023年8月3日的日K线图。其中，2021年12月13日的高点是左侧下降趋势的起始点，2022年4月27日的低点是该下降趋势的结束点。到2023年8月3日为止，上证指数均在其高点和低点确定的区间内运动。

下面我们来分析一下，投资者在2022年9月30日收盘后会怎么看大盘，参见图18-1中的圆圈位置。

2022年9月30日是周五，既收了日线，也收了周线和月线，加上国庆长假，下次开盘时间是10月10日。投资者大约有十天的时间来进行分析和思考。图18-2为投资者当时能够看见的日K线图。很明显，9月30日就是研判市场环境的第二种情况。

投资者可以直观地画出图18-2中的两条水平辅助线。其中，支撑线的画法采用了就近规则，即以最后一根K线的位置做主要参考，左侧有一个老底大致接近。按照常见的技术分析，如果该支撑线成立，有可能是大型头肩底的右肩。

一些投资者可能会以4月27日的低点做参考，画出图18-2中的两条箭头虚线。随后依据右侧上涨段强于左侧下跌段的事实，得出结论：价格运动

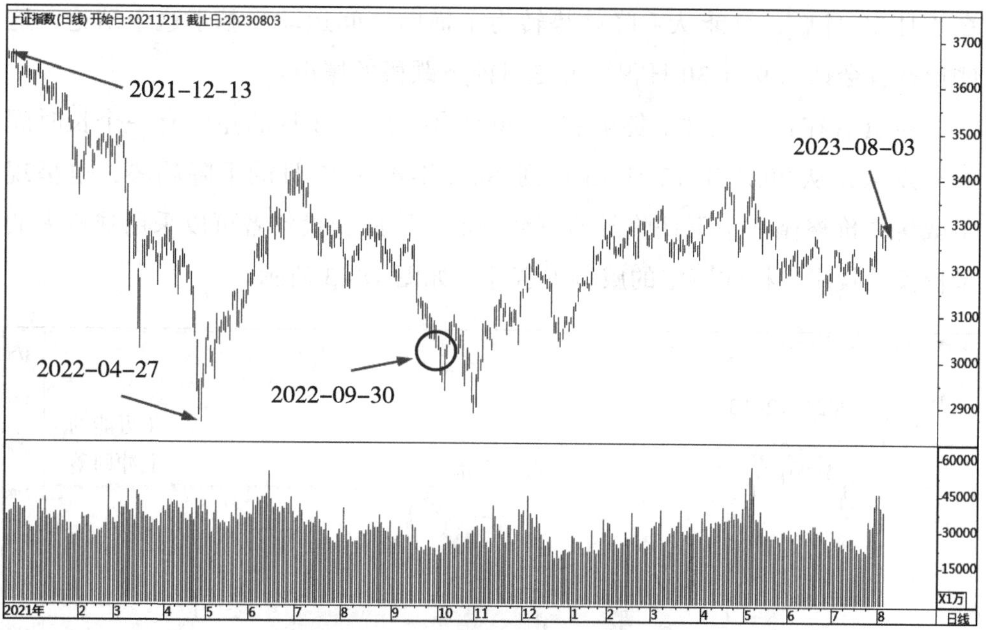

图 18-1　上证指数的一段日 K 线图

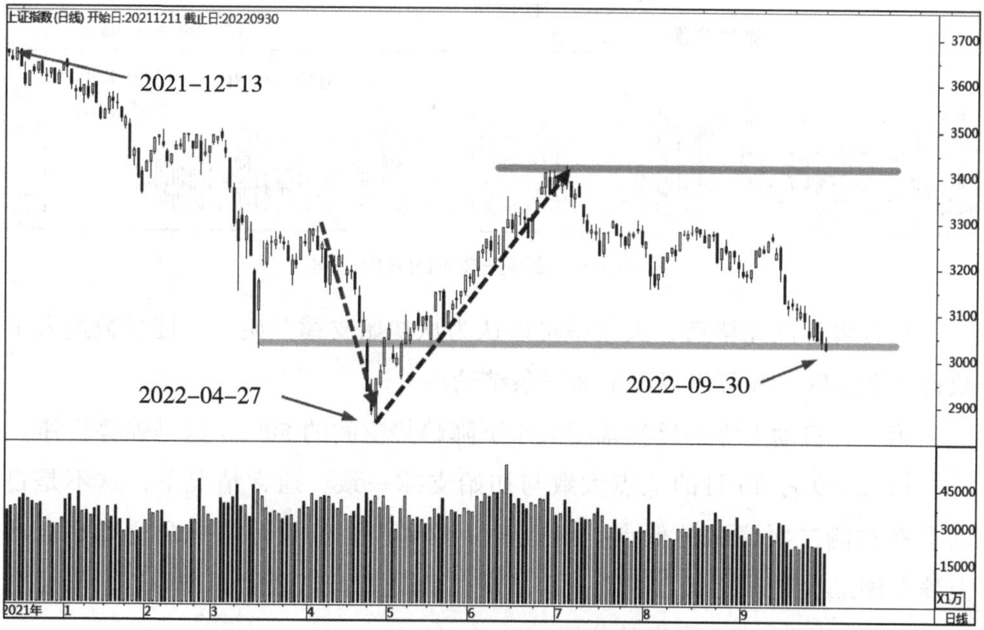

图 18-2　常见的技术分析过程

在 4 月 27 日后，可能从下降趋势转为了横向区间运动。基于这个结论，这些投资者会认为 9 月 30 日很可能是目前下跌段的尾声。

投资者在行情软件上能够看见 2021 年 12 月 13 日的左侧有一个长时间的派发区，从 2021 年 12 月 13 日到 2022 年 4 月 27 日的下降趋势，也呈现了威科夫价格循环中下跌阶段的典型特征。因此，投资者可以采用威科夫的量价模式技术，标注特定的威科夫事件，如图 18-3 所示。

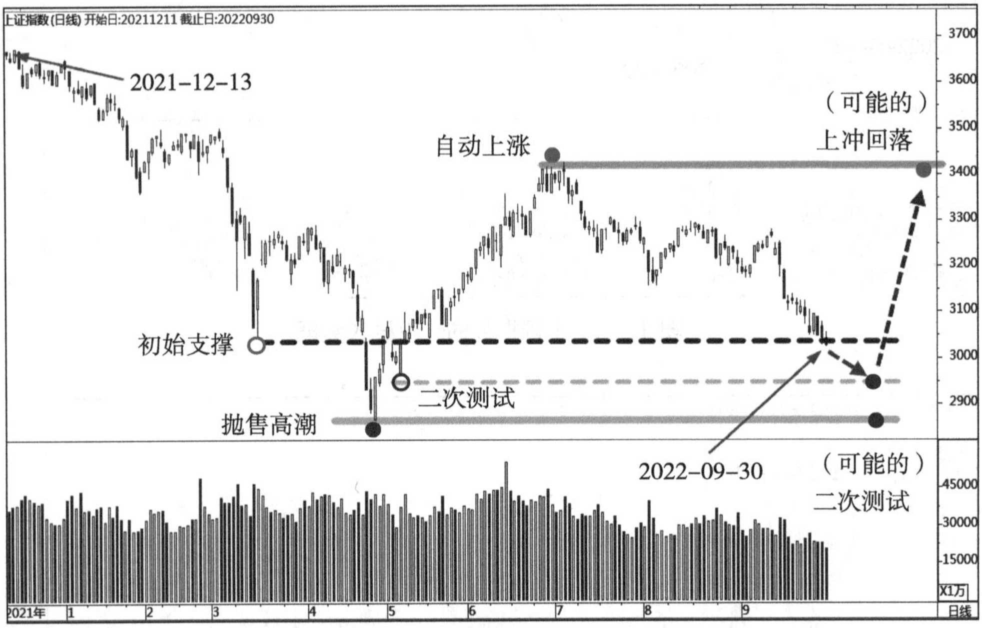

图 18-3 威科夫技术的分析过程

投资者标注完毕后，大概率可以认为从初始支撑开始，上证指数进入了威科夫吸筹区，并可以得出下面三条结论。

第一，自动上涨的反弹幅度大于下降趋势空间的 50%，这是强势反弹。

第二，9 月 30 日的低点大致与初始支撑一致。通常情况下，这不是自动上涨右侧二次测试的低点。该低点一般有两个位置：第一个位置是自动上涨左侧二次测试的低点附近，第二个位置是抛售高潮的低点附近。参见图 18-3 右下侧两个实心圆点的位置。

第三，基于这是威科夫吸筹区的判断，投资者可以期待：在吸筹区支撑线附近，若出现二次测试后，大概率会有一次从支撑线到阻力线附近的上冲回落。这是一段上证指数的大行情，期间会出现不少翻倍的强势股。

图 18–4 为图 18–3 随后的走势，截止时间是 2022 年 11 月 7 日（周一），前一根 K 线是放量大阳线，时间是 11 月 4 日（周五）。

图 18–4 的走势，表明上证指数并没有走大型头肩底，而是走了威科夫吸筹区阶段 B 中的二次测试。

图 18–4　价格运动验证了威科夫量价模式

按照威科夫技术，图 18–4 是行情分析，投资者的实战交易还需要解决下面两个问题。

第一个问题：截止到 11 月 4 日，二次测试成功了吗？

第二个问题：如果二次测试成功了，投资者该怎样制订交易计划？

要回答第一个问题，在图 18–5 的 K 线图上，有以下四个技术特征表明该二次测试成功完成了。

第一，从图 18-5 中 A 点开始的小型下降趋势，在 2022 年 10 月 31 日触及最下方的水平辅助线时，形成的最低点是 2885.09 点，并没有超过抛售高潮时的 2863.65 点，且成交量相对前一次下探是缩量的。

第二，在该小型下降趋势的尾声，出现的两次反弹均是价涨量增。

第三，在吸筹区支撑线附近，裸 K 线形成了明显的底分型。

第四，第二次反弹突破了小型下降趋势线。

要回答第二个问题，稳健的投资者可以参考主图中的水平虚线，以及 11 月 4 日放量大阳线的高点，作为进场的价格区间，参见主图右下侧的色块。

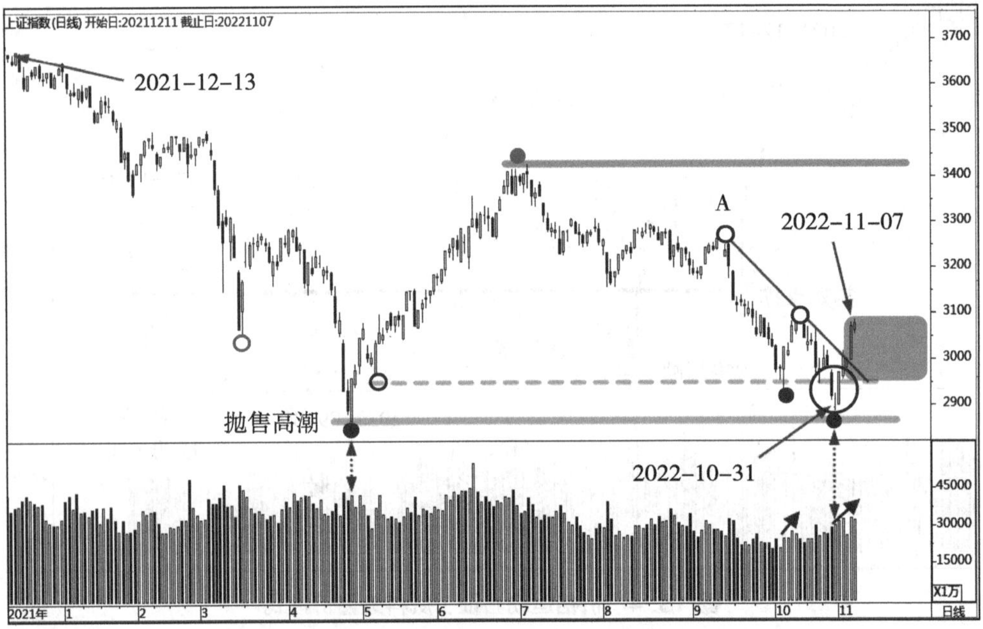

图 18-5　二次测试的技术判断

二、威科夫相对强度比较法

投资者在不同品种之间比较相对强度时，有以下两个难点。

第一，不同品种的波动率不一样。通常情况下，上证指数的波动率要小于板块指数，板块指数要小于个股。因此，直接使用波动率百分比做比较，不太合适。例如，上证指数上涨 1.00%，板块指数上涨 1.50%，个股上涨 2.20%，不能说个股强于板块，板块强于上证指数。实际情况可能完全相反，上证指数是强势上涨，板块当天是中等强度，而个股是当天板块中的弱势股。

第二，时间上不同频。股市最大的特点就是走势分化，很少出现所有品种同涨同跌的现象。

威科夫很早就发现了上述两个难点，并从技术原理本身出发，提出了比较不同品种之间相对强度的解决方案——威科夫相对强度比较法。

威科夫相对强度比较法，是以走势的技术结构点为标准，依据时间序列，逐段比较。

我们在图 18-5 上证指数的 K 线图上，使用行情软件的“叠加品种”功能，叠加 IT 设备（880489）板块指数，纵坐标改为了百分比坐标，如图 18-6 所示。

很多投资者看见图 18-6 中两个品种的 K 线图，很大可能会感觉“乱”，难以进行两个品种相对强度的比较。

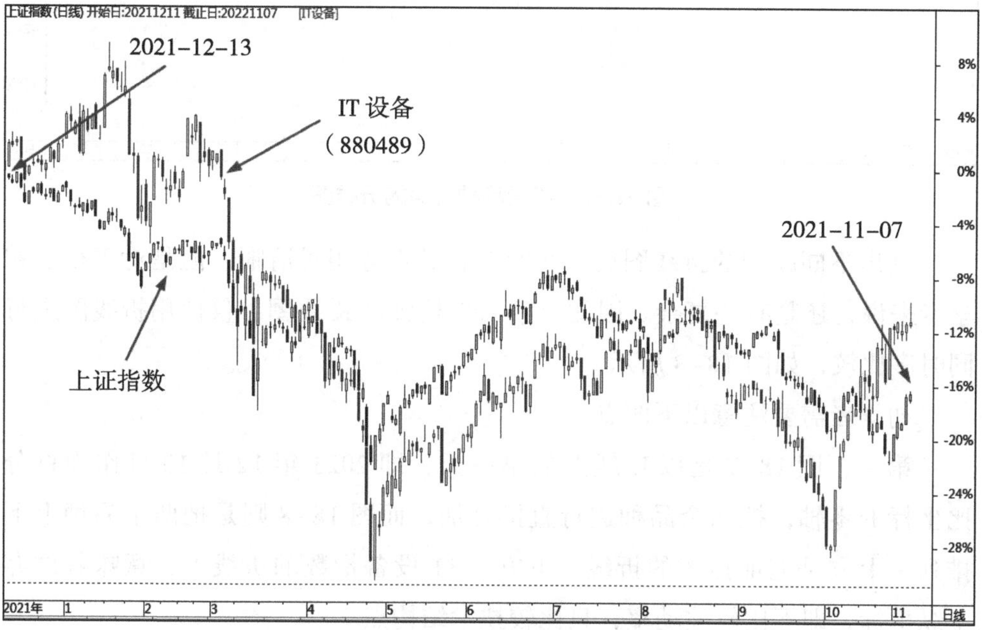

图 18-6　上证指数叠加板块指数

威科夫相对强度比较法有一个简要的程序，能够帮助投资者以合理的方式进行不同品种之间的比较。

第一步是找出价格运动的技术结构点，一般是摆动高点或摆动低点（即顶或底），画出不同品种走势的折线图，如图 18-7 所示。

图 18-7　不同品种走势的折线图

画出不同品种的折线图后，我们会感觉走势相对清晰，但是对于很多初学者来说，还是有些复杂。因此，第二步是放弃 K 线图，仅使用折线图进行同时序比较，如图 18-8 所示。

初学者需要注意以下两点。

第一，图 18-7 是以 K 线图的第一天，即 2021 年 12 月 13 日作为百分比坐标的零轴，把两个品种进行直接叠加；而图 18-8 则是把两个品种上下排列（上方是上证指数的折线，下方是 IT 设备指数的折线），意味着放弃了纵坐标，即不比较波动率，只比较技术结构点。

第二，在图 18-8 中，以上证指数的反弹高点 A 为参考点，画出了四根纵向时间序列参考线。

下面再来比较两个品种。

由于两个品种在 A 点左侧的走势都符合威科夫的量价模式，先在图 18-8 中分别标注吸筹区的威科夫事件，即重要的技术结构点。

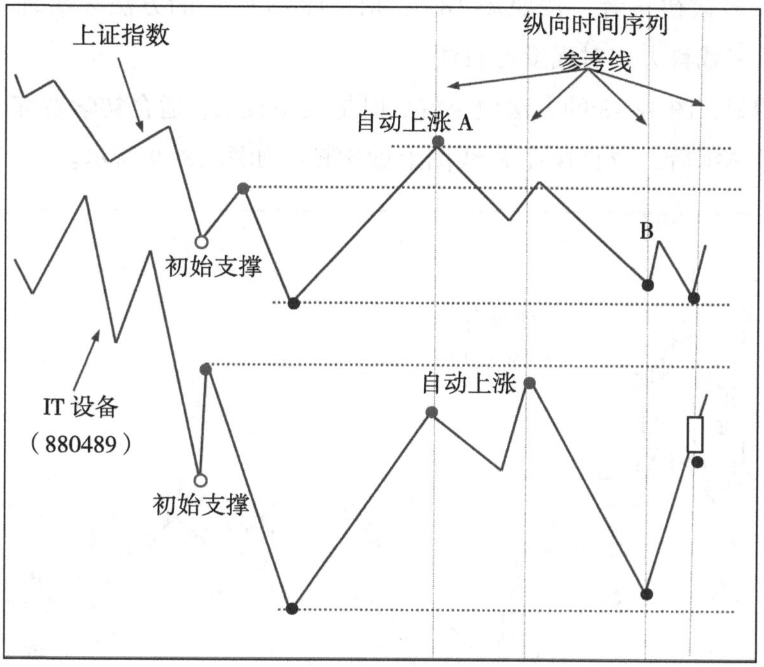

图 18-8　不同品种折线图的同时序比较

比较 A 点的左侧部分，结论是上证指数强于 IT 设备指数。主要的技术理由是，上证指数自动上涨的高点超过了初始支撑后的反弹高点；而板块指数在 A 点时，低于初始支撑后的反弹高点，并且随后自动上涨的高点同样低于初始支撑后的反弹高点。

A 点右侧部分，结论是 IT 设备指数逐渐开始强于上证指数，技术细节如下。

第一，上证指数在 A 点后没有出新高；而 IT 设备指数相对于 A 点，创出了新高。

第二，上证指数在 B 点后创出了新低；而 IT 设备指数在 B 点对应的位置就是回调的低点。

第三，上证指数在 B 点后的最低点（2022 年 10 月 31 日，2885.09 点），对应的 IT 设备指数（880489）在 2022 年 10 月 31 日的涨幅为 4.80%，是一根放量大阳线。

绝大多数初学者，按照图 18-7 和图 18-8 所示的方法多次练习后，一般都能掌握威科夫相对强度比较法。

很明显，图 18-8 的方法效果好，但是效率较低，适合初学者练习使用。当投资者熟练后，应直接在 K 线图上做比较，如图 18-9 所示。

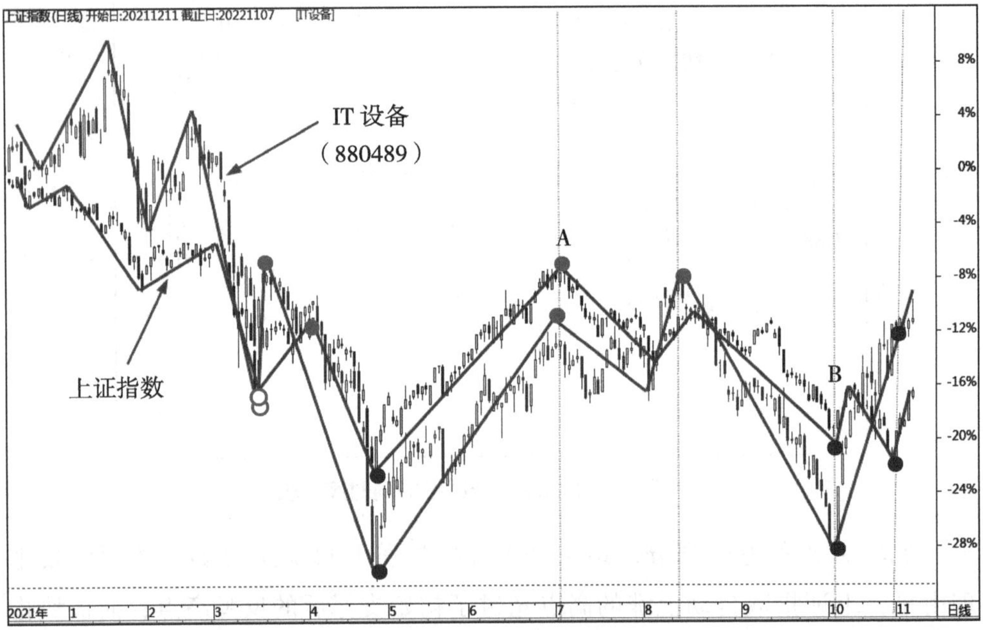

图 18-9　K 线图上不同品种折线图的同时序比较

笔者建议，投资者应该在图 18-9 的基础上，进一步掌握不画折线图的比较方法，如图 18-10 所示。

图 18-10 中，没有画出不同品种的折线图，但是标注了重要的纵向时间序列参考线。投资者熟练后，可以根据个人的看盘习惯，选择适合自己的简化标注方式。

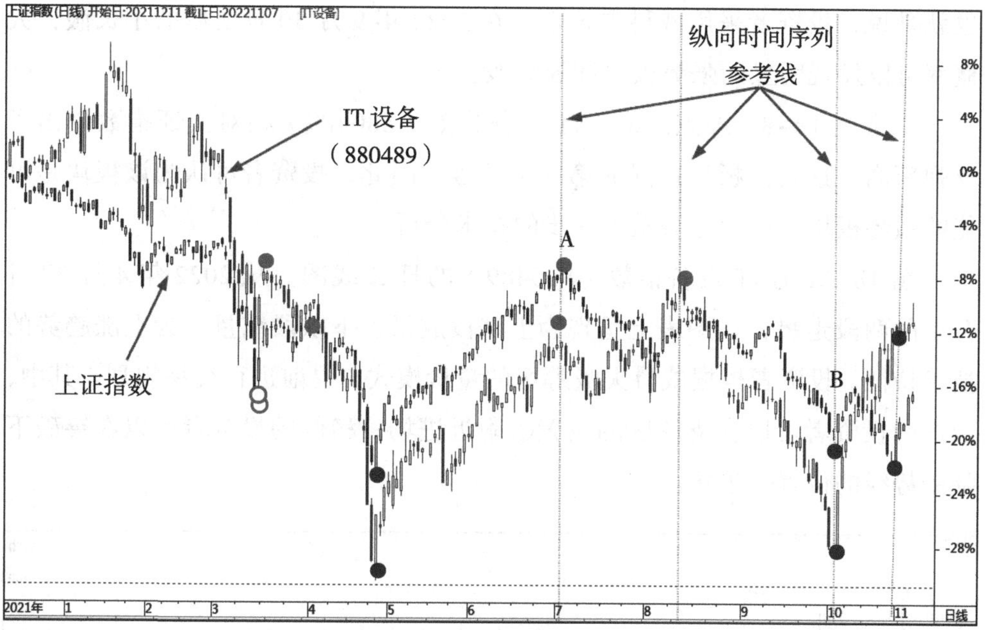

图 18–10　K 线图上不同品种的同时序比较

在探讨威科夫相对强度比较法时，为什么要介绍简化标注方式呢？原因在于实战的需要。投资者在实战选股中，往往需要快速比较不同品种之间的相对强度，以进行初步筛选。通常情况下，投资者初步筛选的工作量比较大，精确度要求也不高，适合采用简化标注的方式。

三、如何找到可交易的强势股

我们再次回到图 18–2，即 2022 年 9 月 30 日。

有经验的投资者都知道，如果上证指数走威科夫吸筹区模式，当下在空间和时间上都已经接近吸筹区二次测试的时点。如果针对抛售高潮对应的吸筹区支撑线测试成功，随后大概率会有一次针对吸筹区阻力线的上冲回落，这将是一次持续数月的大行情——一次小型牛市。

投资者应该针对这次大行情做好准备，选出可能的强势板块，以及可以交易的强势股。

通常情况下，下一个牛市的强势板块和强势股，会提前表现出相对强势。

也就是说，投资者采用威科夫技术，在 2022 年 9 月 30 日之后的小长假，大概率可以发现明显的强势板块和强势股。

参考图 18-8，A 点之后，IT 设备指数（880489）相对上证指数创出了反弹新高，这是该板块走强的第一个信号。因此，投资者可认为该板块是可能的强势板块，后续还需做进一步的技术分析。

图 18-11 为 IT 设备指数（880489）的日 K 线图。从 2022 年 4 月 27 日开始的两段走势，在图表上呈现为上涨段放量、下跌段缩量，为上涨趋势的技术特征。投资者根据威科夫吸筹区的量价模式，提前进行交易规划。其中，激进的投资者可以在支撑区的位置①附近进场；稳健的投资者可以在突破下降趋势线的位置②进场。

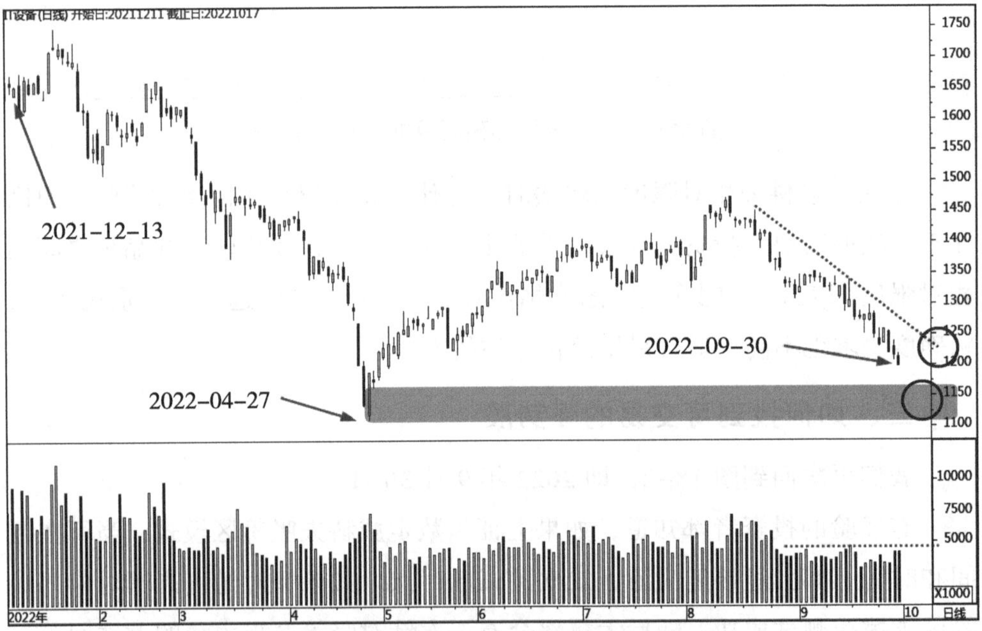

图 18-11　IT 设备指数（880489）的交易规划

使用技术分析的投资者通常不会去交易板块指数，因此根据图 18-11 拟定的交易计划，在实战中的意义是验证投资者的预判。随后的走势如图 18-12 所示，截止时间为 2022 年 10 月 17 日。

图 18–12 验证了投资者在 9 月 30 日的预判。市场在触及吸筹区的支撑线后，立即强势反弹，成交量也温和放大，表明该板块指数较为强势。

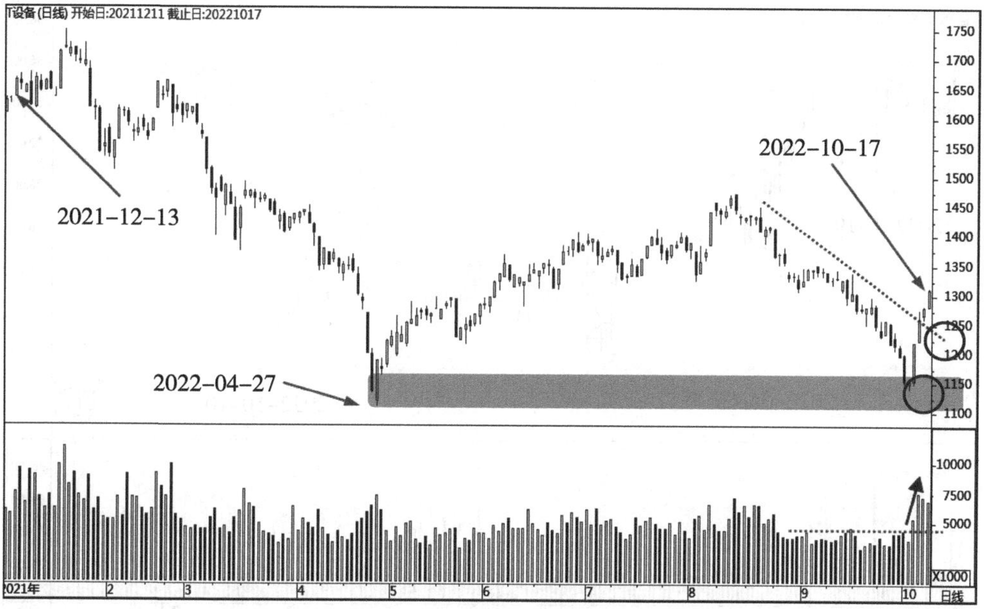

图 18–12　IT 设备指数（880489）随后的走势

由于上证指数存在二次探底的可能，投资者并不需要立即进场，但是投资者应该在该板块中挑选可以交易的强势股。

一些投资者可能会在IT设备指数（880489）中挑选出浪潮信息（000977），如图 18–13 所示。

很明显，浪潮信息（000977）弱于 IT 设备指数（880489）。技术标准是该股在 2022 年 10 月 10 日的最低价 18.85 元，创出了比 2022 年 4 月 27 日最低价 21.87 元更低的低点。

但是，该股创新低的下跌段明显缩量，有可能是吸筹区的弹簧。更重要的是，该股左上侧的高点约 38.00 元（2022 年 1 月 19 日，周三，最高价 37.66 元），右下侧的低点约为 19.00 元（2022 年 10 月 10 日，周一，最高价 18.85 元），低点大致是高点 50% 的位置。这是中期下降趋势常见的比例关系，满足了威科夫的“到达目标价位”的选股要求。

需要注意的是，投资者在实战中应该选出 2 ～ 3 个板块，15 ～ 20 只潜力股进行跟踪观察。

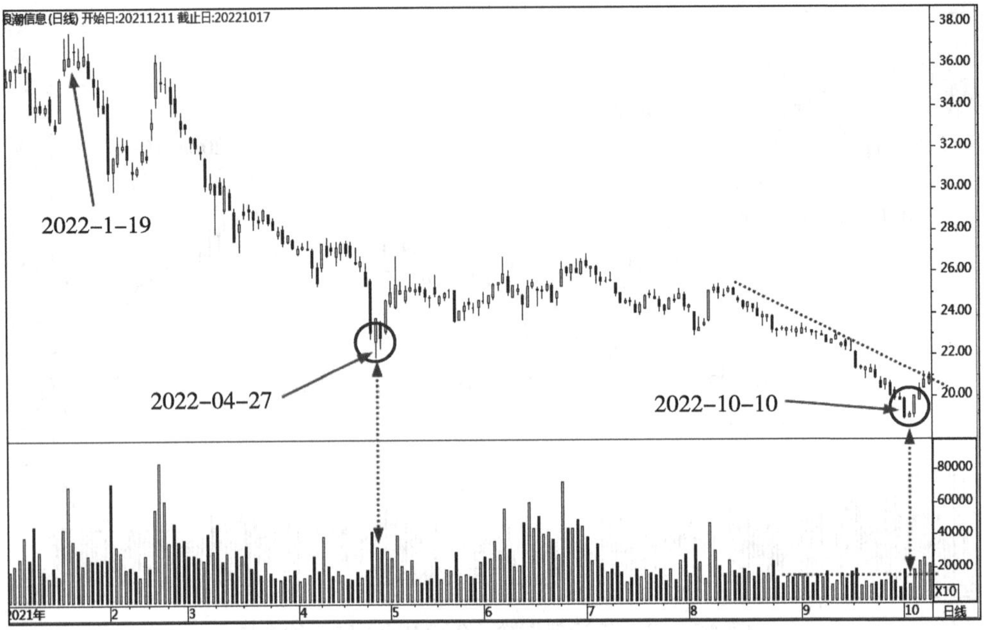

图 18-13　可能的强势股——浪潮信息（000977）

四、强势股交易策略

投资者锁定了目标板块和潜在强势股后，不一定就立即进场做交易，而是应在持续跟踪走势的过程中，寻找最佳的交易机会。

图 18-14 为 IT 设备指数与上证指数的相对强度跟踪。图中的起始时间为 2022 年 7 月 5 日，当天为上证指数的阶段性高点，截止时间约为 2023 年 2 月 9 日。

投资者以 2022 年 7 月 5 日的高点做参考点，画出一条如图 18-14 所示的水平实线，对上证指数和板块指数进行相对强度的比较。

上证指数在 2023 年 2 月初，在水平实线下方的次高点遇阻回落。而 IT 设备指数（880489）在 2023 年 2 月初则是连创新高。

图 18-14　IT 设备指数（880489）相对强度跟踪

随后的一段下降趋势，IT 设备指数跌幅又超过了上证指数。很显然，IT 设备指数的波动性大于上证指数。而从 2022 年 10 月 11 日开始，可以认为 IT 设备指数强于上证指数。

在 IT 设备指数（880489）相对强势结论的基础上，我们来对前一节选出的个股浪潮信息（000977）持续跟踪，如图 18-15 所示，图中叠加了 IT 设备指数。

IT 设备指数和个股浪潮信息均于 2022 年 10 月 11 日见底。在随后的走势中，个股跟随板块指数运行，且相对弱势。判断的技术标准是个股上涨的百分比低于板块上涨的百分比。

2023 年 2 月 6 日，浪潮信息跳空放量上涨，上涨百分比超过板块指数，该股很可能进入了真正的强势阶段，是最佳的进场时点。换句话说，在板块指数强于上证指数的前提下，潜在强势股开始强于板块指数的时候，投资者应考虑及时进场，这就是强势股的最佳交易策略。

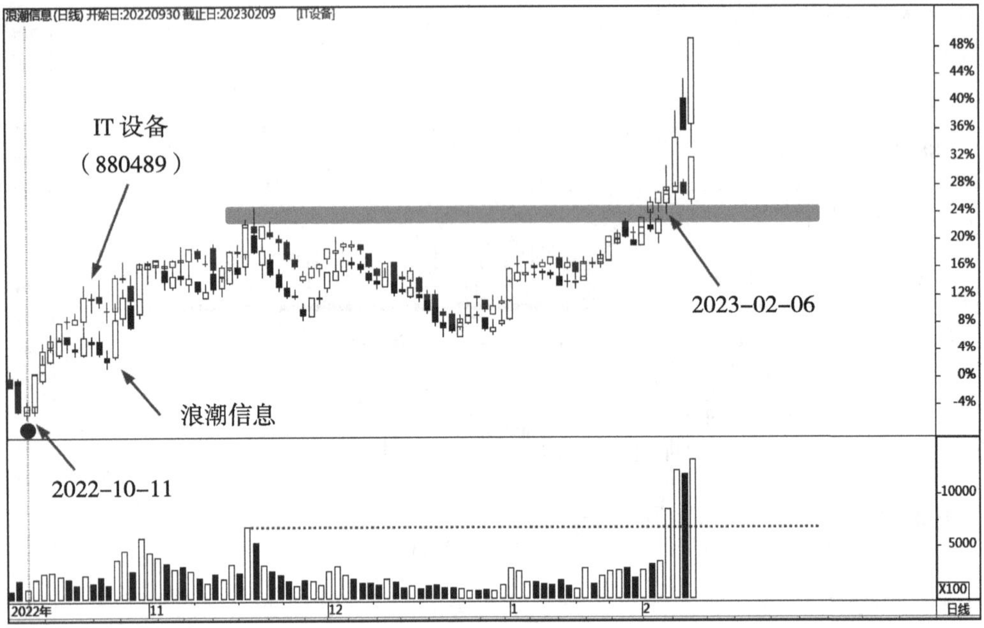

图 18–15 强势股的进场点

总的来说，上证指数在 2022 年 10 月 11 日之后，对威科夫吸筹区支撑线的二次测试成功，随后走出了上冲回落，这是一个小型牛市。

在这轮小型牛市中，浪潮信息的底部大致约为 19.00 元，顶部约为 66.00 元（2023 年 6 月 20 日，周二，最高价 66.22 元），上涨超过了两倍，如图 18–16 所示。

如果遵循威科夫技术，一些投资者会在 2023 年 2 月 6 日附近进场，进场价在 25.00 元左右。多数投资者可能会在派发区 40.00 元左右离场。由于该股后续走了一个派发区转再吸筹区的模式，从 40.00 元涨到 60.00 元的这段趋势，投资者会制订新的交易计划。

实战中，上述投资者都是威科夫定义的“成功投资者”。

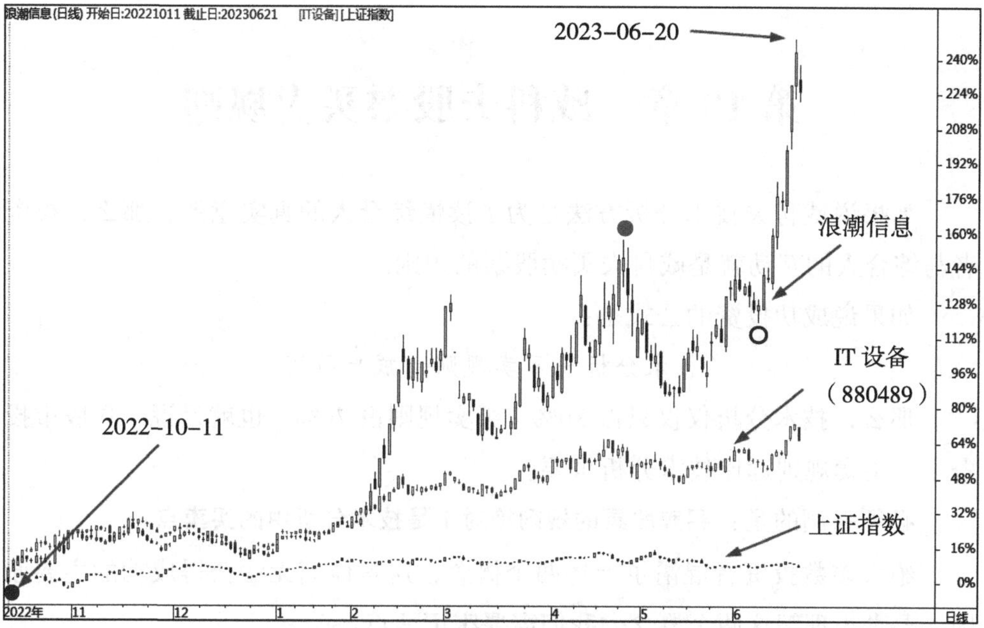

图 18-16　大盘、板块和个股涨幅比较

第 19 章　威科夫股票买卖规则

如果说威科夫技术分析方法是为了读懂综合人的真实意图，那么，投资者与综合人的互动就是威科夫买卖股票的规则。

如果说成功投资的公式是：

技术分析 + 买卖规则 = 成功投资

那么，技术分析仅仅只占 30%，买卖规则占 70%。也就是说，在股市投资中，买卖规则远比技术分析重要。

必须强调的是：**买卖股票的规则绝对不是技术分析中的买卖点！**

绝大多数投资者混淆了上述两个概念，这是他们无法获得成功的主要原因。要真正理解这两个概念，我们需要牢记两点。

第一，技术分析中的买卖点出现在综合人画的 K 线图上，画线的原理是依据供需法则。

第二，投资者资金账户的资金曲线，是投资者自己画的“走势图”。“聪明钱”画图的原理是“大赚小赔”。

总的来说，投资者可以大致认为：买卖股票的规则，主要与投资者的交易行为有关。

威科夫买卖股票的规则，本质上是对投资者交易行为的规范，即“聪明钱”的交易秘籍。多数投资者掌握后都能像“聪明钱”一样，聪明地画好自己的资金曲线走势图。

一、账户资金风险控制

账户资金的风险控制，在威科夫股票买卖规则中处于最核心的地位。简单来说，就是不要亏大钱。亏了大钱的投资者，在实战中将处于非常被动的位置。如果以账户资金亏损 20% 作为亏大钱的标准，投资者首先需要赚 25% 才能回本，回本之后才谈得上赚钱。

股市中，个股的波动幅度通常都较大。当个股进入活跃期后，几根日 K 线，或是十几根日 K 线，上下波动往往会超过 20%。也就是说，一个投资者采用重仓甚至全仓的操作模式，短短半个月就可能亏损 20%！在正常的市场环境中，即非大牛市阶段，绝大多数普通投资者很难通过操作回本。

因此，投资者首先需知晓账户资金风险控制的核心规则。主要内容如下。

单笔交易的亏损额小于总资金的 2%。威科夫认为，投资者应该分仓交易，每一次交易承担的风险要小于总资金的 2%。但是股市中的日线交易者，即使在很精确的买点进场，亏损 4% ～ 10% 往往是相对合理的止损空间。因此，如果止损价为 10%，投资者只能使用总资金的 20%；若止损价为 4%，投资者也只能使用总资金的 50%。

总风险敞口小于总资金的 10%。威科夫建议普通投资者不要同时交易太多股票，一般不要超过 5 只。如果每只股票的风险为亏损 2%，5 只股票的总风险就是亏损 10%。

单笔交易的盈亏比接近 3R 或 3R 以上。股市交易中，控制风险属于防守，进攻则是盈利。盈利的原理是“大赚小赔”，具体来说，每一次交易计划的盈亏比要在 3R。3R 的盈亏比意味着，4 次交易中只要有 1 次成功，就能够实现盈亏平衡，即投资者的胜率只要保持在 25% 以上，长期交易下来就能盈利。

二、标准化买点技术

当下降趋势进入尾声后，威科夫认为价格运动可能进入了吸筹区，股价可能开始横向运动或是进入上涨趋势。基于这样的技术逻辑，威科夫给出了做多策略的以下九个买入测试信号，即威科夫标准化的买点技术。

（1）下跌幅度达到了目标位。

（2）看涨的量价关系——价涨量增，价跌量缩。

（3）出现了初始支撑。

（4）相对强度强于大盘——跟随大盘涨，不跟大盘跌。

（5）突破下降趋势线。

（6）更高的支撑位（底底高）。

（7）更高的顶（顶顶高）。

（8）底部形成（裸K线技术的Pinbar、底分型，以及形态学的单底、双底、头肩底、三重底等）。

（9）技术上能够拟定盈亏比3R的交易计划。

投资者需要注意的是，本书把威科夫技术分为了古典威科夫技术、现代威科夫技术和当代威科夫技术。上述做多策略的九个买入测试信号属于古典威科夫技术，即威科夫本人的阐述，其重点是强调投资者不能随意交易，要耐心等待下降趋势结束，并且出现了明确的上涨信号后，再进场试单。

事实上，投资者掌握了现代威科夫技术后，即本书第3部分内容，完全可以根据威科夫强调的交易逻辑举一反三，梳理出拉升阶段的标准化进场点。

三、止损方法

从本质上来说，股价是一家商业公司的价值。只要是商业公司，就存在破产的可能，即股价在理论上可以归零。因此，股市中，股价可以跌了再跌，再跌了以后又再跌，如图19-1所示。

图19-1　止损的必要性

图 19–1 中的个股，在持续两年多的下降趋势中，从 50 多元跌到了 40.00 元，从 40.00 元跌到了 30.00 元，从 30.00 元又跌到了 20.00 元，从 20.00 元再跌到了 10.00 元附近。以图 19–1 中的顶部来算，下跌幅度超过了 80%。

投资者必须牢记：熊市不言底。在一轮大型熊市的尾声，跌幅接近 90% 的个股并不罕见，因此，股市投资必须要有止损。

通常情况下，止损分为金额止损和技术位止损。金额止损大致等同于前面提到的“账户资金的风险控制”；技术位止损参见本书第 7 章中的“裸 K 线技术的进场方法”。

投资者需要注意的是，表面上看起来大同小异的技术位止损方法，背后的交易逻辑可能迥然不同。总的来说，威科夫倾向于靠近“危险点”进场，这样容易获得更好的盈亏比。

通常情况下，威科夫提到的“危险点”是指特定转折点，对应 K 线的最低价（做多）或最高价（做空）。威科夫的进场点一般以转折点对应的 K 线为参考，投资者可以采用提前限价订单的方式进场。进场后，再以危险点下方的某个价格作为止损价，一般采用下跌 1 ～ 3 个点。这里的点是“元”，而不是百分比。

以图 19–2 所示的个股康弘药业（002773）为例，威科夫可能以 15.00 元左右的限价单进场，止损价为 14.00 元左右。由于威科夫反对采用整数作为止损价，实际止损价可能为 13.89 元。

投资者需要注意的是，威科夫靠近危险点进场的信念源于他的量价分析技术——威科夫量价模式中吸筹区的二次测试。参见图 18–3，主动研判可能出现的二次测试。

四、止盈目标价计算方法

威科夫主要使用点数图来预测价格运动的目标值，其技术逻辑是威科夫三大原理中的“因果原理”。

由于当代普通投资者几乎不怎么使用点数图，且行情图表由计算机自动画出，我们可以找一种与点数图技术原理类似的方法，来进行目标价格的预

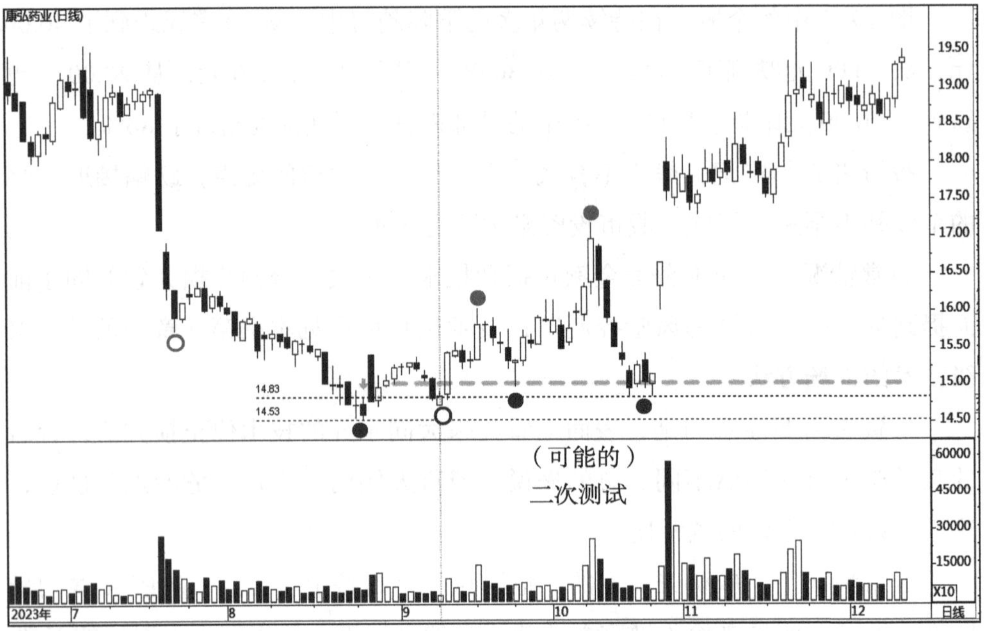

图 19-2　威科夫危险点进场法的止损设置

测。一些投资者使用“形态＋时间”的简洁模式，在实战中代替点数图，如图 19-3 所示。

形态。在威科夫量价模式中，吸筹区和派发区都是典型的矩形形态。根据传统形态学的预测方法，突破矩形形态后的目标价是再走一个矩形空间。例如，15.00 元～ 18.00 元分别是一个矩形形态的下沿和上沿，矩形形态的空间数值就是 3.00 元。如果价格向上突破 18.00 元，目标价就是 21.00 元附近；价格向下突破 15.00 元，目标价就是 12.00 元附近。

传统形态学在确定形态空间时，一般以形态结构内的最高价和最低价为标准，因此，威科夫吸筹区的低点要以弹簧的最低点为准。通常情况下，“形态＋时间”简洁模式一般认为，正常的拉升阶段有可能走两个矩形形态的空间数值。第一个矩形形态的空间数值，称为第一目标价；第二个矩形形态的空间数值，称为第二目标价。需要注意的是，一些强势的个股还可能走出第三个矩形空间。

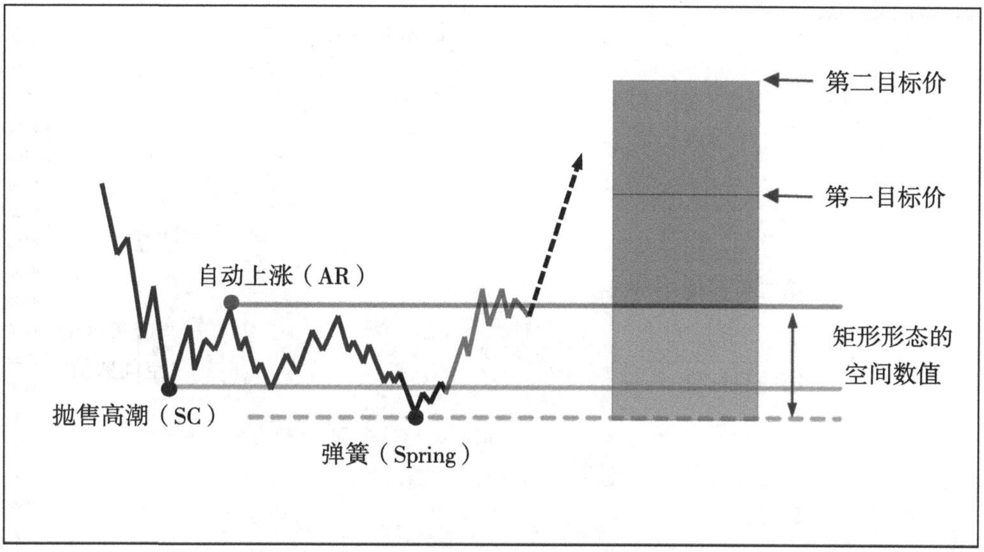

图 19-3　代替点数图的“形态 + 时间”简洁模式

时间。在威科夫的量价模式中，吸筹区往往会持续较长的时间，并且一般都会比再吸筹区的时间长。因此，“形态 + 时间”简洁模式认为，吸筹区往往走两个矩形空间，再吸筹区走一个矩形空间的可能性更大一些。

图 19-4 是利用图 19-3 的原理图来测算浪潮信息（000977）的止盈目标价。图中的计算使用了“形态 + 时间”的简洁模式。

该股在突破吸筹区后，大致到达了对应的第二目标价；当突破再吸筹区后，极限高点大致等同于对应的第一目标价。

投资者也可以使用“形态 + 时间”简洁模式，预测派发区的目标价，如图 19-5 所示。

图 19-5 中，当价格向下跌破派发区的冰线后，在第一目标价附近止跌企稳。

总的来说，点数图并不神秘，也不是圣杯。当代投资者在不使用点数图的情况下，采用其他技术方法，同样能够提前预测价格运动可能到达的目标价。“形态 + 时间”简洁模式仅仅是其中的一种方法，投资者还可以使用自己熟悉的其他技术方法。

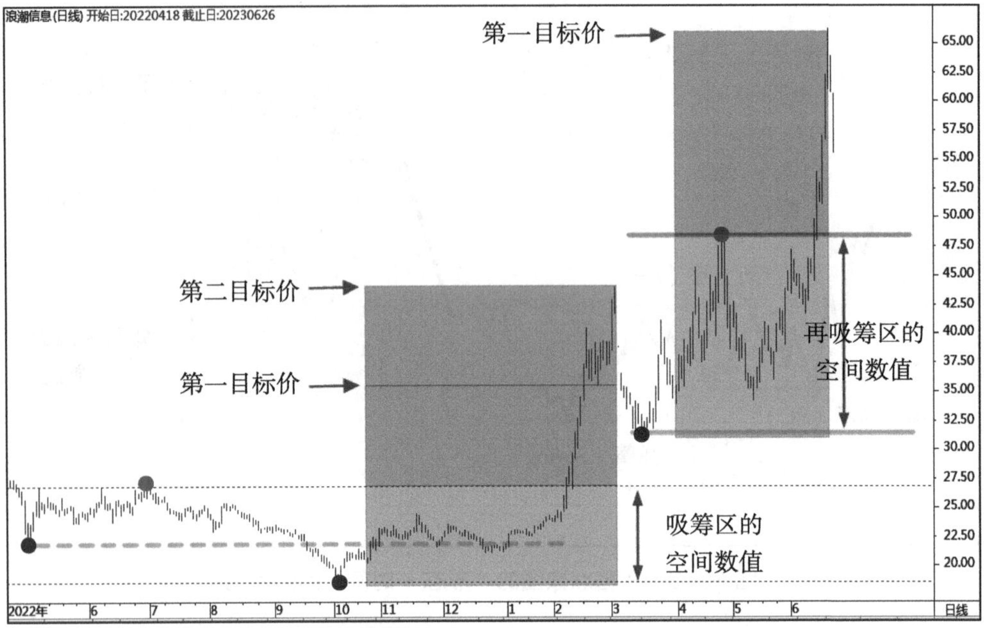

图 19-4　使用“形态 + 时间”简洁模式预测目标价

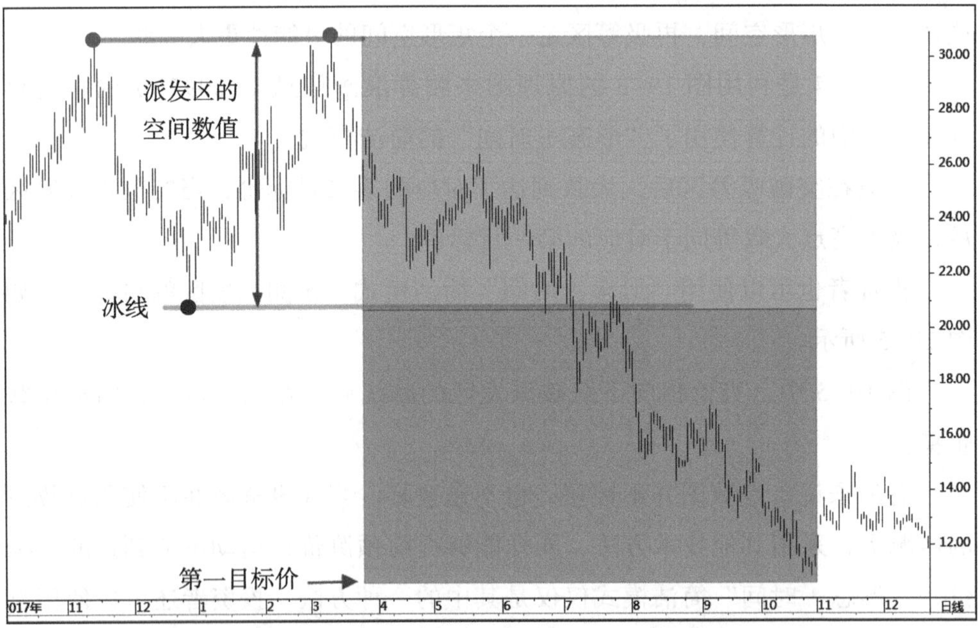

图 19-5　派发区使用“形态 + 时间”简洁模式预测目标价

第 20 章　威科夫“拉回买进”交易策略精讲

通常情况下，交易策略是指依据“历史会重复”这一技术分析原理，制定进场和离场的具体规则。换句话说，即投资者根据特定的威科夫价格行为，自行拟定特定技术买卖点的规则。由于威科夫技术属于主观型技术分析理论，因此，实战中，特定交易策略的规则需要保留一定的灵活性。

需要注意的是，交易策略的规则要遵循威科夫股票买卖规则。例如，任何交易规则都需要设置“止损”。

一、从威科夫价格行为提炼交易策略技术原理

参考图 6-11，裸 K 线技术中的量价关系有一个重要的价格行为，即图 6-11 中④对应的转折点。该价格行为如图 20-1 所示，具有非常高的实战价值，很容易抓住威科夫的**两种日线行情**，投资者应仔细研究。

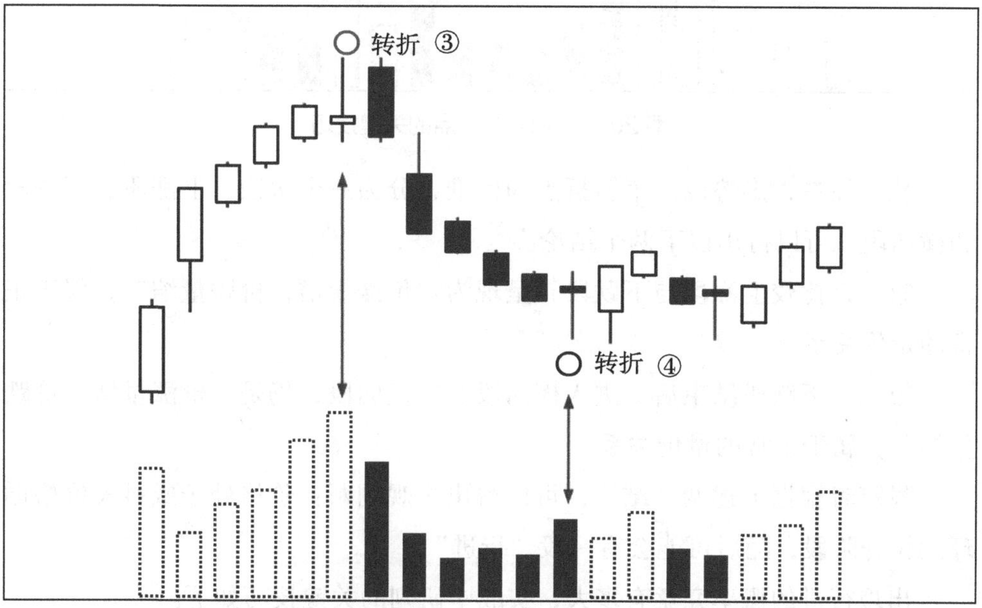

图 20-1　拉升阶段中转折点的量价关系

图 20–1 中的两个转折点③和④，对应的单根 K 线均是“努力无结果”，价格运动的方向随之逆转，形成转折。转折点③属于“量增价不增”，转折点④属于“量增价不跌”。

进一步分析量价关系，如图 20–2 所示。

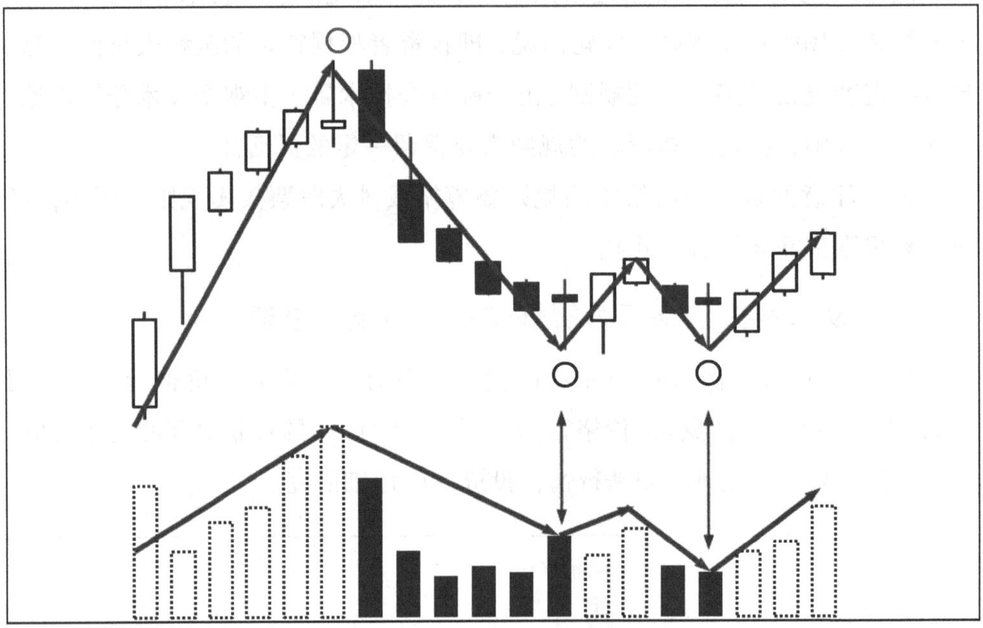

图 20–2 判断转折点的关键技巧

从左往右，走势以两个转折点为标准，分为三个阶段：上涨段、下跌段和横向段。可以得出以下两个结论。

第一，比较上涨段与下跌段，呈现为“价涨量增，价跌量缩”，属于正常的量价关系。

第二，下跌段结束后，进入横向段。在横向段，仍是“价涨量增，价跌量缩”，属于正常的量价关系。

投资者根据上述两个结论，可以得出主观判断：价格处于威科夫价格循环的拉升阶段，随后可能会有一段“行进”。

出现行进的概率究竟有多大，实战中研判的关键技巧如下。

投资者重点关注横盘阶段的第二个低点。如果第二个低点相对前一个低点明显缩量，就是高概率的信号，参见图 20–2 中两根纵向的双向箭头线。

二、威科夫“拉回买进”交易策略技术要点

投资者基于图 20–2 所示的技术原理，就能够自行规划出一个“拉回买进”的交易策略。在威科夫量价关系的实战技术中，该交易策略是最重要的交易策略之一，技术原理如图 20–3 所示。

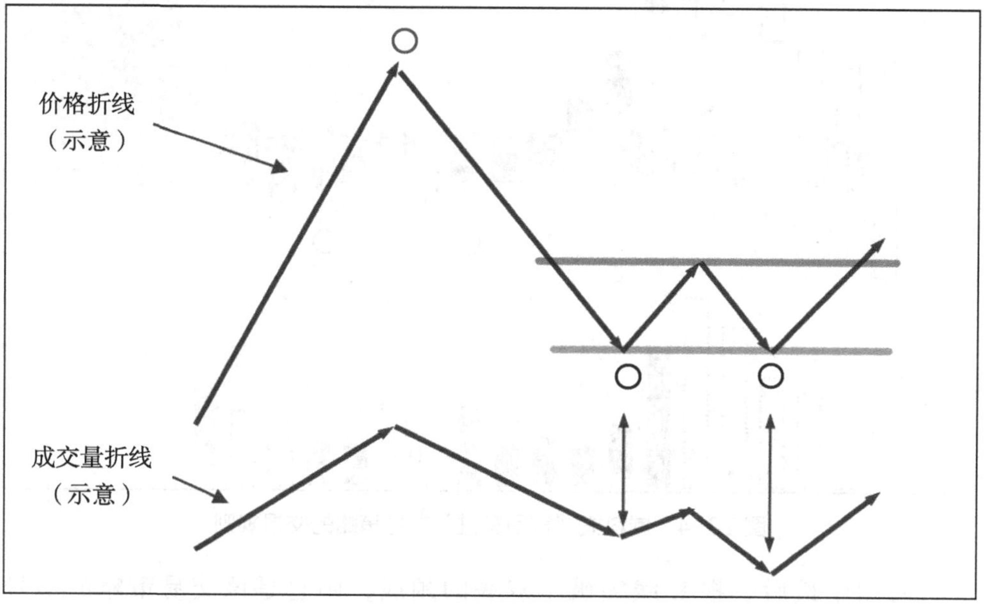

图 20–3　威科夫“拉回买进”交易策略技术原理图

该交易策略的技术要点如下。

第一，价格运动处于威科夫价格循环的拉升阶段。

第二，顺趋势段和逆趋势段的量价关系正常。

第三，逆趋势段的转折点出现后，价格为横向运动。

第四，横向运动呈现双底形态。

第五，在双底形态中，上涨放量，下跌缩量。

第六，最关键的是次底要明显缩量。

威科夫“拉回买进”交易策略对应的K线图，如图20-4所示。

在K线图中，横向运动的价格区间一般与之前顺趋势段的技术结构有直接关系。例如，图20-4中的开盘价跳空缺口，可以据此拟定如下交易规则。

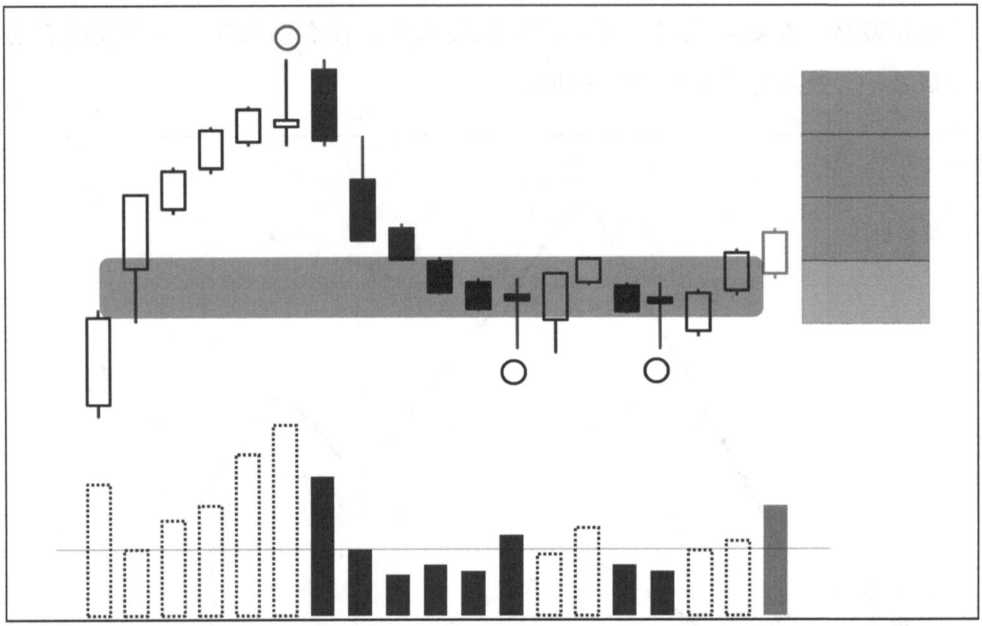

图20-4　威科夫“拉回买进”交易策略的交易规则

若图中最后一根K线突破了双底的颈线，则它是该交易策略的信号K线。

投资者需要注意的是，通常情况下，交易计划应满足3R的盈亏比。

三、威科夫“拉回买进”交易策略案例

图20-5是威科夫“拉回买进”交易策略的案例。

投资者首先按照前一节介绍的六条技术要点，一条一条地在K线图上进行标注，并逐条分析。

第一，价格运动处于威科夫价格循环的拉升阶段。满足。

第二，顺趋势段和逆趋势段的量价关系表现正常。满足。

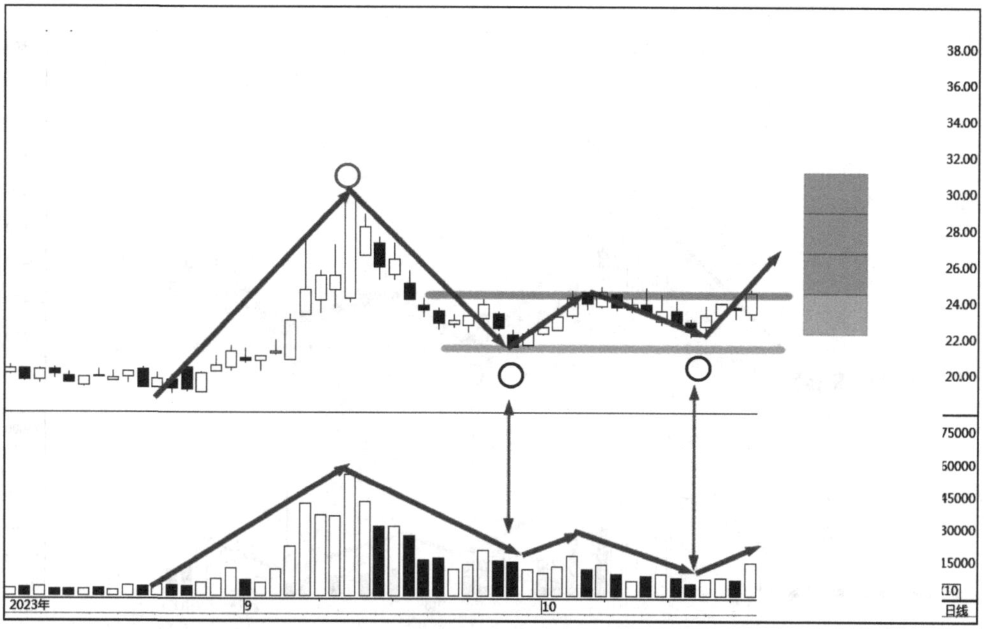

图 20-5　威科夫“拉回买进”交易策略的实战应用

第三，逆趋势段的转折点出现后，价格为横向运动。满足。

第四，横向运动呈现双底形态。满足。

第五，在双底形态中，上涨放量，下跌缩量。满足。

第六，最关键的是次底要明显缩量。满足。

很明显，图 20-5 的走势几乎是完美满足了六条技术要点。基于此，投资者可以得出结论：这是一个高质量的潜在交易机会。

参考图 20-4 所示的规则，投资者很容易拟定出一个 3R 盈亏比的交易计划。

该股随后的走势如图 20-6 所示，在很短的时间内就出现了一段威科夫中线行情。

四、威科夫“拉回买进”交易策略的陷阱

投资者在实战中使用威科夫的“拉回买进”交易策略，还必须回避一个“陷阱”，如图 20-7 所示。

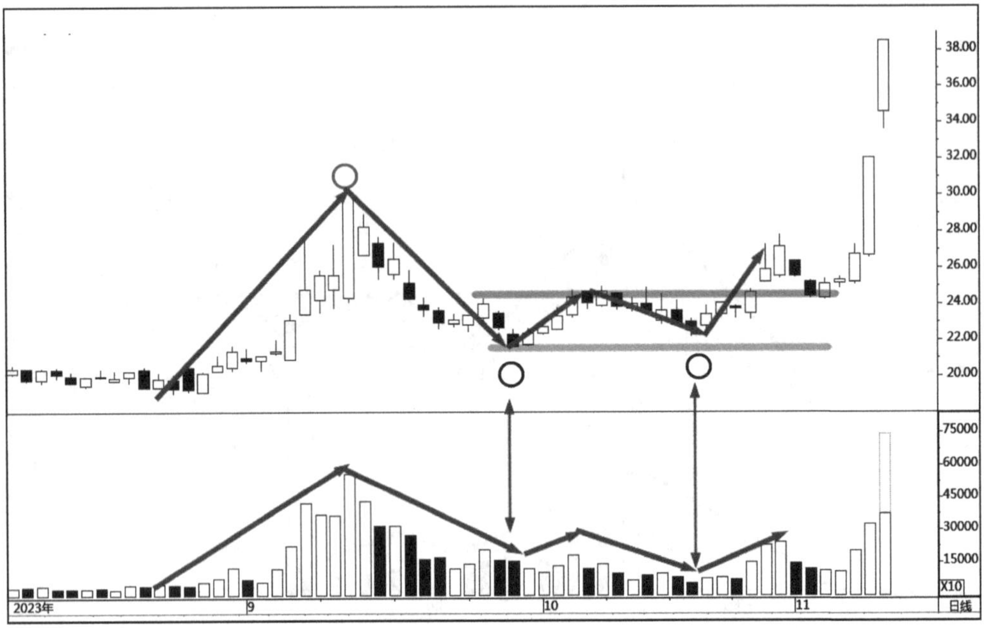

图 20-6　威科夫“拉回买进”交易策略实战效果

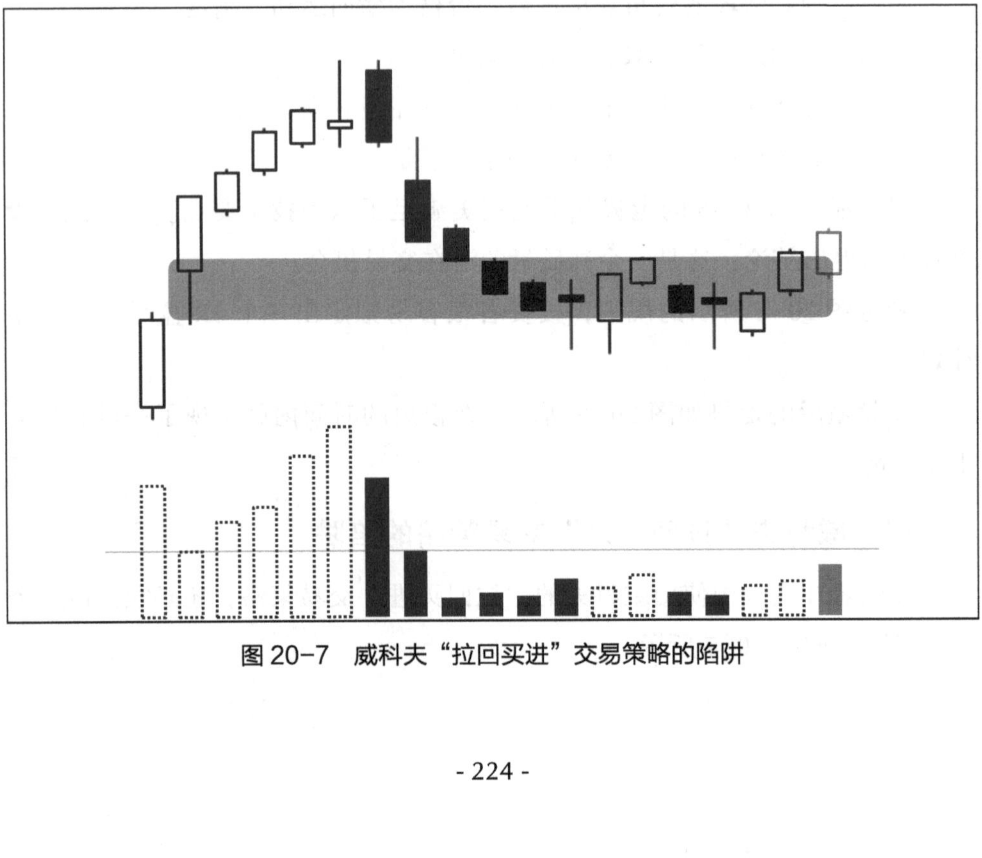

图 20-7　威科夫“拉回买进”交易策略的陷阱

如果在回调段和横向段量能过度萎缩，这不是一个好的信号，原因在于个股的“活跃期”有较大可能结束了。通常情况下，非活跃期的个股很难有行情。

附录　威科夫分析技术常用术语中英对照表

供需法则（The Basic Law of Supply and Demand）
价格行为（Price Action）
更高的高点（Higher High，HH）
更高的低点（Higher Low，HL）
相对强度分析（Comparing Strength and Weakness）
胜算（the odds）
强势初现（Sign of Strength，SOS）
跳跃小溪（Jump Over the Creek，JOC）
小溪（Creek）
冰层（Ice）
冰线（Ice Line）
综合人（Composite Man）
综合操盘人（Composite Operator）
支撑线（Support Line）
供给线（Supply Line）
超卖线（Oversold position Line）
超买线（Overbought Position Line）
趋势线（Trend Line）
支撑位（point of support）
阻力位（point of resistance）
支撑区间 / 支撑线（Supporting Level）
供给区间 / 供给线（Supply Level）
吸筹（Accumulation）

拉升（Marking Up）
派发（Distribution）
下跌（Marking Down）
锤子线 Pinbar
信号 K 线
转折点（Hinge）
静点 / 死角（Dead Center）
危险点（Danger Point）
初始支撑（Preliminary Support，PS）
抛售高潮（Selling Climax，SC）
自动上涨（Automatic Rally，AR）
二次测试（Secondary Test，ST）
上冲回落（Upthrust，UT）
弹簧（Spring）
震仓（Shakeout）
最后支撑点（Last Point of Support，LPS）
回踩溪岸（Back-Up，BU）
初始供给（Preliminary Supply，PSY）
抢购高潮（Buying Climax，BC）
自动下跌（Automatic Reacion，AR）
派发后上冲回落（Upthrust After Distribution，UTAD）
回踩冰线（Back-Up，BU）
弱势初现（Sign of Weakness，SOW）
最后供给点（Last Point of Supply，LPSY）
跌破冰层（Falling Through the Ice，FTI）